RECURSO FINAL

Paulo Markun

Recurso final
A investigação da Polícia Federal que levou ao suicídio de um reitor em Santa Catarina

Copyright © 2021 by Paulo Markun

Grafia atualizada segundo o Acordo Ortográfico da Língua Portuguesa de 1990, que entrou em vigor no Brasil em 2009.

Capa
Alceu Chiesorin Nunes

Preparação
Diogo Henriques

Checagem
Érico Melo

Índice remissivo
Probo Poletti

Revisão
Clara Diament
Thiago Passos

Dados Internacionais de Catalogação na Publicação (CIP)
(Câmara Brasileira do Livro, SP, Brasil)

Markun, Paulo
    Recurso final : A investigação da Polícia Federal que levou ao suicídio de um reitor em Santa Catarina / Paulo Markun — 1ª ed. — Rio de Janeiro : Objetiva, 2021.

ISBN 978-85-470-0135-3

1. Corrupção – Investigação 2. Investigação policial 3. Jornalismo 4. Lavagem de dinheiro 5. Operação Ouvidos Moucos 6. Polícia Federal I. Título.

21-73153   CDD-070

Índice para catálogo sistemático:
1. Jornalismo   070

Maria Alice Ferreira – Bibliotecária – CRB-8/7964

[2021]
Todos os direitos desta edição reservados à
EDITORA SCHWARCZ S.A.
Praça Floriano, 19, sala 3001 — Cinelândia
20031-050 — Rio de Janeiro — RJ
Telefone: (21) 3993-7510
www.companhiadasletras.com.br
www.blogdacompanhia.com.br
facebook.com/editoraobjetiva
instagram.com/editora_objetiva
twitter.com/edobjetiva

*Quanto a mim, pouco me importa ser julgado
por vós ou por um tribunal humano.
Eu também não julgo a mim mesmo.*

Apóstolo Paulo, 1Cor, 4,3-5

Sumário

Prólogo: Cadê os 80 milhões?................................. 9
1. Jornalista, advogado, ativista: a jornada de
um futuro reitor.. 19
2. Da Lava Jato às universidades: a expansão
das ações da Polícia Federal................................. 57
3. Intrigas e cartas anônimas: o estopim das
investigações em Santa Catarina........................... 76
4. "Todas as dificuldades que a humanidade
proporciona": o procurador e a denunciante....... 88
5. Busca e apreensão: as operações da Polícia Federal
de setembro de 2017... 121
6. Um mal sem cura: os últimos dias de Cancellier.... 147
7. O que se sabe depois... 183
8. Últimas palavras.. 249

Agradecimentos.. 255
Notas.. 257
Referências bibliográficas.. 277
Índice remissivo.. 281

Prólogo
Cadê os 80 milhões?

No final de tarde quente do fim de inverno de 14 de setembro de 2017, os funcionários do grande prédio amarelo situado no número 960 da rua Delminda da Silveira, no bairro da Trindade, em Florianópolis, tinham uma distração para os últimos momentos do turno: bisbilhotar o comportamento dos ocupantes de uma espécie de jaula a céu aberto, construída junto ao muro. Os sete recém-chegados[1] aguardavam a liberação de espaço na ala de segurança máxima para se juntar aos 2 mil presos do complexo da Agronômica. O grupo tinha sua vida profissional ligada à Universidade Federal de Santa Catarina, a pouco mais de dois quilômetros dali, onde cinco eram professores, um, funcionário, e o outro, o magnífico reitor.

Os agentes penitenciários haviam determinado aos sete que permanecessem de pé, de costas para a grade, olhando para o muro. Mas o decano, de 69 anos, e o reitor, de 58, não se sentiam bem e pediram para se sentar. A certa altura, do lado de fora da jaula, alguém falou:

"Você, aí, o terceiro da fila, olha para a frente..."

"Eu?"

"Você..."

O carioca Marcos Baptista Lopez Dalmau, 42 anos, virou-se e ouviu:

"Você já foi meu professor, porra!"

"Lamento, mas não me lembro. Tive muitos alunos..."

"Foi meu professor, sim."

Dirigindo-se aos colegas, o sujeito insistiu:

"Esse aqui foi meu professor!"

A turma reagiu com piadas:

"Então, ele deve ser muito ruim, porque você é burro pra caramba!"

Os risos quebraram o clima e o ex-aluno continuou:

"Professor, o que fazes aqui?"

"Querido, eu não sei. Talvez você possa me dizer, porque, até agora, eu não sei."

"Ah, vocês estão sendo acusados de roubar 80 milhões da Educação a Distância."

"Quanto?"

"Oitenta milhões..."

Ao ouvir a cifra, o reitor se levantou. Luiz Carlos Cancellier de Olivo tinha sido estudante de direito, militante do Partido Comunista e líder estudantil antes de deixar a UFSC por um emprego de repórter. Trocou o jornalismo pela assessoria política e acabou voltando à universidade, dezesseis anos depois de trancar matrícula. Formado, chegou a reitor em menos de dezoito anos de vida acadêmica, ganhando uma acirrada eleição graças a uma incomum capacidade de articulação — sua chapa arregimentara do PCdoB à maçonaria, entre várias forças políticas. Como seus colegas de cela, não tinha qualquer antecedente criminal.

A essa altura, o decano também estava de pé. Ligado à UFSC desde 1983, Gilberto de Oliveira Moritz era quem melhor conhecia a Educação a Distância, mas foi a Cancellier que Dalmau perguntou:

"Cau,[2] o que é isso?"

"Desconheço, porque, até onde sei, nem entraram 80 milhões na nossa gestão."

Dalmau olhou então para o professor Rogério Nunes, 56 anos, outro veterano do EaD, e insistiu na questão:

"O que é isso?"

"Não, isso nunca entrou na nossa gestão."

Moritz assentiu — a cifra não fazia sentido.

Só então Dalmau respondeu a seu ex-aluno:

"Olha, você vai me desculpar... na certa, todo mundo que está aqui dentro deve dizer que é inocente, mas tem alguma coisa errada aí. No meu depoimento, eu disse que a Capes[3] estava devendo 4,5 milhões de reais, então como nós poderíamos ter desviado 80 milhões?!"

A cifra já corria o Brasil em sites e noticiários de TV quando os sete presos nem tinham chegado à sede da PF,[4] na avenida Beira-Mar Norte, em Florianópolis. Editores e apresentadores anunciavam com ênfase a Operação Ouvidos Moucos, que mobilizava mais de cem policiais federais, a maioria vinda de outros estados da federação. O título era obra da delegada que comandava o inquérito, Érika Mialik Marena, a mesma que batizara a já famosa Lava Jato.

Antes de chegar às manchetes, os tais 80 milhões de reais tinham aparecido na página do Facebook da Polícia Federal, acompanhada por mais de 2,8 milhões de pessoas. A PF publicara, nas primeiras horas daquela quinta-feira:

> 105 policiais federais cumprem 16 mandados de busca e apreensão, 7 de prisão temporária e 5 de condução coercitiva, além do

afastamento de 7 pessoas das funções públicas que exercem na #OpOuvidosMoucos. Operação contou com o apoio do Ministério da Transparência e Controladoria-Geral da União — CGU e do Tribunal de Contas da União — TCU para desarticular organização criminosa que desviou recursos para cursos de Educação a Distância (EaD) da Universidade Federal de Santa Catarina — UFSC.

A ilustração era uma foto de um homem de costas, tapando os ouvidos com os indicadores, e o título cravava: "#OpOuvidosMoucos — Combate desvio de mais de R$ 80 mi de recursos p/ EaD".[5]

Por ali e por contatos discretos e seletivos com alguns jornalistas, a Polícia Federal desrespeitara o sigilo da investigação para vazar hora e local das buscas e apreensões, de modo a permitir que repórteres, fotógrafos e cinegrafistas registrassem a movimentação da força policial que seguidores nas redes sociais definiam como "orgulho do Brasil". Isso não era uma exceção, mas a regra nesse tipo de operação policial, normalmente batizada com nomes curiosos.

A mídia reagia bem à prática. Em seu site, a Agência Brasil, a central de notícias do governo federal, anunciava: "Reitor da UFSC é preso suspeito de participar de desvio de R$ 80 milhões na universidade". A linha fina, no jargão das redações, apontava: "Docentes, empresários e funcionários de fundações parceiras teriam atuado para desvio de bolsas e verbas".

O texto reforçava a curiosidade e a expectativa do público ao dizer que "um dos alvos da ação dos policiais" seria um "depósito de documentos ainda não analisados pelos órgãos de fiscalização". E mais. Dizia que, em alguns casos, bolsas haviam sido concedidas a pessoas sem qualquer vínculo com o EaD. Parentes de professores que integravam o programa teriam recebido "quantias expressivas". Também foram identificados casos de "emprego de empresas de fachada na produção de falsas cotações de preços de serviços, especialmente para a locação de veículos". E o texto continuava:

> Em um dos casos mais graves e mais bem documentados pelos investigadores, professores foram coagidos a repassar metade dos valores das bolsas recebidas para docentes envolvidos com as fraudes. Os alvos da Operação Ouvidos Moucos são investigados pelos crimes de fraude em licitação, peculato, falsidade documental, estelionato, inserção de dados falsos em sistemas e organização criminosa.

A investigação teria revelado ainda uma "série de vulnerabilidades nos instrumentos de controle e fiscalização dos repasses efetuados pela Capes no programa Universidade Aberta do Brasil", e se chamava a atenção para a pressão que a "alta administração da UFSC" exercia sobre a Corregedoria da universidade. Só no último parágrafo a matéria dava algum contorno para o caso, chamando a UFSC de "instituição de excelência", "considerada em alguns rankings uma das dez melhores do Brasil", e apresentando números que atestavam sua grandiosidade, como os cerca de 40 mil alunos e mais de 1,5 mil professores da instituição.

Na cabeça da lista dos pedidos de prisão temporária aparece o reitor, um dos personagens que "efetivamente detém o controle da organização" e que "efetivamente" poderia "interferir na coleta das provas, combinar versões" e, principalmente, "intimidar os docentes vitimados pelo grupo criminoso".

Nenhum dos sete presos fora chamado a depor. Eram primários, tinham endereço fixo e, provavelmente, atenderiam a qualquer chamado. A lista de crimes atribuídos a eles — que já fora repassada à mídia — incluía fuga do processo licitatório, irregularidades na locação de veículos, pagamento irregular de bolsas, diárias e outras despesas, reembolsos sem comprovação, desvio de verbas e um esquema para encobrir todos os desmandos comandados por Cancellier. O despacho não mencionava, contudo, os tais 80 milhões de reais.

Menos de 24 horas depois, os sete foram libertados. Dezoito dias mais tarde, Luiz Carlos Cancellier de Olivo saltou do sétimo andar do Beiramar Shopping. No bolso da jaqueta, um bilhete manuscrito anunciava: "Minha morte foi decretada quando fui banido da universidade!!!".

Três anos depois, quando este livro estava sendo finalizado, os cinco professores presos e afastados da universidade estavam de volta a seus cargos.[6] Após ser transferida para a superintendência da PF em Sergipe, a delegada Érika Marena fora nomeada e exonerada do posto de chefe do DRCI (Departamento de Recuperação de Ativos e Cooperação Jurídica Internacional), órgão vinculado ao Ministério da Justiça, acompanhando a ascensão e queda do ex-juiz Sergio Moro no governo de Jair Bolsonaro.

No mais recente acórdão sobre o assunto, o Tribunal de Contas da União assinala o valor de 2 320 050 reais em pagamentos de bolsas sem comprovação documental dos serviços prestados, mais 40 670 reais de acumulação indevida de bolsas e outros 43 201,53 reais de superfaturamento na locação de veículos. Ou seja, uma fração de 3% dos 80 milhões de reais alardeados inicialmente. Mais: apenas 8% desse novo montante tinha sido pago durante a gestão de Cancellier. O TCU não incriminou qualquer responsável específico, e atribuiu à Capes a tarefa de prosseguir a investigação.

No acórdão, a única referência a Luiz Carlos Cancellier está na transcrição de um trecho de seu depoimento à Polícia Federal, no qual ele diz ter determinado ao colégio de pró-reitores e secretários e ao setor de informática da UFSC que a divulgação dos dados do programa de Educação a Distância fosse concentrada — mas, até junho de 2017, a universidade não conseguira cumprir essa determinação, estabelecida por decreto.

A juíza Janaína Cassol Machado, da 1ª Vara da Justiça Federal de Florianópolis, acatou, em dois lances (primeiro treze, depois sete), a denúncia contra vinte dos 23 nomes arrolados pelo Ministério Público. Os crimes são de peculato, concussão e inserção de dados falsos no sistema de controle da universidade para o primeiro grupo, e organização criminosa, fraude em licitação, peculato, falsidade ideológica e uso de documento falso no caso dos outros.

Não foi definido o exato valor desviado — o documento repete os números apresentados pelo MPF: 2985 bolsas, totalizando 3 197 310 reais, teriam sido pagas irregularmente, e outros 140 670 reais teriam sido despendidos na concessão de mais de uma bolsa simultaneamente para os mesmos beneficiários — o que é proibido. Janaína Cassol destaca que, como o levantamento foi por amostragem, o desvio pode ter sido maior — os 80 milhões sequer são mencionados.

Acatando o que a Polícia Federal afirmara antes mesmo das prisões e de centenas de interrogatórios, a juíza responsabilizou o reitor pela criação da Secretaria de Educação a Distância e pela nomeação de Marcos Dalmau para comandá-la, e por ter pressionado a professora que fez parte das acusações e interferir na atividade do corregedor da universidade. Cancellier é acusado ainda de ter feito uma triangulação de recursos com Gilberto Moritz, que teria resultado em depósitos para o filho dele, Mikhail (um dos treze denunciados), no valor de 7102 reais. Porém, como reza o artigo 107 do Código Penal, a morte extinguiu a punibilidade de Luiz Carlos Cancellier de Olivo.

Para escrever este livro, utilizei como fontes os documentos da Controladoria-Geral da União, do Tribunal de Contas da União, da Polícia Federal, da Corregedoria da Universidade Federal de Santa Catarina, num total de mais de 20 mil páginas, bem como o vasto noticiário sobre o episódio. Entrevistei também parentes, amigos, conhecidos, autoridades, professores, servidores e estudantes da UFSC.

Três personagens cruciais se recusaram a falar, embora tenham inicialmente sinalizado disposição nesse sentido: a delegada Érika Marena, o ex-corregedor da UFSC, Rodolfo Hickel do Prado, e a professora Taisa Dias, envolvida nas acusações. Ao fim de tratativas preliminares aparentemente positivas, eles não responderam às dezenas de perguntas encaminhadas por escrito.

Dois anos depois da morte do pai, a *Folha* publicou a única entrevista concedida por Mikhail. A conversa com o repórter Wálter Nunes aconteceu em Curitiba, no escritório do advogado Edward Carvalho. Mikhail reconheceu que temia ser preso e que esperava ser retirado do processo. Criticou o alarde em torno das operações da PF e viu no cargo do pai um motivo para a prisão de Cancellier: "Prender um ex-reitor não faz a carreira de ninguém. Prender um reitor faz. A investigação é cheia de falhas. Não dá para esperar coerência de uma coisa que começou falha, continua falha e terminou falha".

Ele disse que não segue o caso pela imprensa: "Eu não acompanhei muito. [...] Diante de tanto sofrimento, de uma situação tão trágica, a maneira que eu encontrei para me preservar [...] foi me afastando [do caso] o máximo que eu podia". Ao final da conversa, anotou o repórter, Mikhail disse que pretendia retomar a vida. "Que isso termine. Que eu consiga voltar para a minha vida com preocupações normais que um cara de 32 anos tem que ter. [...] Mas tem uma sequela pessoal que vai fazer parte de mim, e essa eu acho mais difícil de terminar."[7]

Para falar com Mikhail, todas as abordagens fracassaram. Num recado em áudio, ele chegou a dizer que era contra a ideia de que fosse publicado um livro sobre o pai.

Enfim, se há um objetivo neste livro é o de tentar compreender melhor como, a partir de uma investigação previamente delineada, que buscava localizar na UFSC o mesmo modus operandi empregado em casos investigados nas universidades federais do Paraná e no Rio Grande do Sul, um cidadão brasileiro foi incriminado de forma desproporcional e condenado a priori, sem direito a defesa, num episódio que culminou no seu suicídio e na revalorização (tardia, para ele) de um princípio elementar do direito, inscrito na Constituição: "Ninguém será considerado culpado até o trânsito em julgado de sentença penal condenatória".[8]

Afinal, a lei é para todos?

1. Jornalista, advogado, ativista: a jornada de um futuro reitor

Luiz Carlos Cancellier de Olivo, o Cau, era alto — 1,90 metro —, corpulento (quando jovem era magro), atento e discreto: falava pouco e baixo, e não fazia questão de se impor numa roda de conversa. Gostava de ler, do jogo da política, e por muito tempo não pareceu ter qualquer ambição de protagonismo — cabia-lhe bem o papel de assessor.[1]

Talvez por isso muitos de seus amigos tenham se espantado quando ele mergulhou na vida universitária e registrou um desempenho meteórico para os padrões acadêmicos, indo de recém-formado a reitor em apenas dezoito anos. Elegeu-se em 11 de novembro de 2015 e tomou posse em 10 de maio de 2016. Tinha, portanto, um ano e quatro meses no cargo ao ser preso e destituído da função.

Neto de imigrantes italianos que trocaram Casso, na região do Vêneto,[2] pelo interior de Santa Catarina, Luiz Carlos era o segundo filho de Vitório Lorenzi Cancellier e de Madalena Furlan, outra descendente de italianos. Os dois tinham se mudado para Tubarão, cidade com cerca de 60 mil habitantes,[3] logo depois de casar. A princípio, moraram numa das duas casas de madeira erguidas por Vitório em lotes contíguos, bem em frente ao estádio do Hercílio Luz, o clube mais antigo (fundado em 1918) de Santa Catarina em atividade, na rua Rui Barbosa — o avô de Cau tinha uma serraria.

Ali nasceram os filhos: primeiro, Acioli Antonio de Olivo, em 1950. Oito anos mais tarde, numa terça-feira, 13 de maio, Luiz Carlos, assim batizado em homenagem a Luís Carlos Prestes,[4] o líder comunista cuja biografia Vitório tinha lido. E outros oito anos depois viria Júlio, o caçula, que é jornalista.

Vitório trabalhou no comércio e numa madeireira antes de ser contratado pela Companhia Siderúrgica Nacional (CSN) para fazer beneficiamento de carvão no lavador de Capivari. Transferido para o almoxarifado e, depois, para a biblioteca, garantia um padrão de vida modesto, mas acima da pobreza, para a família. A renda era complementada pela mulher, como costureira. Em casa, os Cancellier falavam um dialeto que mesclava o da terra de origem com algum português, e que nem os filhos entendiam direito.

Madalena às vezes recorria ao chinelo como instrumento pedagógico, mas Vitório nunca bateu nos filhos. O casal também se diferenciava na fé: ela era católica, ele, antirreligioso — o que não impediu de batizarem os filhos. Era Vitório quem atendia as testemunhas de Jeová que apareciam volta e meia, oferecendo a revista *Despertai!*. Certa ocasião, ele abriu a porta para dois mórmons, que ofereceram a possibilidade de Acioli estudar nos Estados Unidos — o pai inicialmente concordou, até a mãe descobrir e acabar com a história.

Vitório costumava comprar livros de iniciação científica, como *Maravilhas do conhecimento humano*, de Henry Thomas, e assinava a revista *O Cruzeiro*, mas a principal fonte de informação da família era um rádio Transglobe com várias faixas de ondas curtas. O aparelho, muito usado pelos radioescutas, lhe permitia acompanhar as transmissões da Voz da América, da Rádio Moscou e da alemã Deutsche Welle.

Franzino, Cau perdia o fôlego com frequência, por causa da bronquite asmática, que as rezas das tias não resolveram e que liquidaria o sonho de jogar futebol profissionalmente.

Num dia de muita chuva, foi brincar na casa do vizinho, alfaiate, cuja filha, Mara Lucia Antunes, tinha a mesma idade que ele — cinco anos. Ao atravessar a tábua colocada sobre o valado a céu aberto que margeava a rua, caiu na água. Desesperada, Mara chamou por dona Madalena, que estava dentro de casa. Edson, o irmão mais velho de Mara, de quinze anos, escutou os gritos e salvou o menino.

O curso primário (atual ensino fundamental I), Cau completou no Colégio Dehon,[5] particular, de padres, com as mensalidades pagas pela CSN.

Embora não fosse muito presente como pai, Vitório era rigoroso, cobrava o desempenho escolar dos filhos e costumava dar problemas de matemática para os meninos resolverem. Acioli diz que pouco teve de ajudar o irmão, que era bom aluno e raramente precisava de auxílio. Seu ponto fraco era a matemática. Sua preferência, as redações.

Um dos amigos de Cau nessa época era Lédio Rosa de Andrade.[6] Sete meses mais jovem, morava perto e foi seu colega de classe no Colégio Dehon. A paralisia infantil levou-o a jogar xadrez e tênis de mesa, tendo Cau como parceiro frequente. O movimento estudantil acabaria por colocá-los em campos opostos, como se verá adiante, mas a amizade se manteve.

Teresinha de Aguiar Francio, que também morava perto, ficou amiga de ambos aos nove anos. Aproximaram-se mais na adolescência, quando ela e Cau foram transferidos para o Centro Intercolegial Integrado de Tubarão (Cicit). Teresinha lembra que, àquela altura, tanto ela quando a dupla Lédio e Cancellier já tinham alguma militância política — Cau admirava Leonel Brizola, cuja atuação na crise provocada pela renúncia de Jânio Quadros e pela rejeição dos militares ao vice João Goulart seu pai acompanhara pelo rádio, em 1961.

Cau tinha quase dezesseis anos quando uma enchente arrasou Tubarão. No dia 22 de março de 1974, a conjunção de chuvas intensas, chamada de "lestada", e a maré de sizígia fez as águas do rio subirem mais de dez metros, invadindo a cidade. A correnteza destruiu casas, ruas e os trilhos da estação ferroviária. Quando as águas baixaram, dois dias depois, havia pelo menos 199 mortos e quase 60 mil habitantes desalojados. Na sequência, o desabastecimento fez com que alguns supermercados fossem saqueados. De acordo com Júlio, Vitório e Cau juntaram-se à turba que entrou num supermercado próximo para conseguir comida — que dona Madalena preparou e distribuiu aos que não tinham o que comer.

Na adolescência, Cau formou uma dupla militante com João Batista Félix Guedes, filho de um funcionário da CSN. Quatro anos mais velho, Guedes já mantinha relações com o pessoal da Convergência Socialista,[7] que costumava encontrar em São Paulo. Posteriormente, em 1977, os dois criaram um jornalzinho mimeografado, de periodicidade variável. *Construção*[8] não tinha vínculos com nenhum grupo, embora fosse de oposição — a dupla costumava ouvir a Rádio Moscou. Os seus cem ou duzentos exemplares eram datilografados em folhas de estêncil numa máquina Olivetti portátil e distribuídos gratuitamente aos alunos da Unisul de Tubarão. Cau fazia os textos, Guedes diagramava e ilustrava direto com caneta Bic sobre o estêncil. O papel era fornecido por um padre, Agenor Brighenti,[9] ligado à Teologia da Libertação.

Uma das seções, lembra Guedes, era um anúncio fúnebre publicado no rodapé da primeira página, em que eles anunciavam a suposta morte de quem não tivesse andado na linha que consideravam justa. Entre os personagens cuja "morte" foi noticiada estavam Fernando Henrique Cardoso e Caetano Veloso.

Além da política, Cau teve algum envolvimento com o esporte. Torcedor do América no Rio de Janeiro e do Hercílio Luz em Tubarão, com a bola nos pés nunca foi além das peladas na rua. Chegou a integrar a equipe de handebol do Cicit, que disputou os Jogos Abertos de Santa Catarina de 1976, que aconteceram em Tubarão, mas não entrou em campo. Dois anos mais velho, Ricardo Guimarães Machado, conhecido como Queixo, lembra do colega magrelo na quadra lotada, numa das disputas preparatórias para os jogos: "Acho que ele nunca levou muito a sério. [...] Fomos vice-campeões aqui, mas o Cau não estava no time. Ele participava dos treinos, ia em alguns jogos, mas não era titular".

A essa altura, Acioli já fora para Florianópolis[10] estudar (e em seguida para São José dos Campos), e a família se mudara para a rua Santos Dumont, onde Lédio morava, para outra casa de madeira erguida por Vitório.

Em janeiro de 1977, Cau e Lédio foram aprovados para o curso de direito da UFSC, mas em turnos diferentes. Como o curso vespertino, para o qual foi aprovado, só começava no segundo semestre, no início do ano Cancellier chegou a estudar na Universidade do Vale do Paraíba, em São José dos Campos, onde Acioli já lecionava. Não gostou. Antes do final do semestre voltou para Florianópolis. Instalou-se em outra república, a meio caminho entre a penitenciária e a UFSC, junto com outros estudantes vindos de fora.[11]

Em pouco tempo, o calouro de direito juntou-se ao movimento estudantil e de oposição. Integrou, por exemplo, o conselho editorial do jornal alternativo *Contestado*.[12]

Com as escolhas limitadas pelo bipartidarismo imposto pelo regime, a turma do PC se engajou nas campanhas eleitorais em favor do MDB, o partido de oposição — a Arena era a agremiação governista. Os emedebistas que cruzavam a linha do aceitável pelo regime costumavam perder seus mandatos, mas nem assim o partido do governo conseguia a maioria — ao contrário, a cada eleição, a oposição se fortalecia.

O pessoal do chamado Partidão não se envergonhava de usar o voto em eleições marcadas pelo arbítrio como forma de combate ao regime, enquanto a extrema esquerda apostava na luta armada. Para a Assembleia Legislativa, o candidato do PC era o advogado Nelson Wedekin,[13] de 34 anos. Defensor de presos políticos, ele escrevia para vários jornais e era membro da Comissão de Justiça e Paz da Igreja católica.

No segundo ano de direito, Cau participou da campanha e acompanhou Wedekin em várias viagens. Na época, já estava no jornal *O Estado*, onde redigiu um manifesto publicado dois dias antes da votação, em espaço comprado por 22 colegas de redação, que pretendiam informar leitores e eleitores que não comungavam com as posições do jornal onde trabalhavam.[14]

Em Criciúma, onde foram acompanhar a apuração dos votos, Wedekin e Cau se envolveram num entrevero com um desembargador, depois de reclamarem que os votos de candidatos de fora não estavam sendo contabilizados corretamente. Cau chegou a empurrar o sujeito, depois de o desembargador ter chutado seu candidato. A confusão não teve maiores consequências e Wedekin não se elegeu, embora o MDB tenha obtido 4,2 milhões de votos a mais que a Arena, o partido do governo. Para o Senado, a oposição emplacou o médico Jaison Barreto, um "autêntico", mas os governistas mantiveram a maioria graças aos chamados senadores biônicos — eleitos indiretamente, pelas bancadas das assembleias estaduais.

No processo de reconstrução da União Nacional dos Estudantes (UNE), em 1978, Cau formou com a chapa Unidade do PCB, batendo de frente com Lédio Rosa, que liderava a chapa Maioria, uma aliança entre o centro e a direita, tendo como presidente Marcos Martins Paulino, do Centro Acadêmico XI de Agosto, da Faculdade de Direito da USP,[15] e Ciro Gomes, representando a turma do Ceará. Alinhado ao trabalhismo, o grupo estudantil Luta Democrática tinha os irmãos Lédio e Leo Rosa[16] como lideranças e era visto pelo pessoal do Partidão — Cau, inclusive — como uma facção de direita.

Cau foi um dos quarenta delegados catarinenses enviados ao Congresso da UNE, realizado em Salvador em 1979. A turma foi num ônibus fretado que partiu na noite de 26 de maio, com violão, estoque de cachaça e outros ingredientes. Às seis da manhã, a Polícia Federal parou o ônibus em Curitiba, sob o pretexto de que caçavam uma quadrilha de traficantes. Deram uma canseira na rapaziada, antes de devolverem os documentos e liberarem a turma.

Os estudantes seguiram viagem até a Via Dutra, perto de São José dos Campos, onde foram submetidos a outra revista minuciosa, que resultou na apreensão de um livro de poemas de Carlos Damião, futuro jornalista e representante do Diretório Acadêmico do Centro de Estudos Básicos. Por falta de um lacre na placa e por um extintor de incêndio descarregado, o ônibus ficou retido por seis horas. Outros 25 veículos foram detidos, mas ao final a Polícia Rodoviária Federal acabou liberando todos. Até Salvador foram mais sete paradas, pelos mais variados pretextos: tamanho dos pneus, busca de drogas, contrabando, exigência da lista oficial de passageiros, entre outros.

Na hora do voto, a chapa Mutirão, soma dos grupos Refazendo e Caminhando, ganhou a disputa. A Unidade do PCB ficou em segundo, e a Maioria, de Lédio, seu irmão Leo e Ciro Gomes, em último.

No plano estadual, a chapa Unidade derrotou novamente a Luta Democrática. Adolfo Luís Dias tornou-se presidente do DCE por uma diferença de 650 votos e com 35% de votos nulos — os estudantes de Arquitetura, por exemplo, se recusaram a participar da escolha de dirigentes de uma entidade submetida às regras da ditadura, pois defendiam um DCE livre.

Pouco depois, embora já fosse uma liderança estudantil ativa e conhecida do curso de direito da UFSC, Cau simplesmente não participou do ponto alto da luta dos estudantes catarinenses durante a ditadura. Não por medo ou prudência, mas porque não acordou a tempo.

Ele passara toda a noite imprimindo panfletos para convocar um protesto contra o presidente João Figueiredo, que visitava o estado pela primeira vez e seria recebido com festa — crianças nas calçadas agitando bandeirinhas, rádios tocando uma marchinha encomendada ao compositor mais conhecido da cidade (famoso por ter namorado a cantora Liza Minelli), recepção no Palácio Cruz e Souza e churrasco numa cidade próxima à capital.

A polícia não conseguiu impedir os protestos, que tiveram a adesão de populares. O presidente foi vaiado, respondeu com um gesto obsceno, mas insistiu em manter a programação, que incluía receber o diploma de senador. Não o senador usual, claro, mas o título atribuído aos frequentadores do Senadinho ou Ponto Chic, que desde 1948 era o ponto de encontro da cidade.

No calçadão, enfrentou um estudante: "Você não tem razão, não conhece minha mãe".

Quando ia deixar o café, as portas já estavam tomadas pelo público nem um pouco amigável. Os gritos de "cavalo" e "filho da puta" foram só o começo. Em instantes, populares e seguranças se atracaram. Até o presidente foi empurrado, antes de entrar às pressas no carro oficial, que partiu cantando os pneus em direção ao município vizinho de Palhoça, onde haveria um grande churrasco. Alguns carros da comitiva receberam chutes e as janelas do palácio foram apedrejadas. Na praça, a placa recém-colocada em homenagem ao marechal Floriano Peixoto, que parte dos moradores da capital detesta por conta da repressão nos primeiros tempos da República, foi arrancada.

Repórter do *Jornal de Santa Catarina*, Moacir Loth tinha 21 anos. Cobriu a batalha que foi até a madrugada e acabou agredido por dois PMs. Teve uma luxação na perna, uma contusão na região dos rins e algumas escoriações. Também perdeu as anotações, devolvidas uma semana depois. A violência não mereceu um boletim de ocorrência, o jornal não publicou seu texto e ainda elogiou a ação da PM.

Cau perdeu o fuzuê. Reencontrou a turma mais tarde, no Roma Bar, um dos pontos de encontro dos estudantes, na esquina da rua Fernando Machado com a avenida Hercílio Luz, quando o pessoal já comemorava o resultado do protesto, que ganhara espaço no rádio e na TV.

A celebração serviu também para que planejassem a dispersão dos mais visados. Wedekin se incorporou ao grupo e insistiu para que o pessoal saísse da cidade, para evitar uma possível prisão. De fato, a Polícia Federal tinha fotografado muitos manifestantes, revelado as fotos em grandes formatos e, a partir das imagens, identificado vários alvos. Embora muitos tenham seguido a recomendação, sete estudantes apontados como lideranças acabaram detidos e processados.[17]

Lédio escapou antes. Cau foi para o sítio do tio Olivo, em Palmeira Alta. Só voltaria a Florianópolis no reinício das aulas.

Em março do ano seguinte, passada a ressaca da Novembrada, ele se candidatou a presidente do DCE, na sucessão de Adolfo Luís Dias. Parte dos que antes se alinhavam com a Unidade tinha ido para o Partido dos Trabalhadores, recém-fundado. Lédio seguia alinhado com a Luta Democrática.

A tentativa de acordo entre os velhos amigos de infância fracassou. Segundo relato publicado em seu livro,[18] Lédio até se dispôs a concorrer apenas ao Diretório Acadêmico do Centro Socioeconômico, apoiando o amigo para o DCE. A resposta de Cau, na conversa realizada num corredor da faculdade, teria sido meio arrogante: seu grupo político tinha a hegemonia no movimento estudantil e não necessitava de coligações. Ele ofereceu a Lédio um cargo na chapa do diretório acadêmico, mas não a presidência. Resposta de Lédio, segundo suas lembranças: "Eleições só se ganham após contar os votos. A partir deste momento, não sou mais candidato a presidente do DACSE, e sim à presidência do DCE".

No final, a chapa de Lédio venceu por 21 votos — 1456 a 1435, num colégio de 9 mil possíveis eleitores.

Cancellier ainda participou da reconstrução da União Catarinense de Estudantes, apoiando Adolfo Luís Dias, que venceu a disputa por uma diferença de 3 mil votos.

No segundo semestre de 1978, envolvido com o movimento estudantil, chegou a trancar matrícula, retomando as aulas em 1979, mas em apenas cinco disciplinas. Diminuiu a carga para apenas três matérias no semestre seguinte e abandonou o curso de direito no início de 1980, após perder a eleição para o DCE. Em 1982, prestou vestibular e foi aprovado para ciências sociais. Depois de cumprir dois períodos, largou o curso. Em 1992, fez exame para o curso de letras e também passou, mas nem se matriculou.

Como jornalista, seu primeiro emprego foi no jornal *A Gazeta*,[19] em 1980. No mesmo ano, passou para o jornal *O Estado*.[20] Quem o contratou foi o redator-chefe, Laudelino José Sardá.[21]

Uma de suas primeiras matérias assinadas foi num especial sobre os sessenta anos do Partido Comunista Brasileiro — naquela altura, ele estava plenamente engajado na campanha pela legalização do PCB.

A militância lhe valeu uma pequena ficha no SNI, em 1981.[22] Os arapongas assinalaram que Cancellier apresentava "tendências de esquerda em todas as suas atividades" desde que ingressara no curso de direito da UFSC e registraram como atividade suspeita a entrevista feita com Salomão Malina, secretário-geral do Partidão, para a reportagem do jornal.

Sua produção jornalística não abrangia só a política. Cancellier fez matérias sobre as condições de saúde dos trabalhadores das minas, a falta de navios para transportar carvão no porto de Imbituba, uma fonte secular de água no centro de Tubarão, sobre o Gênesis, um microcomputador desenvolvido pelo Departamento de Engenharia da UFSC (liderado por Marcos Cardoso, seu companheiro no PCB), e até sobre o festival de verão de Imbituba.

Nas entrevistas, um elenco variado. Cancellier não perdia as figuras nacionais da política e da cultura que passavam pela cidade, como Luiz Inácio Lula da Silva, o cacique Mário Juruna ou o professor Antonio Candido, e ainda abria espaço para nomes locais de destaque. Entre eles, o folclórico candidato a deputado estadual Beaco Vieira, cuja plataforma era a liberação da maconha, Francisco José Pereira, catarinense que estivera na Nicarágua numa missão da ONU, Heliete Rocha dos Santos, jovem candidata a prefeita de Tubarão, Clair Castilhos, primeira mulher a tomar posse na Câmara Municipal de Florianópolis, os presidentes do DCE da UFSC e da seção local da OAB.

Nessa época, Cau arregimentava estudantes dos colégios de Tubarão para a Juventude do PMDB e para o Partidão, lembra Valter Schmitz, que estudava no Colégio Dehon. Levou alguns, inclusive o irmão Júlio, para o festão da *Voz da Unidade* — o jornal que o PCB criara para levantar a campanha da legalidade, em 1983.[23]

Quando o advogado Miguel Ximenes de Mello Filho foi eleito para a prefeitura de Tubarão, foi buscar um jornalista com bom trânsito na capital para sua assessoria de imprensa, e Cau, apesar da pouca idade, foi o escolhido. Aos 44 anos, Ximenes popularizara seu nome num programa de rádio, dando orientação jurídica. Fora um dos fundadores do Partido Popular (PP), criado por Tancredo Neves e Magalhães Pinto, mas tinha voltado ao PMDB quando o PP deixou de existir, porque seus criadores concluíram que a reforma partidária não era justa.

Ximenes havia comprado a *Tribuna Sulina*, semanário que pertencia a Bartolomeu Meneses Rodrigues e que fazia oposição sistemática ao início de seu governo; a primeira manchete da *Tribuna* logo após sua posse, por exemplo, fora: "Prefeito do povo demite 186 operários".

Além de assessor de imprensa do governo, Cau assumiu a tarefa de editar a publicação, embora não figurasse no expediente. Chamou seus amigos João Guedes, para cuidar da diagramação, e o fotógrafo Tomaz Albuquerque, que ajudara Lédio a sair da praça XV na Novembrada.[24]

Um dos radialistas mais conhecidos da cidade na época, Eliseu Martins, promoveu uma campanha feroz contra o assessor. Para incomodar o prefeito, Eliseu costumava abrir seu programa com um "Bom dia, Luiz Carlos Cancellier", e atacava duramente o secretário de Comunicação, inclusive no plano pessoal — com referências ao consumo de álcool e drogas, entre outras coisas.

Segundo Ricardo Guimarães, o Queixo, Cau nunca retrucou as acusações.

Em 1985, Cancellier teve uma curta experiência como *publisher*, ao criar a revista *Moto Sul* para cobrir o movimento de motociclismo em Tubarão, junto com o fotógrafo Tarcísio Mattos e o designer gráfico Renato Rizzaro. A publicação durou apenas seis números.

Até hoje, o ex-prefeito Ximenes reconhece e valoriza o trabalho feito por Cancellier, que conseguiu espaço para ele na mídia estadual, mesmo sem ter obras para apresentar. Mas, antes do final do mandato, no início de 1986, Cau voltou para o jornal *O Estado*, a seus horários tardios e uma certa boemia, novamente como repórter. Depois do fechamento da edição, por volta da meia-noite, a turma ia para um bar no bairro próximo do Saco Grande, meio improvisado e sem nome, com o piso de chão batido, onde a atração era a cerveja bem gelada e uma cachaça famosa, produzida no município de Luiz Alves. O grupo costumava incluir Sardá, o editor-chefe, o repórter esportivo Mário Medaglia, além de Carlos Neto e seu violão. Frequentaram o tal boteco até o estabelecimento ir parar na coluna social, o que atraiu um público mais endinheirado, fazendo a turma se mudar para outro bar, no centro.

Nessa época, Cancellier tentou, sem sucesso, trazer para a reportagem geral uma estagiária do caderno de Cultura: era Raquel Wandelli, que acabaria tendo um papel relevante nesta história. Catarinense de Florianópolis, nascida em 1965, tinha morado em várias cidades do interior, acompanhando as andanças do pai, que era juiz de direito. Entrou no curso de jornalismo da UFSC aos dezesseis anos e se formou em 1985. Naquela época, era apenas uma estagiária sem coragem de enfrentar colegas, quanto mais chefes:

"Eu era uma adolescente muito tímida, mas ousada na escrita. Quando ele me chamou, entrei na sala dele, de chefe de redação. Eu respondia de cabeça baixa e ele disse: 'Levanta a cabeça. Você é uma jornalista!'"

Cau continuava solteiro. Tivera várias namoradas — a mais importante, segundo os amigos, chamava-se Beth. Em 1982, os dois foram padrinhos de Gabriel, filho de Guedes. Depois, ela foi para o Norte pelo Projeto Rondon e por lá ficou.

Mas aí surgiu Cristiana Vieira, de dezessete anos. Filha de um geógrafo e contador com uma secretária do INSS, nascida em Florianópolis, a mais velha de quatro irmãs tinha acabado de entrar no curso de direito da UFSC.[25] Fez um teste para a revisão, foi aprovada, e pouco tempo depois mudou para a diagramação. Não havia mais que dez mulheres na redação, e a jovem universitária acabou virando o xodó de repórteres e editores, lembra Rogério Junkes, gerente da área de pré-impressão na época. Mas Cris tinha compromisso sério: havia três anos, namorava um estudante de engenharia mecânica que conhecera em Joinville.

Na primeira conversa entre Cau e Cris, o assunto foi a bermuda que ela usava, e que o chefe tinha mandado trocar. Cris argumentou que, se fosse até em casa trocar de roupa, não voltaria a tempo — o jornal funcionava na rodovia SC-401, a nove quilômetros do centro. Respondendo pela chefia de reportagem, Cau ofereceu um carro do jornal e disse, em tom de brincadeira, para ela voltar de minissaia. Cristiana voltou de calça comprida.

Vestimenta à parte, Cau começou a se interessar por ela nesse período. Convidou-a para almoçar e ela recusou mais de uma vez. Finalmente, mudou de tática: pediu que Lagoa, o rapaz que operava o telex, produzisse textos falsos e os colocasse na mesa dela, como se fosse para diagramar. Cristiana acabou guardando um desses telegramas fictícios. Os títulos iam na linha de "Jornalista em perigo apaixonado por diagramadora amadora".

No dia 21 de abril de 1986, Cau estava na chefia do plantão, marcado pelo primeiro aniversário da morte de Tancredo Neves. Cris estava na escala. Ele a chamou para almoçar na cantina do jornal, junto com as filhas pequenas de outro jornalista que tinha de terminar sua matéria. Respaldada pelas crianças, ela aceitou.

Até então, fazia questão de chamar o colega, dez anos mais velho, de senhor. Quando deixaram por engano na mesa dela um convite para um evento endereçado a Luiz Carlos Cancellier e senhora, perguntou a ele se era casado. Cau riu, disse que não e a convidou para sair pela enésima vez. Ela se esquivou novamente:

"Olha, o senhor tem que entender, eu tenho namorado..."

Não adiantou. Na investida seguinte, acabou cedendo, com uma condição:

"Vou de dia, não de noite."

Ele a apanhou de moto na porta da UFSC e foram para um dos restaurantes mais conhecidos da cidade, o Macarronada Italiana, que existia havia sete anos e já funcionava na avenida Beira-Mar Norte.

Cristiana tinha preparado os argumentos para encerrar ali aquela tentativa de conquista, mas, muitos anos depois, reconheceria: alguma coisa na conversa dele a levara a pôr de lado a fala ensaiada.

No fim do almoço, Cau explicou que antes de deixá-la no jornal precisava passar na república onde morava. Cristiana, desconfiada, aceitou. Pouco antes de chegarem ao prédio, colocou discretamente a mão dentro do bolso do casaco de couro dele, apanhou a chave da casa e a jogou fora. Quando ele se deu conta de que a chave sumira, não teve alternativa senão ir direto para o jornal. Ao chegarem, Cristiana disse que estava atrasada e que seu chefe ia reclamar. Cau prometeu falar com ele e se despediu com um beijo na boca. Uma ação ousada, ela diria mais tarde, mas que acabou tendo seus efeitos.

Naquele mesmo dia, ao encontrar com Sergio, o namorado, na biblioteca da UFSC, ela contou o que acontecera. O rapaz recusou-se a terminar o namoro, sob o argumento de que era impossível uma reviravolta tão radical num caso antigo, e se dispôs a esperar por ela.

No dia seguinte, quando Cris narrou a reação do namorado, Cau deu de ombros, argumentou que era assim mesmo e continuou a investir na sedução, como se nada tivesse acontecido. Poucos dias depois, a convidou para passear. Circularam pela ilha por horas, numa conversa aparentemente interminável. Mas Cristiana seguia desconfiada — em parte por saber de histórias de namoradas dele, compartilhadas por outras funcionárias do jornal, no carro que levava as moças para casa, após o fechamento.

Dividiu seus receios com ele, que prontamente replicou: sem confiança, era impossível construir uma vida juntos. Ela foi cedendo. Num texto publicado em um livro sobre o jornal, o próprio Cau relatou as peripécias da conquista, que só teve o apoio da dona da cantina:

> Dona Marlene, na lanchonete, pensava diferente, e entre um copo e outro intercalando uma refeição, após o fechamento, não deixava de observar que nem tudo na vida era impossível. O único jeito de se aproximar da Cris era pelo trabalho, acreditava eu (depois percebi um universo de outras possibilidades). Vamos ver o que está caindo no telex, para contar quantas palavras teremos que cortar? Vamos à sala do arquivo pesquisar uma edição antiga para ver algo que foi escrito sobre o mesmo assunto? Vamos até o laboratório perguntar se a foto está preparada para a edição? Quer ir até a sala de monta-

gem para ver se não estourou o texto? Esses "a" têm crase ou não? Até criar coragem e perguntar: quer conhecer Termas do Gravatal? Na redação uns torciam, outros nem tanto. Não havia Facebook, nem WhatsApp ou e-mail. O caminho mais fácil era criar textos, colocados na pequena lauda, para que chegassem até ela. Não havia certeza de resposta, mas, picadinhas, elas vieram. Um comentário, uma observação, uma pergunta. Para que trocar um chinelo já ajustado por outro que não se conhece? O que vou dizer em casa? Em três semanas veio o namoro, em dois meses o noivado e no terceiro mês, o casamento. Foi-se tudo: o chinelo velho, a idade, a projeção dos pais.

Pouco depois do fim de semana no Hotel Termas do Gravatal, Cau chegou à mesa dela carregando um volume. Dentro estavam a *História do proletariado brasileiro*, de Boris Koval; *Olga*, do jornalista Fernando Morais; e os cinco volumes das *Obras escolhidas* de Lênin. Os colegas de Cristiana já estavam rindo quando Cau retornou à mesa da diagramadora:

"Ah, esqueci uma coisa."

Enfiou a mão no bolso do mesmo casaco de couro e sacou uma caixinha. Cristiana abriu e encontrou duas alianças de ouro, gravadas com o nome deles na parte interna. Só então se lembrou de que, brincando, ele medira o diâmetro do dedo anular dela com uma embalagem do bombom Sonho de Valsa. Cau resumiu o projeto:

"Vamos fazer as coisas direitinho. Se é para noivar, vamos noivar."

Um fotógrafo registrou a troca de alianças. Miro, o colunista social, a publicou na edição de 1º de maio de 1986 com a legenda: "Cris e Cau: noivado na redação e casamento à vista".

No dia seguinte, ao voltar do trabalho, o pai de Cris perguntou:

"Você noivou com o Sergio?"

A filha respondeu, sem jeito:

"Não, foi com o Cau."

"Eu não conheço nenhum Cau, e não tenho vontade de conhecer..."

No esforço de conquistar a família, Cancellier cortou o cabelo, caprichou no figurino e convidou a mãe dela, Maria Batista Vieira, para almoçar numa churrascaria. Em torno de um espinhaço de ovelha, tentou convencer a provável sogra de suas boas intenções. Cristiana lembraria que, para sua surpresa, o pretendente fora do padrão passou no teste.

Na época, para se casar com menos de 21 anos era preciso a autorização da família (a maioridade civil só baixou de 21 anos para dezoito em 2003). Por isso, o passo seguinte foi vencer a resistência do pai.

No dia do aniversário do futuro sogro, Cau driblou a vigilância de Cris e chegou meia hora antes ao escritório dele. Luís Alberto Vieira, diretor do Conselho Regional de Contabilidade, não era um conservador, mas queria distância da política e reagira mal ao saber do envolvimento da filha com um jornalista que, ainda por cima, era comunista. Além disso, o pretendente o presenteou, ironicamente, com um disco de música folclórica russa. Quando Cris chegou ao escritório, o pai disse que ninguém esperava que eles se casassem. Cau devolveu: seria logo — bastava encontrarem um padre para a cerimônia.

Diante do argumento de que Cristiana tinha apenas dezoito anos, Cau reagiu:

"Isso é problema para o senhor? Porque não é problema para mim."

Na hora de encontrar um padre disposto a celebrar o enlace, mesmo diante da informação de que o noivo era comunista, Cristiana insistiu:

"Cau, tem que ser um pouco hipócrita até... Vamos lá, vamos casar. De toda maneira, tu és batizado."

O terceiro padre aceitou a missão. A cerimônia foi marcada para o dia 5 de julho, na catedral de Florianópolis, dois dias depois do casamento civil, realizado na redação, restrito à família, com direito a um punhado de padrinhos e a um coquetel na cantina do jornal.

O convite era um jornalzinho, *Acredite se Quiser*. Escrito por ele, diagramado por ela e ilustrado pelo cartunista do jornal, Bonzon.

O padrinho de Cau no religioso foi Miguel Ximenes. A festa ocorreu na Associação dos Engenheiros Agrônomos, próximo ao palácio do governo; a noite de núpcias, no Hotel Maria do Mar, a pouca distância da sede do jornal, e a lua de mel em Gramado, bancada pelos colegas da redação, com a passagem dada por Nelson Wedekin. Na volta, foram morar num apartamento alugado meio às pressas no bairro do Córrego Grande. Cau deixava assim a república para ter sua casa.

Em fevereiro de 1986, sem deixar o jornal (numa combinação que não era incomum na época), Cau começou a atuar na campanha de Pedro Ivo Campos, ex-prefeito de Joinville, que concorria ao governo do estado pelo PMDB.

Cau assumiu a dupla condição de integrante da equipe de Pedro Ivo, onde cuidava dos tabloides quinzenais, e da de Wedekin, que se candidatava ao Senado. Wedekin vinha de duas derrotas: perdera a indicação para disputar a prefeitura pelo PMDB em 1985 e, no ano seguinte, deixara de ser o presidente do diretório regional por apenas um voto. Alinhando-se com os vencedores nas duas ocasiões, ajudou a manter a unidade do partido e assim conquistou uma das sublegendas.

Cau acabou pedindo licença não remunerada do jornal e convidou Cris para acompanhá-lo nas viagens. Ela não ficou com ele durante toda a campanha. De volta a Florianópolis e ao jornal, descobriu que estava grávida e avisou o marido por telefone. Soube mais tarde, pelos colegas de campanha, que Cau dera pulos de alegria ao receber a notícia. Ela tinha dezenove anos, e ele, 28.

Alguns dias depois, Cris recebeu de presente um elefante de louça, entregue pelo motorista que voltara para a capital. Na verdade, dois — um grande e, dentro dele, outro bem menor. Diz a lenda que, se colocados perto da porta da casa, virados de costas, atraem bons fluidos e dinheiro.

A campanha teve bons resultados. Cau registrou o último lance da disputa num livro sobre o tema, que ele publicaria em 1987:

> Com um desmentido atrás do outro, faltando um dia para a eleição, não havia mais dúvidas de que a candidatura de Wedekin tinha passado os quatro meses sem nenhum arranhão. Podíamos dormir aquela noite com tranquilidade. O dia fora agitado, cumprindo roteiros pelos bairros de Joinville, pelas portas da Tupy e da Hansen, pelo terminal rodoviário. Eram três horas da manhã já do dia 15, quando Wedekin nos deixou em casa.[26]

Wedekin ocuparia a segunda vaga ao Senado, com pouco mais de 520 mil votos.

Em março de 1987, com a posse de Wedekin, Cau e Cristiana se mudaram para Brasília. Ela foi ser secretária do gabinete do senador recém-eleito; ele foi oficialmente contratado como assessor de imprensa do Banco Nacional de Crédito Cooperativo.[27]

mas seria, na realidade, o braço direito do novo senador, como reconheceu Wedekin:

"O Cau fazia discursos para mim, bons [...] fazia vários pronunciamentos, era como se fosse hoje em dia o Twitter, vamos dizer assim, em que você dava um pitaco sobre uma situação. E a gente todos os dias tinha uma manifestação, tinha um registro, o registro histórico. Fazia projetos de lei, bons. Devo ter apresentado uns duzentos, trezentos, não me lembro mais quantos, uma boa parte de autoria dele. Ele tinha outra coisa ótima, tanto no discurso quanto nos projetos de lei: já vinha com a pauta. Trabalhava sempre numa faixa, era essa coisa da conciliação dele. De uma certa bondade em relação ao outro, não gostava de ofender ninguém. Não era possível ele fazer um discurso agressivo contra alguém. Ao mesmo tempo, não fazia também um discurso sem graça nenhuma, também não era só de platitudes."

Na Constituinte, Wedekin alinhou-se com os progressistas. Votou a favor da limitação do direito de propriedade privada e da desapropriação da propriedade improdutiva, da remuneração 50% superior para o trabalho extra, da legalização do aborto e da nacionalização do subsolo, entre outras coisas, e foi contra a pena de morte, o fundo de apoio à reforma agrária, a legalização do jogo do bicho e os cinco anos de mandato para o presidente José Sarney.

Cristiana e Cancellier costumavam ter conversas intermináveis sobre o futuro do socialismo real, o individualismo e o coletivismo, entre outras questões. Também falavam muito sobre o nome do filho. Não havia dúvidas: caso fosse menina, seria Luisa. Para menino, pensaram em Vitório, tentaram compor os nomes dos avós, até Cau sugerir:

"Que tal Mikhail? Porque tem Mikhail Gorbatchóv, tem Mikhail Bakhtin."

O filósofo e linguista russo era conhecido de poucos, enquanto o secretário-geral do PCUS estava nas manchetes com a ideia da glasnost e da perestroika, um misto de transparência e reforma política que deveria reanimar o socialismo, mas que desembocaria no fim da União Soviética, logo adiante.

Mikhail Vieira de Lorenzi Cancellier nasceu onze meses após o casamento, no dia 6 de junho de 1987, na maternidade São Brás, e foi tema de nova edição do jornalzinho *Acredite se Quiser*. O batismo na catedral, em setembro, teve lá seus percalços — avô paterno anarquista, avô materno espírita, avó materna católica e pais agnósticos.

O problema maior, no entanto, foi a insistência do padre, de forte sotaque estrangeiro (polonês, suspeitaram), em trocar Mikhail por Miguel. Cau corrigiu-o mais de uma vez, até o padre perguntar por que tinham escolhido aquele nome diferente. A resposta foi direta: "É homenagem a um dos grandes líderes da política".

Piorou. O padre ficou tão incomodado com a homenagem a um comunista que Cristiana cutucou o marido. Felizmente, tudo acabou bem, num almoço no apartamento, em torno de uma carne de sol que Acioli e Cau compraram no tradicional restaurante nordestino Xique Xique.

Assim que a nova Constituição foi promulgada, Wedekin, que nunca havia ingressado oficialmente no PCB, deixou o PMDB para filiar-se ao Partido Democrático Trabalhista, o PDT, de Leonel Brizola. Cau foi com ele, não totalmente convencido, mas conformado — achava que teria sido melhor ficar no PMDB.

No novo partido, mergulhou fundo na tarefa de organizar diretórios e arregimentar prefeitos — o PDT chegou a 38 em Santa Catarina, além de dois deputados federais e quatro estaduais. Pouco depois, pediu e conseguiu o posto de secretário-geral do partido no estado.

Cristiana e Mikhail não ficaram muito tempo em Brasília. Ela passou a se sentir desconfortável e infeliz na cidade — mais tarde concluiu que tinha enfrentado uma síndrome usual, a depressão pós-parto. A notícia de um assassinato ocorrido na quadra onde moravam — um rapaz tentou estuprar uma moça e acabou esfaqueando-a — piorou as coisas:

"Eu passeava com o Mikha, olhava Brasília e sentia uma certa aversão pela cidade. Era tudo igual, eu sentia falta do mar, essas coisas. No final do ano vi que realmente não estava bem, aí ele falou 'Kika, pra ficar aqui triste, não dá'."

Cau também voltou para Florianópolis, mas eles retornariam a Brasília logo depois, assim que ela melhorou. No final do ano, Iraí Zílio, ex-deputado estadual que estava assumindo a Secretaria de Comunicação Social do governo de Santa Catarina, convidou-o para fazer parte da equipe, que já contava com Valdir Alves, velho amigo do movimento estudantil. Como ele poderia continuar a assessorar Wedekin à distância, eles voltaram para a ilha novamente.

Em 1990, haveria eleição para o governo, e Wedekin foi candidato pela Frente Popular, que juntava PDT, PT, PCB e PCdoB. Não era uma parada fácil.[28] Vilson Kleinübing, da aliança de centro-direita, acabou saindo vencedor, revertendo a derrota de 1986: obteve 932 877 votos, contra 556 357 de Paulo Afonso Vieira, do PMDB. Wedekin pagou placê, como se diz no turfe: teve 205 931 votos, ou 11,13%.

A derrota levou Cau e Cristiana para outro período de pouco mais de um ano na capital federal — entre 1992 e 1994, ele trabalhou como assessor parlamentar contratado pelo Senado, no gabinete de Wedekin, que foi candidato mais uma vez ao governo do estado, agora liderando uma frente mais ampla, que também incluía o PSDB.

Angela Amin venceu o primeiro turno por boa margem, 1 001 466 votos, ou 36,5% do total, mais que a soma do segundo e do terceiro colocados: Paulo Afonso Vieira, do PMDB, e Jorge Bornhausen, do PFL.[29] Wedekin ficou em quarto, com 199 045 votos, ou 7,3%. A aliança entre ele e Paulo Afonso no segundo turno garantiu o retorno do PMDB ao governo do estado.

Ao terminar o mandato, o agora ex-senador foi para o Banco Regional de Desenvolvimento do Extremo Sul como presidente. Levou Cau e Valdir Alves para a equipe. Em julho de 1997, tornou-se secretário de Fazenda, cargo que ocupou até 1998. Cau foi com ele. Por essa época, ele e Cristiana começaram a construir uma casa no bairro Santa Mônica, próximo à universidade. Era um sobrado espaçoso, onde só morariam por seis meses.

Cristiana e Mikhail mudaram-se para Tubarão, onde ela assumiu a parte comercial de um semanário que Júlio Cancellier tinha criado e não conseguia tocar, pois estava na equipe da prefeitura. Cau continuou em Florianópolis, trabalhando e cursando direito, mas encontrava a mulher e o filho aos finais de semana.

O *Folha do Sul* foi o primeiro jornal publicado na internet na região, e um dos primeiros do estado, mas também circulava impresso. Era semanal, diagramado por João Guedes, e funcionava numa sala alugada em um prédio comercial no centro da cidade. Tinha diversos colunistas, a maior parte locais.

A volta a Tubarão foi curta. Cau chegou a pensar em se candidatar a vereador nas eleições seguintes, mas prevaleceu o plano acadêmico. Voltaram em 1998 para Florianópolis. Cristiana abandonou o curso de direito em razão das mudanças para Brasília, mas transferiu seus créditos e se formou em letras, português e francês, na UFSC, no segundo semestre de 2000.

O final dos anos 1990 foi tumultuado para o casal. Wedekin resolveu deixar a política e ir para a iniciativa privada, e não tinha como levar Cau consigo. Para o ex-senador, foi um movimento sem grandes traumas. Para Cau, no entanto, o efeito foi oposto. Segundo Cristiana, ele perdeu o foco com esse movimento, porque a participação na política que a assessoria lhe permitia era sua vida.

Quando conversei com ele, em 2019, Wedekin assegurou que nunca houve nem rompimento nem reaproximação entre ambos, e espantou-se ao saber que aquele episódio marcara o amigo profundamente. Na visão dele, Cau tinha dificuldade de manifestar seus sentimentos — não era efusivo na vitória, nem melancólico nas derrotas:

"Perdemos várias, em qualquer lugar que você vá tem pontos altos e pontos baixos. Ele sempre foi muito solidário e nunca me disse isso. Nunca me cobrou. Nunca falou 'Poxa, você me fez isso.'"

Outra mudança do período foi o ingresso de Cau na maçonaria.[30] Ele já tinha editado alguns números da revista *O Prumo*, e seu irmão Júlio trabalhara como assessor de imprensa da organização, embora garanta que nunca foi maçom. O próprio Cancellier jamais propalou sua escolha — normalmente, os maçons tratam disso com discrição. Leu muito sobre os templários, participou das atividades da loja Acácia do Continente e continuou a colaborar financeiramente com a organização, mas sem muito envolvimento, segundo Júlio.

A partir de 1996, ao reingressar no curso de direito, a UFSC foi se transformando no projeto de vida de Cancellier. O procurador João dos Passos[31] foi seu professor nessa época e lembra dele como bom aluno, mais velho e, portanto, mais maduro, concentrado nas aulas. Tão concentrado que fez o máximo de disciplinas que pôde e se formou em 1998, aos quarenta anos. Em maio do ano seguinte, iniciou o mestrado, em que analisou o impacto da tecnologia da informação sobre a Justiça brasileira, que considerava um caminho sem volta.

Na monografia da pós-graduação em direito tributário,[32] tratou dos chamados direitos de quinta geração, ou seja, aqueles relacionados com a realidade virtual, as redes digitais e a internet. Cau estudou o caso Receitanet, que possibilitou a declaração do Imposto de Renda através da internet. Em março de 2003, obteve o doutorado na área de direito e sociedade, orientado pelo professor Aires Rover, com quem já tinha colaborado no mestrado.[33]

Recorreu a uma legião de pensadores — de Maquiavel a Francis Fukuyama[34] —para desenhar um cenário da sociedade que parecia emergir no início do século XXI. Cau acreditava que a tecnologia iria impactar positivamente o direito, defendia um Estado regulamentador e desenvolvimentista, capaz de controlar os fluxos financeiros, e fazia referências ao programa de governo do Partido dos Trabalhadores, que acabara de chegar ao poder com o presidente Luiz Inácio Lula da Silva. Elogiou a mudança de rumo do PT, que abandonara a crítica radical à globalização.

A internet poderia ser, imaginava, um instrumento de efetivo controle social, e ele menciona especificamente a Lei de Responsabilidade Fiscal e as ações do Tribunal de Contas da União e da Controladoria-Geral da União:

> Na perspectiva da construção de uma sociedade e instituições mais transparentes e democráticas, as novas tecnologias de informação, e dentre estas a internet, revelam-se como um elemento essencial para a recuperação de algumas promessas não cumpridas da modernidade, tais como a liberdade, a igualdade e a fraternidade.

Cancellier produziria outros textos sobre as relações entre a informatização da sociedade e o direito, sempre destacando que os chamados direitos de quinta geração tinham de ser incorporados e garantidos, sob pena de se ampliar a histórica desigualdade, agora também no ciberespaço. Esperava grandes mudanças com a internet, reconhecia que era preciso regulamentá-la e que cabia à Justiça assegurar a punição dos crimes digitais, o que exigiria uma lei específica. O futuro, esperava, podia ser um mundo melhor, mais justo e mais viável.[35]

O outro campo de interesse de Cau na academia eram as relações entre direito e literatura,[36] uma área relativamente nova, mas que atraía crescente interesse em vários países. Segundo Cristiana, ele sempre gostara de ler. Não só os jornais do dia, mas livros. Principalmente romances e biografias. Em "O estudo do direito através da literatura",[37] elaborado a partir das pesquisas feitas nos programa de pós-graduação em linguística e literatura da UFSC, onde Cancellier cursava disciplinas, ele arrisca que o estudo da literatura poderia ser um caminho para renovar o ensino.

Além de criar um grupo de estudos sobre direito e literatura, Cau orientou um grupo de alunos de pós-graduação interessados nesse campo. A Fundação José Arthur Boiteux, que ele chegou a comandar por um ano, publicou várias obras sobre o tema — entre elas, um conjunto de ensaios sobre *Os irmãos Karamázov*, de Fiódor Dostoiévski, em que seus alunos mostram como o romance multifacetado trata de questões como a culpa, a violência legitimada contra a mulher, e onde réus inocentes acabam por expurgar a culpa de uma sociedade injusta e preconceituosa.

Cau chegou a esboçar uma dissertação em que comparava Shakespeare e Machado de Assis, que pediu para Cristiana corrigir, mas jamais publicou. Seus estudos sobre Machado resultaram num livro lançado em 2011. Em 202 contos do mestre, identificou 98 personagens que exercem funções jurídicas.

Em março de 2005, Cau assumiu como professor adjunto nível 1, em regime de dedicação exclusiva, depois de ter obtido o primeiro lugar no concurso público. O concurso acabou sendo contestado pelo terceiro colocado, numa disputa que demorou cinco anos para ser decidida, em favor de Cancellier, pelo Tribunal Regional Federal.

Cau se adaptou rapidamente ao ambiente universitário, dando aulas de direito administrativo, de direito público e administrativo, e juntou-se ainda ao programa Universidade Aberta do Brasil — um sistema composto de instituições públicas de ensino superior (estaduais e federais) para promover a Educação a Distância —, respondendo pelas disciplinas de direito administrativo e instituições de direito público.

Estabeleceu boas relações com os funcionários do Centro de Ciências Jurídicas e passou a frequentar o restaurante Servidores, conhecido como Bar do Silvinho, ponto de encontro de alunos, servidores e professores a poucos metros do campus.

A vida em família, no entanto, não ia tão bem. No final de 2000, Cristiana decidiu que ia se separar de Cancellier:

"Eu estava com 32 anos, queria viver um pouco. [...] Eu achava que não tivera a juventude completa, e em algum momento isso voltou com muita força. Só aí fui concluir a universidade. Para o Cau foi muito dura a nossa separação, no mesmo momento em que ele perdeu a mãe."

Os dois só se divorciariam em 2006, quando Cristiana se casou novamente. Mas continuaram amigos. Venderam para o amigo Sérgio Grando a casa que tinham construído, e Cau comprou um apartamento de três quartos a poucas quadras da UFSC.

Em 2000, a mãe dele, dona Madalena, descobriu um câncer. Tratou-se na Clínica São Sebastião e retornou a Tubarão. Cau foi morar na casa dos pais e passou a cuidar dela, escrevendo a dissertação de mestrado à noite, lembra Júlio. No ano seguinte, Vitório, o pai, morreu.

Na UFSC, Cau não ficou omisso diante da política acadêmica: em 2003, apoiou a chapa para a reitoria liderada por Nildo Ouriques, diretor do Centro Socioeconômico e, na época, filiado ao Partido dos Trabalhadores, que perdeu no segundo turno para o médico Lúcio José Botelho. Na eleição seguinte, em 2007, mudou de lado e apoiou o professor Alvaro Toubes Prata e o vice Carlos Alberto Justo da Silva, conhecido como Paraná, apontados pelos grupos de esquerda como os candidatos da maçonaria, que venceram Ouriques no primeiro turno.

Seu primeiro embate direto ocorreu em dezembro de 2008, quando disputou a chefia do Centro de Ciências Jurídicas, o CCJ. Antes de concorrer, pediu conselho a João dos Passos. Embora seu ex-professor não tivesse muito envolvimento no jogo político da UFSC, por trabalhar como procurador, apoiou a pretensão:

"Ele tinha um talento especial para a administração escolar, porque existe professor que é só ensino, que é bom na sala de aula, mas que na administração escolar é um desastre. E ele tinha esse talento para fazer projetos de pesquisa, organizar, formatar, são coisas complexas."

O outro candidato à direção do CCJ era José Isaac Pilati. Numa disputa acirrada, Cancellier venceu por apenas um voto — 41 a quarenta. Entre 2009 e 2010, assumiu a presidência da Fundação José Arthur Boiteux. Passou a integrar ainda um grupo de professores que se reunia com certa frequência, e de que João dos Passos também participava — seis ou sete docentes de direito que conversavam sobre tudo, em encontros regulares.[38]

O lance seguinte foi a disputa para a direção do Centro de Ciências Jurídicas. Cancellier convenceu o vice, Ubaldo Cesar Balthazar, a não seguir a regra não escrita que lhe dava a condição de candidato natural na sucessão e garantiu a vitória, com 74,07% dos votos.

Como diretor do CCJ, passou a articular a oposição à reitora. Como praxe nas universidades federais, pelo voto direto, professores, servidores e alunos compunham uma lista tríplice encaminhada ao governo federal — que sempre acatava a decisão da comunidade acadêmica, nomeando o mais votado.[39]

A gestão da reitora Roselane Neckel foi marcada por uma troca intensa de gestores, greves e o confronto entre a polícia, estudantes e professores no chamado Levante do Bosque. Desgastada entre os técnicos, ela só tinha o apoio de cinco dos quinze centros, onde estavam integrantes de sua equipe. Com os estudantes, a situação ainda era pior, pois o DCE estava nas mãos de um grupo que somava parte da esquerda com parte da direita, alinhados contra a reitora.

No final de 2014, Cau reuniu alguns colegas de que se aproximara nas tensas e intermináveis reuniões do Conselho Universitário que a reitora passara a fazer semanalmente. Ali encontraram convergências, diante da troca dos gestores por nomes sem experiência que a reitoria promoveu, embalada pela ideia de desconfiar de quem participara de administrações anteriores.

Cau não se apresentava como candidato, lembra o professor Álvaro Guillermo Rojas Lezana, na época vice-diretor do Centro Tecnológico, o maior colégio eleitoral da UFSC. Sua preferência era Sérgio de Freitas, diretor do Centro de Ciências da Saúde, onde contava com muitos eleitores. Sérgio fora militante do PT e pró-reitor adjunto na gestão de Lúcio José Botelho, e era o candidato natural do grupo. Mais de uma vez, Cau lhe disse que seu projeto era, caso chegassem ao poder, ser chefe de gabinete da gestão. Só disputaria uma reitoria mais tarde.

Mas Sérgio não queria o posto. Revelou isso num churrasco em que cada diretor manifestou suas pretensões, depois de apresentarem propostas e princípios. Penúltimo a falar, Cancellier surpreendeu a todos ao indicar seu candidato — inclusive o próprio. Pela lógica eleitoral, o diretor de um departamento pequeno como o Centro de Ciências Jurídicas, com apenas trinta servidores, cinquenta professores e menos de mil alunos, simplesmente não tinha chance.

Cancellier contrariou a lógica e acabou confirmado como candidato do grupo, ao derrotar Maria Lucia de Barros Camargo, professora titular de teoria literária, ex-pró-reitora de pós-graduação e coordenadora do programa de pós-graduação em literatura, por 36 votos a sete — outro interessado desistiu antes da disputa.

Um de seus primeiros movimentos foi o de facilitar o acesso dos estudantes ao grupo originalmente formado pelos diretores. No começo, era meia dúzia de alunos representando as diversas correntes reunidas no DCE, que, desde 2013, estava sob o comando de uma aliança heterodoxa da Juventude Socialista do PCdoB, independentes, simpatizantes do PSDB e integrantes da Ordem DeMolay, um braço juvenil da maçonaria. Em 18 de junho de 2015, essa turma venceu novamente a eleição para o DCE, derrotando a chapa dois, de composição mais à esquerda.

Na outra ponta do espectro, Cau obteve o apoio de quatro ex-reitores.[40]

A dias do prazo fatal, Edson Roberto de Pieri, do Centro Tecnológico (CTC), deixou o grupo e resolveu concorrer também. Já saiu com um vice, Carlos Alberto Marques, o Bebeto, do Centro de Educação. Tinha até um slogan — "UFSC mais" — e definia-se como um acadêmico, sem qualquer pretensão política. Um posicionamento que combinava bem com o ataque feito a Cancellier, principalmente dentro do CTC, onde ele era apresentado como comunista e fundador do PCB.

Cau chegou a pensar em desistir. Aos mais próximos, disse apenas que estava movido pela raiva e que não pretendia chegar ao poder carregando esse sentimento. Na mesma noite, a poucos dias da inscrição da chapa, o grupo, ampliado com a participação de professores, servidores e estudantes, ratificou seu nome. Mas ainda faltava o vice.

Sérgio de Freitas, a escolha de Cau, não cedeu aos seus apelos, mas garantiu que conseguiria uma votação coesa no Centro de Ciências da Saúde, mesmo sem estar na cabeça de chapa. Entre os outros nomes cogitados, uns não tinham peso eleitoral, e outros recusaram o convite.

A um dia do prazo fatal, depois de Sérgio recusar novamente o convite, ele e Cau chegaram ao nome da professora Alacoque Lorenzini Erdmann, com carreira acadêmica sólida, e que estava na UFSC desde 1976. No final, cinco chapas foram para a disputa.[41]

A campanha de Cau foi informal e intensa: passava o dia e parte da noite no campus, percorrendo departamentos, centros acadêmicos, atléticas, conversando com todo mundo. Por pressão da equipe, melhorou o figurino, trocando as até então usuais calças de moletom por um traje mais social — camisa de manga comprida, geralmente azul, com o adesivo da chapa colado na altura do peito.

Conseguiu o apoio de gente de fora, mas influente, como o jornalista Roberto Salum, que em seu programa na TV Record local apresentou a candidatura de Cancellier como um freio aos comunistas, que estariam destruindo a UFSC.

O material de propaganda teve uma primeira arte desenhada pela equipe da Neovox, uma grande agência, cujo sócio, Fábio Veiga, chegou a palpitar na estratégia, mas quase tudo foi desenvolvido por Júlio Cancellier e por Guedes, o velho parceiro de Cau no jornalzinho *Construção*, que mantinha um escritório de produção gráfica em Floripa.

O fôlder não mencionava a passagem do candidato pelo PCB, mas tampouco escondia sua militância política, referindo-se à anistia, às Diretas, à eleição de Tancredo, à Constituinte e ao Fora Collor.

A volta ao curso de direito foi apresentada como a realização de um sonho, e o eixo do movimento A UFSC Pode Mais seria "implantar um modelo de gestão responsável, com propostas pragmáticas para resgatar a excelência e a eficiência da nossa universidade". O currículo da vice privilegiava conquistas acadêmicas — "primeira pesquisadora em enfermagem da região Sul a alcançar o nível 1A na Bolsa de Produtividade em Pesquisa do CNPq". O plano de gestão, em áudio, podia ser acessado por código QR, sinalizando que se tratava de um projeto moderno, atento às tecnologias.

Não houve grandes incidentes no primeiro turno:[42] os cinco candidatos votaram logo cedo e as urnas foram fechadas às 21 horas, como previsto.[43] Foram para o segundo as chapas de Cancellier e Edson de Pieri, e a segunda volta também foi tranquila.

Durante a apuração, em mais de um momento, Cancellier temeu pela derrota. A apuração considerava os votos obtidos em cada categoria de acordo com uma fórmula complicada, definida previamente, o que tornava difícil o acompanhamento dos números.[44]

Às dez e meia da noite, saiu o resultado. Vitória apertada, mas logo reconhecida pela chapa perdedora. No total, foram 13 926 votos, quase quatrocentos a mais que no primeiro turno: 10 184 de estudantes, 2004 de servidores técnico-administrativos em educação e 1738 de professores. Entre os estudantes, foram 43,05% de votos para Cancellier, 50,14% para De Pieri, 1,3% de votos em branco e 5,4% nulos. Entre os técnico-administrativos, foram 61,67% para Cancellier, 30,53% para De Pieri, 1,44% de brancos e 6,33% nulos. Entre os professores, foram 37,51% para Cancellier, 57,47% para De Pieri, 0,86% em branco e 4,16% nulos. A fórmula de combinação dos votos deu a vitória a Cancellier, que festejou numa churrascaria, com quase sessenta pessoas, entre as quais o comando da maçonaria.

Sua posse chegou a ser postergada, e só aconteceu depois de um telefonema do deputado Paulo Teixeira, do PT de São Paulo, para o ministro da Educação, Aloizio Mercadante, à época às voltas, como todo o governo, com o processo de impeachment da presidente Dilma Rousseff. No ato realizado no gabinete, na segunda-feira, 9 de maio de 2016, Mercadante assinalou: "Desejo que, nesse momento difícil, sua gestão nunca se afaste de valores da democracia; a educação é indissociável da democracia".

Em resposta, Cau bateu na tecla que martelara durante toda a campanha, o entendimento: "Por mais que as dificuldades surjam, uma palavra de conciliação, de abertura e de diálogo sempre pode trazer uma luz". A tese seria posta à prova na noite seguinte, na cerimônia de transmissão do cargo.

Antes da execução do Hino Nacional, uma centena de estudantes carregando faixas, batendo palmas e gritando palavras de ordem invadiu o auditório. Subiram ao palco, formando um cordão que impedia que plateia e mesa se vissem. O megafone foi substituído por um microfone e uma estudante leu as reivindicações:

"Hoje estamos aqui porque exigimos respostas diretas e honestas. O que a nova gestão, objetivamente, pretende fazer para enfrentar os problemas atuais da permanência estudantil?"

Quatro alunos tinham sido despejados por ordem judicial em fevereiro, acusados de terem se instalado na moradia estudantil da UFSC sem respeitar o necessário cadastramento. A instalação abrigava regularmente outros 167 estudantes. Os estudantes diziam que a ajuda paga pela universidade a 1026 alunos — 225 reais mensais — era insuficiente para bancar o aluguel. Outros 2050 recebiam também uma bolsa estudantil de 550 reais mensais e 2800 comiam de graça no restaurante universitário.

Cau foi até a faixa de pano com os dizeres "Reitor, o prazo acabou! Exigimos respostas efetivas. PERMANÊNCIA JÁ",[45] ergueu os dois braços e fez o sinal de positivo com os dedos. Depois de prometer que se reuniria com os alunos no dia seguinte, conseguiu que a turma deixasse o palco e a cerimônia prosseguiu.

Após assinar o termo de transmissão do cargo, envergar as vestes talares reitorais[46] e empossar a vice, os sete pró-reitores e dez secretários (frutos de uma ampla reforma administrativa[47]), Cancellier foi para a tribuna. Começou por agradecer a João dos Passos, que ali representava o governador, dizendo que devia tudo ao procurador-geral do Estado. Ao nominar representantes de servidores, professores e estudantes, citou três ex-companheiros do PCB já falecidos: Adolfo Luís Dias, seu parceiro de movimento estudantil, que presidia o DCE na Novembrada; o professor Marcos Cardoso Filho; e o poeta e escritor Salim Miguel, na condição de servidor técnico e administrativo, que morrera dias antes.

No mesmo tom monocórdio, sem rompantes nem concessões à emoção, que era sua marca, Cau reafirmou a crença no diálogo e no respeito como as ferramentas mais importantes para construir uma universidade melhor. Lembrou que o pai, operário, lhe ensinara o gosto pela leitura, e a mãe, costureira, lhe transmitira a paciência. Depois de citar os irmãos, a sobrinha Raissa (filha de Júlio) e Mikhail — "que me mostra todo dia que o amor supera todo o preconceito" —, recordou sua experiência na Constituinte, que resultara numa carta democrática, e prometeu que respeitaria o contraditório e superaria as divergências pela negociação, não pelo confronto.

Entre a eleição e a posse, Cancellier teve um grave problema de saúde. Em setembro de 2016, o médico constatou que Cau tinha duas artérias coronárias obstruídas. A solução seria colocar stents. Sérgio de Freitas e Isabela Giuliano, sua esposa, estranharam quando ele faltou a uma reunião, foram ao apartamento de Cancellier e, surpresos com o aspecto do amigo, conseguiram interná-lo.

Cau passou o Natal no hospital, e no dia 27 de dezembro o ex-marido de Isabela, o hemodinamicista Luiz Carlos Giuliano, colocou dois stents em suas coronárias. Para surpresa dos amigos, ele se revelou um paciente disciplinado: parou de fumar, seguiu a dieta rigorosamente e emagreceu quinze quilos. Tomava cinco medicamentos por dia.

Seu primeiro ato, ao chegar à reitoria, foi retirar a fechadura eletrônica, que, na gestão de Roselane Neckel, impedia o livre acesso dos visitantes ao espaço da reitoria, no primeiro andar do prédio da administração da UFSC. Também abandonou a poltrona de reitor, quebrando assim a barreira estabelecida pela escrivaninha, e costumava ocupar um lugar num dos dois sofás de corino branco da sala.

Outro movimento imediato foi eliminar a assessoria de comunicação da reitoria, criada por Roselane, devolvendo a função à Agecom, que tinha a missão de cuidar da comunicação institucional da UFSC.

Como prometera, ainda no primeiro dia de mandato, Cau foi à moradia estudantil, acompanhado por Pedro Luiz Manique Barreto, pró-reitor de Assuntos Estudantis, e Paulo Pinto da

Luz, secretário de Obras e Manutenção. Aos estudantes, tentou mostrar que estava realmente disposto a enfrentar os problemas. A burocracia dificultava a conquista das bolsas? Seria preciso mudar a forma de acesso. As instalações estavam em mau estado? Prometeu que as obras seriam realizadas ainda no primeiro semestre. Mães não podiam viver na Moradia? O problema era o regimento, que impedia essa situação e precisava ser examinado.

A nova administração desfez a compra do campus de Araranguá, fechada no apagar das luzes da gestão Roselane, mas manteve o aluguel dos espaços. Um dos primeiros investimentos foi na renovação das quadras de esporte, que estavam em mau estado. Ele chegou a acompanhar o início das obras, que custariam 1,3 milhão de reais, mas não viu seu término.

Em dezembro de 2016, numa entrevista para a TV da UFSC, Cancellier festejou o êxito de uma boa execução orçamentária — a universidade gastara todo o dinheiro recebido do MEC e conseguira mais 11 milhões de reais do orçamento anual. Listou como resultados positivos a distensão do relacionamento com os centros, a superação da greve dos servidores técnico-administrativos pelo diálogo e a institucionalização da interiorização, e admitiu que estava aprendendo a lidar com o movimento estudantil — as instalações de quatro centros (Filosofia e Ciências Humanas, Ciências da Educação, Socioeconômico e Comunicação e Expressão) tinham sido tomadas pelos alunos contra a PEC 55 de teto de gastos públicos, que restringia os investimentos em educação e saúde. O reitor não estava temeroso quanto ao orçamento para 2017 e se dizia pronto a ir atrás de recursos, fosse qual fosse o governo.

Por essa época, Cancellier confidenciou a Wedekin que seu entendimento mudara sobre muitas questões: "O propósito da universidade é a produção, a ciência e a tecnologia. A nova descoberta, a inovação, o que você quiser, tem de ser relacionada com a produção". Segundo Wedekin, sempre que ele ia fazer uma declaração menos cautelosa, começava dizendo que não tinha nada contra os colegas. Nessa conversa, por exemplo, citou o pessoal das ciências sociais, que estaria sempre com uma "conversa destruidora, fragmentadora", que "não leva a lugar nenhum". "Os intelectuais, tudo o que eles conseguem produzir são ideias, mas ideias todos nós temos." Cancellier queria ideias passíveis de aplicação.

Ainda segundo Wedekin, Cancellier teria desabafado: "Esse negócio de opressor, oprimido, o que é que nós somos? Eu sou um opressor? Eu sou o reitor da universidade, mas eu não sou um opressor, eu sou um representante da sociedade, eu sou um representante do Estado, mas eu não sou o opressor... Mas oprimido eu também não posso dizer que sou, porque ganho bem". Quando Wedekin perguntou como eram as coisas agora que ele era reitor e diziam que era de direita, ele respondeu: "A natureza humana é uma só, não há relevância se o cara é de direita ou de esquerda". Outra vez, ele chegou a afirmar a Wedekin que "até arrisco dizer que o pessoal de direita é melhor, mas tu não vais dizer isso pra ninguém...".

2. Da Lava Jato às universidades: a expansão das ações da Polícia Federal

O destino de Cancellier talvez fosse outro se, no final de 2016, a delegada Érika Marena não tivesse sido transferida de Curitiba para Florianópolis. Ela deixava a força-tarefa da Lava Jato para ali assumir a discreta Delegacia de Combate à Corrupção e Lavagem de Dinheiro da Polícia Federal. Colegas dela, como o presidente da Associação Nacional dos Delegados da PF (ADPF), Carlos Eduardo Sobral, estranharam sua remoção para uma unidade menor e colocaram em dúvida que fosse uma promoção.

Paranaense de Apucarana, a 370 quilômetros de Curitiba, Érika Mialik Marena nasceu em 1975, filha de um pastor protestante e de uma professora. Formada em direito pela Universidade Federal do Paraná, fez concurso público para o cargo de procurador do Banco Central, tendo sido aprovada em segundo lugar. Trabalhou como técnica da Justiça Eleitoral antes de entrar na Polícia Federal, em 22 de setembro de 2003. Especializada em lavagem de dinheiro, fez vários cursos e lecionou essa disciplina na Academia Nacional de Polícia. Lotada na Delegacia de Repressão a Crimes Financeiros (Delefin) em São Paulo, em 2004, ficou mais conhecida ao integrar a força-tarefa que investigava o caso do Banestado.

O esquema, que envolvia dólares trazidos do Paraguai via Foz do Iguaçu e dali transportados para o exterior, empregava laranjas, contas CC5 do Banestado (a sigla designa contas de não residentes) e operações de dólar-cabo, ou seja, negociações do dólar paralelo, para depósito no exterior. Os doleiros movimentavam milhões nesse esquema. A PF conseguiu rastrear o dinheiro até uma discreta agência do Banestado em Nova York e, em contato com profissionais americanos, produzir provas diretamente nos EUA. O esquema teria movimentado mais de 180 bilhões de dólares em 137 contas. Em 2003, a CPMI do Banestado no Congresso Nacional deu mais visibilidade à operação e resultou em novas diligências fora do país.

Mais tarde, num evento em Curitiba, a delegada explicou a dificuldade do caso: "Eram centenas de inquéritos e foram milhares de nomes que tratávamos no braço, não havia softwares. Era algo muito complicado e não estávamos preparados".

A cooperação com as autoridades americanas, com quebras de sigilo e outras ações, foi essencial: "A força-tarefa se estabeleceu em Curitiba com uma enormidade de materiais, quando cheguei parecia um ecossistema, porque funcionava tudo sozinho, com entradas e saídas de laudos".

O caso Banestado resultou em mais de vinte acordos de colaboração, com a recuperação de cerca de 30 milhões de reais. Centenas de pessoas foram acusadas por crimes contra o sistema financeiro, lavagem de dinheiro, formação de quadrilha e corrupção, com 97 condenações.

Mas a notoriedade de Érika Marena viria com a Operação Lava Jato. A origem desse episódio tem mais de uma versão. Segundo Fernando Augusto Fernandes, no livro *Geopolítica da intervenção*, a verdadeira gênese da Lava Jato aconteceu em julho de 2006, num diálogo telefônico mantido entre o advogado Adolfo Góis e seu cliente Roberto Brasiliano, quando este recebia orientação jurídica antes do depoimento que prestaria na Polícia Federal e grampeado pela PF, violando o sigilo das comunicações entre advogado e cliente. Ali foi relatada a ligação entre o doleiro Alberto Youssef e José Janene. A PF teria levado para o juiz Sergio Moro a interceptação telefônica, desrespeitando o princípio do juiz natural (o envolvimento do deputado Janene deveria remeter o caso para o STF).

Vladimir Netto, no livro *Lava Jato: O juiz Sergio Moro e os bastidores da operação que abalou o Brasil*, afirma que, depois da morte de Janene, Marena propôs grampear o celular do doleiro Carlos Habib Chater, dono do Posto da Torre, que tinha mandado dinheiro para o Paraná a pedido de Janene. Na escuta, acabaram por identificar a voz do doleiro Alberto Youssef, que fechara acordo de delação premiada com Moro no caso Banestado e estava solto.

Em palestra na quarta edição do Simpósio Nacional de Combate à Corrupção, em Salvador, Érika Marena relacionou a origem da operação a seu retorno à Delegacia de Crimes Financeiros, na gestão do superintendente Rosalvo Ferreira Franco, a partir de abril de 2013, como o primeiro movimento para que toda a novela começasse. Num primeiro momento, tudo indicava que se tratava de uma operação de dólar-cabo ou hawalla, como é chamada no exterior.

"A questão era descobrir quem eram os clientes dele, quais os canais de atuação dele para manter os recursos fora do Brasil e trazê-los para cá ou mandar para fora e deflagrar uma operação policial neste caso."

As investigações começaram em junho de 2013. A PF esperava realizar a operação até outubro, mas ela só seria deflagrada em 17 de março de 2014, quando quatrocentos integrantes da Polícia Federal realizaram 24 prisões em seis estados e no Distrito Federal.

O Estado de S. Paulo noticiou na primeira página: "Condenado no mensalão é preso em operação da PF". A *Folha de S.Paulo* e *O Globo* deram a informação em páginas internas, com títulos semelhantes, que também mencionavam um réu do mensalão. Tratava-se de Enivaldo Quadrado, ex-sócio da operadora Bônus-Banval, que já fora preso em 6 de dezembro de 2008, ao chegar de Portugal com 361 445 euros escondidos na cueca, meias e bagagem. No meio do texto, os jornais registraram o nome da operação, inspirada no posto de gasolina em Brasília utilizado para esquentar o dinheiro de operações fictícias de importação e exportação. O nome da operação foi ideia de Érika Marena.

Três dias mais tarde, a Polícia Federal prendeu Paulo Roberto Costa. O ex-diretor de Abastecimento da Petrobras de 2004 a 2012 era suspeito de ter praticado irregularidades na compra da refinaria de Pasadena, no Texas, em 2006. Sua prisão preventiva foi obtida depois de ele ter pedido a parentes que retirassem documentos e dinheiro do escritório prestes a ser vasculhado pelos policiais — o que levou os agentes a o acusarem de ocultação de provas. E isso colocou a Lava Jato na pauta, definitivamente.

A Lava Jato surgiu impulsionada pelo vento a favor soprado por organismos policiais e de inteligência dos Estados Unidos, empenhados em pôr em prática os acordos internacionais relacionados ao combate ao tráfico de drogas e ao terrorismo.

A lavagem de dinheiro é considerada o segundo crime mais antigo do mundo, mas só foi tipificada como tal a partir de 1978 na Itália e vinte anos depois no Brasil, onde a lei n. 9613 procurou adequar as normas legais ao tratado internacional contra o tráfico de drogas, firmado dez anos antes e ratificado pelo Brasil em 1991. A nova legislação passou a punir a lavagem, desde que o dinheiro estivesse ligado a determinados crimes — tráfico de drogas, terrorismo, contrabando, extorsão, crimes contra a administração pública ou o sistema financeiro, ação de organizações criminosas (antes era apenas sonegação fiscal).

Em 2007, a resolução n. 18 do TRF-4 atribuiu a doze varas a competência para julgar os crimes de lavagem de dinheiro e ocultação de bens e valores — entre elas, a 13ª Vara Federal de Curitiba, então chamada de 2ª Vara Federal Criminal de Curitiba, comandada por Sergio Moro.[1]

Em 2012, a lei n. 12 683 transformou a lavagem de dinheiro em delito principal, deixou de exigir seu vínculo com apenas alguns crimes e adotou o conceito de infração penal, muito mais amplo, para definir o que deveria ser punido. Também estendeu a responsabilidade a quem recebesse dinheiro sabidamente oriundo de fonte ilegal ou clandestina.

No ano seguinte, duas outras leis, aprovadas num intervalo de apenas um dia, apertaram ainda mais o cerco à corrupção: a primeira foi a de n. 12 846, conhecida como Anticorrupção, ou Lei da Empresa Limpa. Iniciativa conjunta da Controladoria-Geral da União, da Advocacia-Geral da União e do Ministério da Justiça, tinha sido discutida longamente na Câmara, mas estava parada, quando aconteceram os protestos de junho de 2013. Na tentativa de dar resposta às cobranças da população, o governo Dilma entrou no circuito e deu prioridade à sua votação no Senado.

Aprovada sem maiores dificuldades, a lei foi sancionada no dia 1º de agosto, com apenas três vetos que buscavam reforçar a eficácia de pontos modificados pelos parlamentares em favor das empresas. A lei estendeu a responsabilização pela prática de atos contra a administração pública às pessoas jurídicas — passando a punir também os corruptores, permitindo os acordos de autodelação (leniência) e incentivando a adoção de um código de conduta anticorrupção nas empresas.

Um dia depois, a presidente sancionou a lei n. 12 850, que revogou legislação de 1995 sobre investigações da ação de bandos ou quadrilhas e definiu as organizações criminosas, tornando sua criação um crime à parte, e admitindo a delação premiada. Organização criminosa, na definição legal, passou a ser, a partir de então, toda união de quatro ou mais indivíduos organizados de maneira estruturada, para auferir vantagens, por meio de infrações penais que tivessem caráter transnacional ou cujas penas máximas ultrapassassem quatro anos.

Nos casos de participação de funcionários públicos, os juízes passaram a poder determinar o afastamento cautelar do cargo, do emprego ou da função, sempre que a medida se fizesse necessária para a investigação e houvesse indícios suficientes para tanto. Em qualquer fase da investigação ou do processo, as provas poderiam ser obtidas por colaboração premiada, ação controlada (quando os policiais deixam atos ilegais serem consumados para obter mais provas), captação ambiental de sinais eletromagnéticos ópticos ou acústicos, infiltração policial, quebra de sigilos de dados ou telefônicos e cooperação entre instituições de todos os âmbitos do poder.

Essas leis deram a base legal, os instrumentos, para que surgisse a Operação Lava Jato. A força-tarefa, criada por Rodrigo Janot, procurador-geral da República, reuniria catorze procuradores do Ministério Público Federal e oito delegados da Polícia Federal — entre eles, Érika Marena. Boa parte eram paranaenses com outros pontos de convergência — nascidos no interior, religiosos e aplicados, alguns tinham atuado no caso Banestado.[2]

A Lava Jato transformou o combate à corrupção numa das maiores preocupações dos brasileiros.[3] Seus protagonistas passaram a atuar para além dos limites das investigações e dos processos. Na campanha eleitoral de 2014, a delegada Marena publicou, em seu perfil no Facebook, um post sob o codinome Herycka Herycka: "Dispara venda de fraldas em Brasília". A repórter Julia Duailibi, do jornal *O Estado de S. Paulo* entendeu o post como referência ao depoimento do ex-diretor da Petrobras. Com isso, o nome de Marena foi parar na lista do *Estadão* dos delegados que expressavam suas preferências políticas — antipetistas e pró-tucanos — nas redes sociais.

A vitória de Dilma no segundo turno, após uma campanha feroz, só estimulou o interesse pela pauta moralizante. A crise econômica e os ajustes fiscais foram a faísca que faltava para que os brasileiros voltassem às ruas, agora portando as bandeiras do combate à corrupção, da saída de Dilma e do PT do governo, e em louvor a Sergio Moro.

Em julho de 2015, os procuradores da Lava Jato, liderados por Deltan Dallagnol, lançaram a campanha "Dez medidas contra a corrupção". O objetivo era coletar 2 milhões de assinaturas para mudanças na legislação. Chegaram perto. Entre as medidas previstas, estavam a transformação da corrupção em crime hediondo, a tipificação do caixa dois eleitoral e a prisão preventiva para identificar e localizar valores desviados, assegurar a sua devolução ou evitar que fossem utilizados para financiar a fuga ou a defesa dos investigados. Dallagnol percorreu o Brasil promovendo as medidas, que receberam apoio entusiasmado de grandes grupos de comunicação e de artistas e celebridades em vídeos que viralizaram na internet.[4]

O juiz e os procuradores da Lava Jato eram figurinhas fáceis na mídia. Fabio de Sá e Silva, professor de estudos brasileiros na Universidade de Oklahoma, examinou 10 526 registros de entrevistas de Moro, Dallagnol e outros membros da operação. Ao aprofundar a análise, chegou a 194 textos. Nessas mais de mil páginas, identificou a recorrência de termos e metáforas utilizados pelos cabeças da Lava Jato. Muitas vezes, a corrupção era classificada como um "câncer" que estava corroendo a sociedade brasileira e que só seria enfrentado com mudanças na lei, para reforçar a ação de promotores e juízes empenhados em salvar o Brasil.

Em maio de 2016, Érika Marena foi a mais votada numa enquete feita pela Associação Nacional dos Delegados, com um recorde de 1065 votos, para a direção da PF. Mas a indicação não foi acolhida pelo presidente Michel Temer, que escolheu Fernando Segovia, demitido meses depois.

Em algum momento desse processo, os brasileiros passaram a considerar normais e corriqueiras as prisões temporárias de pessoas com endereço certo, emprego definido, sem ficha criminal nem antecedentes que pudessem indicar risco para a sociedade, ou mesmo para a realização das investigações.

Isso, apesar de o artigo 260 do Código Penal estabelecer premissas claras e incontornáveis para que tais procedimentos sejam admitidos: "Se o acusado não atender à intimação para o interrogatório, reconhecimento ou qualquer outro ato que, sem ele, não possa ser realizado, a autoridade poderá mandar conduzi-lo à sua presença". A lei n. 7960/89 também é cristalina em seu artigo primeiro:

> Caberá prisão:
> I — quando imprescindível para as investigações do inquérito policial;
> II — quando o indiciado não tiver residência fixa ou não fornecer elementos necessários ao esclarecimento de sua identidade;
> III — quando houver fundadas razões, de acordo com qualquer prova admitida na legislação penal, de autoria ou participação do indiciado nos seguintes crimes.

Os crimes identificados são homicídio doloso, sequestro ou cárcere privado, roubo, extorsão, estupro, atentado violento ao pudor, rapto violento, epidemia com resultado de morte, envenenamento de água potável ou substância alimentícia ou medicinal, formação de quadrilha ou bando, genocídio, tráfico de drogas, crimes contra o sistema financeiro, crimes previstos na Lei de Terrorismo.

No dia 6 de setembro de 2016, uma semana antes da deflagração da Operação Ouvidos Moucos, a Polícia Federal encontrou uma fortuna num apartamento do ex-deputado e ex-ministro (dos governos Lula e Temer) Geddel Vieira Lima, em Salvador. Dinheiro vivo, que demandou sete máquinas operando até quase meia-noite para chegar ao resultado: 51 030 866,40 reais, entre notas de real e dólar.

No dia seguinte, estreou, em 737 das 3220 salas de cinema de todo o país, o filme *Polícia Federal: A lei é para todos*. A avant-première, no dia 28 de agosto, para convidados em Curitiba, tivera a presença de Érika Marena, dos juízes Sergio Moro e Marcelo Bretas, responsável pela Lava Jato fluminense, do procurador Deltan Dallagnol, além de delegados, policiais e servidores da Justiça.

Na primeira semana, a película atraiu 461 783 pessoas às salas de cinema, na melhor performance do ano entre os filmes nacionais. Até 25 de setembro, superou 1 milhão de espectadores, que puderam acompanhar a história do início da Lava Jato sob o ponto de vista dos delegados de Curitiba. Os críticos elogiaram a fidelidade da reprodução dos cenários onde se passaram momentos importantes da trama, mas criticaram a escolha de Ary Fontoura para interpretar Lula, apresentado como uma pessoa carrancuda e sem empatia — o contrário do ex-presidente.

A delegada Bia, personagem de Flávia Alessandra, teria sido inspirada em Érika Marena. No filme, Bia é mandona, impaciente e desiludida. Diz coisas como "Se for pro Supremo, acabou" ou "Eles devem achar que a gente é imbecil". Marena posou ao lado da atriz que a interpretou e do presidente da Associação Nacional dos Delegados da Polícia Federal, Carlos Eduardo Sobral.

Semanas mais tarde, a delegada foi transferida para Florianópolis, mas sua efetivação no cargo só aconteceria em fevereiro de 2017, depois da posse do novo superintendente da PF no estado, o gaúcho Marcelo Mosele, que desde 2014 atuava como adido da PF na França.

Nesse período, foram iniciadas as primeiras operações em instituições de ensino público no Sul do Brasil. Em 8 de dezembro de 2016, quase simultaneamente, o jornalista Fausto Macedo, de *O Estado de S. Paulo*, publicou detalhes do trabalho do pessoal da PF em Porto Alegre, Canoas e Pelotas, no Rio Grande do Sul.

Setenta policiais cumpriram seis mandados de prisão, dez de busca e apreensão e dois de condução coercitiva. O blog do jornalista, baseado na nota da PF, afirmava que a investigação, que começara havia seis meses, tinha revelado a atuação de uma associação criminosa que desviava recursos a partir de projetos relacionados à educação em saúde da Universidade Federal do Rio Grande do Sul.

Bolsistas sem qualquer vínculo com a UFRGS teriam recebido até 6,2 mil reais mensais, o valor de uma bolsa de doutorado. Os valores eram repassados aos coordenadores dos programas, e eram pagos ainda diárias de viagem e RPAs, Recibos de Pagamento Autônomo, indevidos. Dos 99 milhões de reais, valor total dos projetos, 5,8 milhões teriam sido desviados. Seguia o blog: "De acordo com a Polícia Federal, também ficou evidenciado o direcionamento de seleções, bem como no mínimo um caso em que o aluno sequer frequentou o curso, não teve qualquer avaliação e foi 'agraciado' com o título de mestre". A chamada Operação PhD utilizava pela primeira vez o cruzamento de milhares de informações, assegurado por um novo laboratório especializado da PF.

O *Zero Hora* de Porto Alegre deu o caso em manchete, mas os outros jornalões brasileiros mal registraram a operação. Os protestos contra ela tiveram repercussão ainda menor. Um manifesto divulgado na plataforma Avaaz coletou 1493 assinaturas de professores universitários, trabalhadores e usuários do SUS, criticando o tamanho do aparato policial e a estratégia de antecipar as ações para a mídia. Quanto à acusação ao médico que teria obtido o mestrado sem assistir às aulas, o processo já havia sido arquivado pela Polícia Federal em 2015. E ficava a pergunta: "Seria mera coincidência o fato de o referido aluno ter sido coordenador do Mais Médicos, um dos programas alvo de desmonte das políticas de saúde do atual governo?". O manifesto também estranhava a coincidência da operação com a véspera da votação da PEC 55, referente ao teto de gastos públicos, no Senado.

O parágrafo final da notícia publicada apenas na edição digital de 9 de dezembro de *O Globo* atribui a origem da operação à própria mídia:

> A operação deflagrada ontem foi iniciada após a publicação da série "Universidades S.A." realizada em conjunto pelos jornais *O Globo, Zero Hora, Diário Catarinense, Gazeta do Povo* e *O Estado de S. Paulo*. As reportagens revelaram uma série de irregularidades nas universidades. Na época, uma das reportagens, feita pelo jornal *Zero Hora*, revelou o caso de um aluno que recebeu título de mestre sem frequentar a universidade. O caso serviu como ponto de partida para investigação da PF.[5]

A pedido dos jornais, a ONG Contas Abertas havia levantado os valores repassados do governo federal para as fundações de apoio das universidades, entre janeiro de 2013 e julho de 2014: 1,4 bilhão de reais. As matérias também identificavam professores de dedicação exclusiva sendo remunerados por serviços e contratos, convênios que pareciam simples biombos para negócios escusos, e até o caso de um mestrando que teria comprado seu título, trocando a frequência exigida nas aulas por seu aval a contratos com professores e com a universidade, dentro do Ministério da Saúde. Na maior parte dos casos, as fontes de informação eram a Controladoria-Geral da União e o Ministério Público Federal. Em outros, os dados estavam disponíveis no Portal da Transparência do governo federal.

As denúncias alcançaram um grupo de catorze professores da Faculdade de Odontologia da Universidade Federal de Santa Maria, no Rio Grande do Sul, que o Ministério Público Federal denunciou por estelionato, sob a acusação de manterem consultórios particulares, apesar da dedicação exclusiva; 24 convênios firmados pelo Instituto Tecnológico de Transportes e Infraestrutura da Universidade Federal do Paraná com a Petrobras e o Departamento Nacional de Infraestrutura de Transportes (DNIT), envolvendo 74 milhões de reais, com um índice de terceirização acima dos 50%; um contrato de 17 milhões de reais entre a Petrobras e a Universidade Federal do Estado do Rio de Janeiro (UniRio), em que professores de dedicação exclusiva teriam recebido bolsas e eram sócios de empresas subcontratadas sem licitação, e que teriam faturado quase 10 milhões desde 2012.

As reportagens misturavam casos a respeito dos quais as universidades tinham tomado providências e ressuscitavam histórias antigas. Exemplo: desde 2012, a UniRio tinha aberto quatro Processos Administrativos Disciplinares (PADs) para apurar as responsabilidades dos professores, mas só um fora concluído. Presidido pelo ex-procurador da República e professor de direito da UniRio, Paulo de Bessa Antunes, concluiu pela demissão de seis professores e pela suspensão de uma docente.[6] Os acusados deveriam devolver os valores recebidos pelas empresas e seus salários, mas o processo acabou anulado pela Procuradoria-Geral Federal da União, por "inobservância do princípio da ampla defesa e do contraditório" — decisão em que Bessa viu uma tentativa de acomodar a situação. No contraponto, *O Globo* informou que os professores não quiseram se manifestar e reproduziu uma frase da reitoria alegando que a execução orçamentária cabia aos professores, bem como uma explicação da Petrobras.

Em Porto Alegre, o alvo da repórter Adriana Irion, também do *Zero Hora*, foi o médico Hêider Aurélio Pinto,[7] que teria obtido seu mestrado na UFRGS sem cumprir a frequência mínima obrigatória nas aulas. Com base em informações colhidas no Portal da Transparência, Adriana concluiu que em 42,6% dos dias em que deveria estar na sala de aula Hêider recebera diárias de viagens do governo federal, estando portanto fora da cidade. "Mesmo se tivesse ido em todas as outras aulas, ele só atingiria 57,4% de frequência geral do curso. O percentual de presença exigido para aprovação, no entanto, conforme regras da universidade, é de 75% em cada atividade", anotou a repórter. O histórico escolar apontava comparecimento em 100% das aulas de sete das treze disciplinas oferecidas em Porto Alegre.

A coordenação do mestrado contestou as acusações, dizendo que os alunos podiam complementar a presença com atividades à distância (o que, segundo a repórter, fora uma regra aprovada quando Hêider estava para terminar seu curso), e o próprio Hêider garantiu que cumprira as exigências, tendo produzido cinco artigos e um capítulo de livro durante o mestrado. Adriana perguntou se ele liberara recursos para a universidade ou para dois professores do mestrado. Hêider disse que se relacionava com oitenta universidades e considerou absurda a tentativa de vincular sua atuação como gestor público a supostos privilégios em sua pós-graduação.

No site VioMundo,[8] a repórter Conceição Lemes entrevistou Hêider, reproduziu as respostas dele e da UFRGS ao jornal e falou de sua produção científica. Acusou a repórter de fazer "jornalismo marrom" e registrou que, em seu Twitter, às 3h57 da manhã, Adriana antecipara a condução coercitiva do médico, que só ocorreria nove horas depois. Em seu contra-ataque, Hêider não bateu leve. Disse que a matéria de Adriana, baseada em informações erradas, chegara a conclusões equivocadas e tinha influenciado a suspeição da PF. Bastaria ler o regimento da universidade e o material encaminhado ao Ministério Público para esclarecer a questão — a frequência não era apenas presencial, mas incluía outras atividades, como produção e publicação de artigos.

No *Diário Catarinense*, o repórter Luis Antonio Hangai foi atrás dos problemas das fundações de apoio da UFSC. Na 25ª Promotoria de Justiça da Capital, do Ministério Público de Santa Catarina, encontrou uma investigação sobre a Fundação de Amparo à Pesquisa e Extensão Universitária (Fapeu) que começara em 2013, sobre suposto fornecimento de "bolsas permanentes" de pesquisa e extensão a professores com dedicação exclusiva à universidade, mas não obteve mais detalhes sobre o caso.

O repórter do *Diário Catarinense* reproduziu trechos do relatório em que a Controladoria-Geral da União analisava as contas de 2013 da UFSC e propunha providências para aprimorá-las. Entrevistou Carlos Alberto Rambo, coordenador regional da CGU em Santa Catarina, e o chefe de gabinete da reitoria, Carlos Vieira, que reconheceu a resistência das fundações em colocar todas as informações dos convênios no Siconv, mas apresentou o sistema em funcionamento desde 2013, que controlava a remuneração dos professores a partir do CPF, impedindo que ultrapassassem o teto.

O *Estadão* publicou duas páginas sobre a situação das fundações da UniRio, USP e UFPR e a história de Santa Maria, mas não deu nem uma linha sobre a reação das instituições diante das irregularidades apontadas. Na terceira matéria da série, publicada no dia 14 de abril, o jornal registrou que o secretário-executivo do MEC, Luiz Cláudio Costa, havia falado com a CGU sobre o assunto e que o ministério já pedira informações às universidades.

O reitor Zaki Akel Sobrinho, da Universidade Federal do Paraná, deu uma entrevista coletiva sobre o caso, distribuiu uma longa nota com os argumentos da instituição e prometeu que pediria direito de resposta. Criticou a reportagem e garantiu que fornecera todas as informações ao repórter, que pinçara dados de pareceres intermediários, induzindo o leitor a concluir que a universidade desrespeitava a lei: "Há um ranço contra as fundações de apoio, alegando que é uma privatização. Não é".

Só a *Gazeta do Povo* apresentou um resumo dos argumentos do reitor, no pé, como dizem os jornalistas, da matéria que noticiava que a CGU iria auditar os convênios com o DNIT. Para Luis Hangai, do *Diário Catarinense*, a reportagem identificara "uma vulnerabilidade, uma fragilidade no sistema de transparência, que prejudicam a prestação de contas e até mesmo o trabalho de controle e fiscalização de instituições como o Ministério Público Federal, o Ministério Público Estadual, a Controladoria-Geral da União", enquanto Rodrigo Müzell, de *O Globo*, disse que o problema não era de uma universidade em particular, mas de um sistema que demandava a atenção conjunta dos governos.

Na opinião de Fernando Peregrino, presidente do Conselho Nacional das Fundações de Apoio às Instituições de Ensino Superior e de Pesquisa Científica e Tecnológica,⁹ a série Universidades S.A. resulta de uma triste parceria: "Aliança entre a esquerda xiita com um grupo à direita que quer ver a universidade afundar para substituir com um sistema privado. E nós no meio. Fizeram uma fiscalização em dezenove fundações, acharam várias irregularidades, nem ilegalidades eram, e fizeram o Acórdão 2731, promovido pelo TCU e pelo MEC. A determinação, com mais de 45 artigos, passou a exigir que instituições com diferentes graus de organização tivessem de cumprir, de uma hora para outra, regras que iriam consumir 35% do tempo dos cientistas. [...] O dinheiro da Shell, por exemplo, teria de entrar no cofre da União, e isso esteriliza a vantagem de captar recursos privados. Conseguimos mudar isso com várias leis, que reduziram o efeito do acórdão. Em 2017 firmamos um acordo de simplificação das regras com a cúpula da CGU, talvez mais importante do que inúmeras que não se cumprem no país".¹⁰

Peregrino tem outra crítica ao modelo e defende que seja implantado um sistema de autocontrole: "Fizemos a média salarial dos professores da UFRJ, era de 6,3 mil reais. Já a média na CGU é de 17 mil reais. Ou seja, você tem o Estado brasileiro pagando três vezes menos aos que prestam serviço na área da educação, enquanto quem controla recebe o triplo".

A PhD não foi a única operação da PF contra as universidades. Érika Marena ainda estava arrumando as gavetas no novo cargo quando a Universidade Federal do Paraná foi alvo da Operação Research. Cerca de 180 policiais federais, seis servidores da CGU e quatro quadros do TCU foram mobilizados para cumprir 29 mandados de prisão temporária, oito conduções coercitivas e 36 mandados de busca e apreensão nos estados do Paraná, Mato Grosso do Sul e Rio de Janeiro.

Entre os detidos estavam a secretária da Pró-Reitoria de Planejamento e Orçamento da UFPR, Tânia Márcia Catapan, e a chefe do setor de Orçamento e Finanças, Conceição Abadia de Abreu Mendonça, suspeitas de serem as principais responsáveis pelo desvio. A fraude foi descoberta, quase simultaneamente, por uma estudante de jornalismo chamada Débora Sögur Hous. Munida de curiosidade e empenho, ela conseguiu ultrapassar a máquina de investigação da Polícia Federal, da CGU e do TCU. O trabalho dela permitiu que a *Gazeta do Povo* publicasse uma ampla reportagem, um dia após o desfecho da Operação Research.

Ao consultar o Portal da Transparência do governo federal para acompanhar o pagamento de sua bolsa-permanência, Débora notou alguns nomes com recebimentos muito acima da média — algo em torno de 124 mil reais no ano, ou 9 mil mensais, enquanto uma bolsa de doutorado não passava de 2,2 mil. Resolveu ver que pesquisas eram aquelas, tão generosamente financiadas.

A lista era encabeçada por Maria Alba de Amorim Suarez. No Google e na plataforma Lattes,[11] Débora não encontrou nenhuma referência ao nome, e nenhum vínculo entre ela e a UFPR — salvo os recebimentos registrados no Portal da Transparência. Mais curioso: entre as quinze pessoas que mais recursos haviam recebido, apenas três tinham vínculo com a universidade.

Para entender o que estava acontecendo, a estudante foi atrás da relação de bolsistas nos departamentos da universidade. No curso de jornalismo, uma secretária explicou que os dados eram privados e que o pedido, provavelmente, não seria atendido. Débora não se conformou com a negativa e acabou recorrendo ao portal e-SIC, o Sistema Eletrônico do Serviço de Informações ao Cidadão, onde qualquer um pode solicitar dados sobre o poder público.

Foi um trabalho demorado, pois Débora não sabia como manipular as informações.[12] Aos poucos, ela se deu conta de outra diferença — nos valores maiores, a mesma ordem bancária pagava entre três e cinco pessoas. No caso de bolsas menores, mais de mil estudantes ou professores compartilhavam o mesmo depósito. Débora acabou recebendo uma resposta da Capes com 30 mil dados. Comparou essa relação com a planilha do Portal da Transparência e encontrou trinta nomes que recebiam bolsas, mas não estavam na lista da Capes.

Na planilha, essas bolsas eram acompanhadas pela mesma sigla: PRPPG, ou Pró-Reitoria de Pesquisa e Pós-Graduação. Conceição Abadia de Abreu Mendonça, chefe do setor de Orçamento e Finanças, explicou que tinha muito trabalho e que era ela que fazia todos os pagamentos.

Na internet, Débora finalmente encontrou ligações entre os trinta nomes. Havia membros de uma mesma família de Campo Grande, Mato Grosso do Sul, uma cabeleireira de São José dos Pinhais, na Grande Curitiba, uma artesã e um taxista. Todos, como ficaria demonstrado mais tarde, eram laranjas que ficavam com algum recurso e repassavam a maior parte do dinheiro para o grupo que idealizara a tramoia. Também possuíam vínculos com Conceição, Tânia ou com Maria Áurea Rolland, de oitenta anos, aposentada da UFSC que só seria alvo da Polícia Federal na terceira fase da operação, mas que Débora identificou antes dos órgãos de fiscalização e controle.

A soma total de bolsas suspeitas era de 7 221 158,10 reais. O esquema era simplório, não muito diferente das rachadinhas parlamentares, e se valia da falta de fiscalização por parte da universidade. Conceição emitia uma autorização de empenho e a correspondente ordem bancária, sem qualquer referência a projeto que justificasse a remuneração ou ao vínculo com a universidade. O "laranja" sacava o dinheiro e devolvia a maior parte do valor para ela e suas parceiras.

Em novembro de 2016, o Tribunal de Contas da União informou a reitoria da UFPR do desvio. A universidade abriu inquérito e avisou a PF. Numa auditoria de rotina, a equipe do TCU tinha cruzado os CPFs dos beneficiários de bolsas da Capes com a lista de funcionários e alunos e chegara à mesma conclusão de Débora.

A investigação avançava em sigilo, mas, em dezembro, dois funcionários alertaram a *Gazeta do Povo*. Em janeiro, a própria Débora procurou a redação, que começou a apurar a história. Os jornalistas não tinham completado a reportagem quando a operação foi deflagrada.

Nas suas três etapas, a Research cumpriu 33 mandados de prisão temporária e dezoito conduções coercitivas. Na Universidade Federal do Paraná, o caso resultou em novos sistemas internos para garantir maior transparência. Débora Hous acabou sendo contratada pela *Folha de S.Paulo*, mas não durou muito na função de repórter investigativa. Hoje, quer ser roteirista, mas não pretende transformar sua primeira investigação num filme.

Para a delegada Érika Marena, as operações PhD e Research revelavam um modus operandi que parecia se repetir em Santa Catarina. Ela deixou isso por escrito, ao assumir um inquérito que investigava a Educação a Distância de outra universidade, a UFSC.

3. Intrigas e cartas anônimas: o estopim das investigações em Santa Catarina

Muito antes das operações no Rio Grande do Sul e no Paraná, a Educação a Distância da UFSC já fora objeto de uma denúncia anônima. A acusação foi protocolada pela internet, às 15h45 de 30 de janeiro de 2014, junto ao Serviço de Atendimento ao Cidadão do Ministério Público Federal de Santa Catarina.

A mensagem dizia que o professor Márcio Santos, coordenador do curso de física EaD, era um fantoche de um professor aposentado, Renê Balduíno Sander, que nunca aparecia, mas tinha até sala e estava no comando real, maquiando diárias, aluguel de veículos e usando diversos laranjas.

Os valores pagos seriam altos demais, e alunos tinham sido levados de avião para as aulas de verão, em fevereiro. Nunca ocorrera uma auditoria de gastos. E seguia a denúncia:

> O curso do EaD nos moldes como está funcionando na UFSC constitui-se numa afronta aos Cursos Presenciais e Regulares de Licenciatura em Física e Meteorologia, cujos alunos têm uma evasão fantástica e nenhum estímulo. Nem os livros do EaD somos autorizados a sugerir como bibliografia para nossos alunos.

O promotor André Stefani Bertuol, em despacho feito à mão, no dia 6 de março de 2014, foi curto e direto: "Solicite-se a apuração do caso junto à CGU".

Na capa da notícia de fato,[1] está identificado o responsável pelas acusações: um professor de física aposentado em 2016, Fernando da Cunha Wagner.[2]

Para além das acusações específicas sobre o curso de física, a Educação a Distância sempre enfrentou resistências no campo acadêmico, talvez por ter surgido como uma alternativa de formação para quem não tinha acesso ao ensino superior.

Já em 1891, na primeira edição do *Jornal do Brasil*, havia um anúncio classificado oferecendo profissionalização por correspondência, para datilógrafos. Vários estudos, no entanto, apontam o ano de 1904 como o marco inicial da oferta de cursos do gênero no Brasil, relacionando-o com a instalação de uma filial das Escolas Internacionais, organização norte-americana existente até hoje em diversos países. Os cursos, pagos, pretendiam preparar seus alunos para o mercado de trabalho nas áreas de comércio e serviços. Realizados por correspondência, utilizavam material didático em espanhol.

Durante a ditadura, impressionado com a recém-criada Open University inglesa, o Ministério da Educação passou a oferecer cursos pela TV, aproveitando a estrutura das emissoras educativas. A iniciativa foi demolida em reportagem de capa da revista *Visão*, assinada pelo jornalista Vladimir Herzog, que concluiu ser mais eficiente pagar um professor particular para cada aluno diplomado. Em 1972, começou a se discutir a criação de uma Universidade Aberta no Brasil, mas não se foi além de criar uma comissão.

O amparo legal surgiu em 1996, com a nova Lei de Diretrizes e Bases, cujo relator, o então senador Darcy Ribeiro, era um entusiasta da fórmula, embora reconhecendo que o caminho oferecia um misto de oportunidade e risco:

> Isso representa perigo e uma ampla perspectiva de melhoria do ensino. Perigo porque, se o ensino a distância converter-se em máquina de fazer dinheiro, como ocorre na maioria das escolas privadas, será um desastre. Promessa porque possibilitará ao Brasil recuperar os trinta anos de atraso que tem nessa matéria, criando programas responsáveis de ensino a distância nos três graus.[3]

O programa de formação do Banco do Brasil foi pioneiro no uso do Ensino a Distância, e a UFSC participou de sua gênese. A partir de 2008, esses cursos passaram a funcionar sob a alçada da Universidade Aberta do Brasil. A primeira turma UAB da UFSC começou em 2009, em quinze polos, que depois seriam reduzidos para dois, por falta de estrutura.

Entre 2002 e 2012, a taxa de crescimento das instituições de ensino superior credenciadas para oferecer Educação a Distância foi de 500%, saltando de 25, em 2002, para 150 dez anos depois. O crescimento na área pública foi de 400% e na privada, de 677,8%, de acordo com pesquisa feita por Daniela da Costa Britto Pereira Lima para o MEC, com recursos da Unesco.[4]

A UFSC sempre quis estar na ponta dessa corrida: em 1985, quando o computador pessoal ainda era uma novidade e a internet nem existia, o Departamento de Engenharia de Produção da UFSC colocou a EaD em seu plano estratégico e previu que iniciaria os primeiros projetos em dez anos, o que de fato se cumpriu: em 1995, foi criado o Laboratório de Ensino a Distância (LED), que realizou os primeiros cursos por sistema de videoconferência. Naquela época, a velocidade da internet, via conexões discadas, era muito baixa: uma imagem de 100 kbytes demorava catorze segundos para se formar; uma canção, doze minutos para ser baixada, e um filme, mais de 24 horas. Sempre pagando por minuto.

O pioneirismo da UFSC é reconhecido fora do Brasil: a universidade americana Virginia Tech, tida como pioneira em bancos digitais de teses, reconhece que a primeira monografia online da internet foi obra da UFSC em 1995.

Mas o caminho teve lá seus tropeços: no ano seguinte, engenheiros da Picture Tel VC Systems tiveram de modificar o seu sistema de videoconferências, que havia sido adquirido pelo LED. O chamado Sócrates não atendeu inicialmente à metodologia de EaD do laboratório — quando um aluno à distância tossia, a imagem do professor, que era transmitida a vários lugares ao mesmo tempo, desconectava automaticamente para mostrar o local de origem da tosse. Superados os entraves, foi na UFSC que aconteceu a primeira defesa de pós-graduação do país, com examinadores conectados diretamente dos EUA.

Um grupo interministerial criado no início do governo Lula concluiu que a Educação a Distância era indispensável para ampliar o ensino superior, e, a partir de então, a escala da aposta brasileira nesse caminho se ampliou.

O financiamento acontecia via Capes, uma fundação criada em 1951, no segundo governo de Getúlio Vargas, que cuidava da pós-graduação e que, desde 2007, ganhara uma diretoria de Ensino a Distância, direcionada para a formação de professores.

No começo, a Capes pagava as bolsas para professores e tutores e fornecia o valor de custeio a partir de certos parâmetros, como o custo médio por aluno multiplicado pelo número de alunos inscritos. As universidades, por sua vez, repassavam esses recursos para fundações de apoio, que, por suas características, tinham menos amarras burocráticas para utilizar o dinheiro. No caso da UFSC, a Fapeu, criada em 1976, cuidava de seis cursos, e a Fundação de Estudos e Pesquisas Socioeconômicos (Fepese), que surgiu no ano seguinte, operava outros quatro cursos.[5]

Em onze anos, de 2006 a 2017, a Capes repassou à UFSC quase 80 milhões de reais — quantia semelhante seria citada nas manchetes do dia 14 de setembro de 2017, durante a investigação da PF. Os valores foram muito reduzidos a partir de 2013:

2006	R$ 9 689 199,82
2007	R$ 9 717 859,22
2008	R$ 23 572 579,06
2009	R$ 9 315 326,25
2010	R$ 9 755 967,91
2011	R$ 2 139 990,14
2012	R$ 10 551 706,31
2013	R$ 4 089 389,00
2014	R$ 3 907 421,73
2015	R$ 2 702 349,03
2016	R$ 3 124 034,56
2017	R$ 702 469,13
total	R$ 79 579 092,34[6]

Em 2013, a centralização da produção de livros e materiais didáticos dos cursos de EaD de todas as universidades brasileiras no Departamento de Ciências da Administração da UFSC permitiu a criação do Laboratório de Produção de Recursos Didáticos para Formação de Gestores — LabGestão —, que chegou a ter 24 funcionários fixos, todos celetistas. No ano seguinte, o LabGestão passou a ser coordenado por Gilberto de Oliveira Moritz, o decano dos sete que seriam presos em 2017.

Essa expansão acelerada acabou no primeiro mandato de Dilma Rousseff, quando o ministro da Educação, Aloizio Mercadante, não apenas reduziu o dinheiro como mudou os parâmetros de financiamento, circunscreveu os recursos ao pagamento de bolsas e deixou de remunerar os coordenadores de polo, supervisores de tutoria, bolsistas de estágio, além da equipe multidisciplinar, que produzia os materiais didáticos.

A partir de 2013, os repasses também começaram a atrasar. Em julho de 2015, a Capes cortou 80% do custeio e 13% das bolsas para aquele ano. A suspensão do pagamento de 9 343 bolsas referentes às planilhas que tinham sido negociadas em 2013 e 2014 correspondia a 10 337 560 reais a menos para a UFSC.

Sem recursos, a universidade deixou de atualizar os livros didáticos — alguns já tinham dez anos — e chegou a paralisar a oferta de cursos, enquanto insistia nos pedidos de mais verba junto à Capes e ao Ministério da Educação. Dois promotores públicos, de Cruz Alta, no Rio Grande do Sul, e de Blumenau, em Santa Catarina, cobraram providências em nome de estudantes prejudicados pela suspensão dos cursos.

Em outubro de 2015, já no segundo governo Dilma, houve outras mudanças: as bolsas passaram a corresponder ao total de matriculados e não às vagas, acabou a distinção entre tutores presenciais e à distância e foi cortado o financiamento das equipes multidisciplinares, como a do LabGestão.

Por outro lado, a cobrança da Controladoria-Geral da União aumentava. Pressionada, a UFSC acabou desenvolvendo uma série de expedientes que buscavam contornar as limitações legais. Muitos tinham respaldo em documentos da Capes. Outros, nem isso. Todos acabariam sendo alvo da Operação Ouvidos Moucos.

No início de 2014, pouco depois da carta anônima com a denúncia de irregularidades no curso de física EaD da UFSC, a universidade catarinense enfrentou um impasse de outra natureza com a Polícia Federal.

No dia 25 de março de 2014, agentes à paisana da PF entraram no campus da UFSC. Não em busca de corruptos ou de evidências de desvio de dinheiro, mas de maconheiros e de drogas, supostamente enterradas no bosque que fica próximo ao Centro de Filosofia e Ciências Humanas. A ação, que deveria ser simples, acabou se complicando.

Enquanto os policiais vasculhavam bolsas e mochilas, professores tentavam negociar o fim da operação, em nome da autonomia universitária, substituindo a blitz pela assinatura de um termo circunstanciado.

A aparição do Batalhão de Choque da PM só piorou o clima. A tentativa de circunscrever o caso à ida de um estudante encontrado com pequena quantidade de maconha à delegacia não se consumou: de repente duas ou três pedras voaram em direção à polícia, segundo o relato da repórter Luisa Tavares para o jornal Zero, do curso de jornalismo.

O estudante foi detido, o Choque recuou, disparando bombas de efeito moral e balas de borracha. Luara Wandelli Loth, de vinte anos, estudante de jornalismo, acabou ferida por estilhaços de uma bomba. Levou quatro pontos na perna direita, além de sofrer outros cortes. Ao site da UFSC, disse que estava saindo de uma aula de inglês quando viu a confusão e tentou ajudar a negociar uma saída coletiva dos alunos.

"Agachei para me proteger do gás, junto com outro rapaz. Não tinha nada para me proteger. Me levantei e vi que a maioria das pessoas tinham corrido do local. Vinham tiros de todas as direções, as pessoas estavam sendo espancadas, mesmo já caídas. Depois, a bomba estourou bem ao lado do meu sapato. Na hora senti estilhaços atingirem minha perna e vi sangue saindo pelo furo da calça."

Dois carros foram virados e os estudantes ocuparam a reitoria, exigindo que Roselane Neckel assinasse um termo proibindo a entrada da polícia no campus. Depois de hastearem uma bandeira vermelha no mastro em frente à reitoria, os estudantes impediram a imprensa de entrar no prédio.

A turma do Levante do Bosque apresentou várias reivindicações: entre elas, a direção da universidade deveria condenar a presença da polícia no campus — a não ser em caso de suicídios, homicídios, assaltos, estupros e sequestros —, proteger os estudantes envolvidos no caso e abrir um edital para a contratação de seguranças (com destaque para segurança feminina e humanizada).

A reitora disse que ia pedir ao Ministério Público Estadual a alteração do termo de ajuste de conduta que ela assinara em dezembro e que permitia a entrada da polícia no campus. Ligou para a Superintendência da Polícia Federal em Santa Catarina, mas não conseguiu solução para o caso. Recorreu até à ministra das Relações Institucionais do governo federal, Ideli Salvatti, ex-senadora por Santa Catarina, que por sua vez acionou o ministro da Justiça, José Eduardo Cardozo. Nenhum avanço.

A ocupação durou quatro noites e três dias. Mas os levantistas não tinham unanimidade dentro do campus. Outro grupo de estudantes, autointitulado Chega de Baderna, concentrou-se diante do Centro Tecnológico e marchou até a reitoria portando bandeiras do Brasil e de Santa Catarina, e cartazes com dizeres "Cem não representam a maioria", "Policiamento já" e "Ocupação não me representa". Depois de aplaudirem as viaturas da PM estacionadas em frente à reitoria e conversarem com o tenente-coronel Araújo Gomes, sentado no banco do carona de um dos carros, encontraram a reitora, que se comprometeu a retomar as negociações com as polícias, realizar um referendo eletrônico sobre a PM na UFSC, constituir um Conselho de Segurança e apresentar respostas em até trinta dias para as exigências do grupo. Roselane só não acompanhou os estudantes até o mastro, onde a bandeira vermelha veio abaixo.

O caso do bosque da UFSC continuava no noticiário quando a CGU informou ao procurador André Bertuol que estava levantando o resultado das fiscalizações de irregularidades em Santa Catarina, e que disponibilizaria os resultados quando a apuração fosse concluída. A denúncia envolvendo o curso de física fora encaminhada para a Coordenação Geral de Auditoria das Áreas de Educação Superior e Profissionalizante da CGU em Brasília.

Duas semanas mais tarde, Bertuol transformou a notícia em inquérito civil. Mas a investigação demorou: quando o procurador recebeu o dossiê da CGU, Cancellier já estava eleito, ainda que não empossado. O diagnóstico, datado de 17 de fevereiro de 2016, tinha 97 páginas, resultantes de quatro meses de trabalho.

Era uma lista e tanto de acusações. A mais impactante apontava a diferença entre o dinheiro recebido e as despesas comprovadas pelo curso de física EaD: do segundo semestre de 2010 ao primeiro semestre de 2014, a Fapeu recebera 720 055,02 reais, mas os comprovantes de gastos só cobriam 261 817,16 reais, ou 36% do valor recebido. Curiosamente, a CGU não pediu explicações sobre esse ponto — e tantos outros — à UFSC. A responsabilidade pelos problemas foi atribuída aos 63 integrantes do Conselho de Curadores da universidade, que não teriam implantado um sistema de gestão, controle e fiscalização do contrato n. 291/2008.

Outro alvo da CGU foi o professor Erves Ducati[7] (cujo nome era preservado no documento encaminhado ao Ministério Público). Ex-gestor financeiro da Universidade Aberta do Brasil, ele era autor de um contrato, fiscal de outro e relator do Conselho de Curadores da UFSC para o mesmo tema.

A reitoria da UFSC tentou se justificar: afirmou que os fiscais eram indicados pelos coordenadores dos projetos, e acenou com a possibilidade de criar um curso de formação e um banco de fiscais.

Para a CGU, a fundação falhava ao não divulgar amplamente o processo seletivo dos bolsistas. Além disso, usara o dinheiro de bolsas para pagar funcionários celetistas e serviços de terceiros, depositara quantias na conta de coordenadores para ressarcir gastos com tutores e pagara algumas bolsas acima do máximo permitido.

Outro foco aparente de irregularidades era a locação de veículos. Em 49 ofícios que somavam despesas de 124 688 reais, entre 2010/2011 e 2013/2014, os fiscais não encontraram nenhuma concorrência ou licitação, além de uma concentração enorme num só fornecedor. Os aluguéis tinham sido feitos, majoritariamente (cerca de 91%), pela S.A. Tour. Outros 8% tinham sido gastos com a empresa Ilha dos Açores. Mais duas locadoras, Arroba Turismo e AJC Viagens e Turismo, tinham faturado os outros cerca de 1%.

A CGU também localizou notas fiscais preenchidas pela mesma pessoa, com datas, destinos e valores diferentes, e e-mails com a mesma formatação, o mesmo texto e até os mesmos erros de gramática. Além disso, as sedes dessas empresas não estavam operacionais em junho/julho de 2011. No endereço apontado pela Ilha dos Açores funcionavam uma clínica e um laboratório. No entendimento dos fiscais, a Fapeu teria feito melhor negócio se comprasse carros para atender aos cursos.

Havia mais de uma viagem para o mesmo destino ou para cidades próximas, pagamento de transporte de alunos, antecipação de verba para deslocamento, hospedagem e alimentação dos tutores. Nada disso era permitido, segundo a CGU. Os fiscais pediram relatórios e a universidade não os forneceu, sob o argumento de que não auditava as despesas feitas por fundações de apoio.[8]

Concentrando-se em apenas três nomes — o de Márcio Santos, o do professor José Ricardo Marinelli e o de Renê Balduíno Sander —, os fiscais encontraram diárias pagas sem a comprovação do pernoite fora de casa e, portanto, suspeitas de irregularidade, e notas fiscais com datas diferentes para a mesma viagem.

As bolsas foram outro alvo. A CGU pediu a listagem de 191 bolsistas, com função, carga horária, vigência e valores pagos, e quis saber os processos seletivos empregados.

No fim das contas, a CGU chegou a um valor estimado de danos potenciais de 517 790,31 reais (o equivalente a 48% dos recursos analisados mediante amostragem) e condenou a execução financeira da Fapeu, que não teria controle efetivo sobre os gastos. O diagnóstico não incluiu qualquer manifestação oficial da UFSC, que tampouco recebeu cópia do documento.

Posteriormente, o superintendente da Fapeu, Gilberto Vieira Ângelo, apresentaria à Polícia Federal uma explicação singela para essa abissal diferença entre as despesas comprovadas e o dinheiro recebido: tratava-se de um erro do funcionário encarregado de prestar contas, que lançara apenas o valor gasto com bolsas e RPAs, deixando de contabilizar as despesas com pessoas jurídicas, celetistas e ressarcimentos da fundação. A Fapeu já teria repassado as informações corretas para a Capes. Mas até que esse e outros esclarecimentos fossem prestados, a narrativa do descontrole e dos desvios na Educação a Distância da UFSC só aumentaria. E mais: a mesma acusação seria repetida na denúncia apresentada pela Justiça em novembro de 2020, sem qualquer referência às declarações de Ângelo.

Registre-se: no relatório da CGU, não há qualquer menção a Luiz Carlos Cancellier de Olivo nem qualquer ligação com seu CPF. Como diretor do Centro de Ciências Jurídicas, ele integrava o Conselho de Curadores,[9] mas a CGU não relaciona os integrantes do organismo, a quem atribuiu parte da responsabilidade por algumas irregularidades.

Menos de duas semanas após a posse de Cancellier como reitor, em 27 de maio de 2016, o procurador André Bertoul pediu que a Polícia Federal apurasse o possível peculato e o emprego irregular de verbas públicas no caso do curso de física EaD, e, em sigilo, encaminhou o caso para a Delegacia de Repressão a Crimes Financeiros e Desvio de Verbas Públicas (Delefin).

Em 9 de agosto, o delegado Christian Luz Barth, da PF, oficiou à CGU pedindo cópia do Relatório de Demandas Externas, em que nomes e caracteres fossem claramente apontados, e instaurou o inquérito. Demorou quase oito meses para receber o material de volta e nem chegou a analisá-lo. Um mês mais tarde, pouco antes de entrar em férias e licença-capacitação, no início de 2017, redistribuiu os autos para Érika Marena.

O primeiro movimento da nova responsável pela Delefin foi "e-procar" todos os documentos, como se diz no jargão policial — isto é, inseri-los no sistema eletrônico, encaminhar os autos ao Ministério Público Federal e pedir ao regional da CGU em Santa Catarina que atualizasse as informações sobre a fiscalização das bolsas de estudo, "tendo em vista a notícia da Operação PhD, da Polícia Federal no Rio Grande do Sul, ocorrida no mês de dezembro/16, e cujo método de atuação ali identificado pode estar sendo replicado em outras instituições de ensino".

Ou seja: a delegada tinha uma premissa para sua investigação: o que estaria acontecendo na UFSC não eram apenas irregularidades circunscritas ao curso de física e à locação de veículos, ou à falta de transparência na seleção de bolsistas. Era algo bem maior, com as mesmas técnicas e artimanhas já aplicadas no Rio Grande do Sul.

4. "Todas as dificuldades que a humanidade proporciona": o procurador e a denunciante

Talvez o caso do curso de física, por si só, não resultasse em uma operação da PF — afinal, os episódios eram antigos e circunscritos. Mas Érika Marena teve a cooperação ativa do corregedor da própria UFSC para expandir suas investigações até o curso de administração EaD, que, por sua vez, tinha uma nova coordenadora, em rota de colisão com a equipe da área.

A instituição era recente, mas o projeto de criá-la, nem tanto. Instalada no dia 9 de maio de 2016, três dias antes da posse de Cancellier como reitor, a Corregedoria da UFSC foi a terceira a ser criada numa instituição federal superior de ensino. Nasceu da combinação entre a pressão externa dos tempos da Lava Jato e um longo debate interno, iniciado em abril de 2013, quando o secretário de Aperfeiçoamento Institucional, Airton L. Cerqueira Leite Seelaender,[1] sugeriu a medida, diante da cobrança da CGU para que todas as sindicâncias e procedimentos administrativos fossem inscritos em seu sistema.

O assunto movimentou o Conselho Universitário, onde Cancellier participou dessas conversas, sem grande destaque. Sua principal intervenção foi no sentido de dar ao reitor o direito de escolher o nome de sua preferência na lista tríplice apresentada pelo Conselho, nos moldes do que acontece na definição de desembargadores e reitores.

Com os ajustes determinados pelo Conselho Universitário, o mandato do corregedor ficou sendo de dois anos, com direito a renovação. A resolução aprovada definiu as atribuições da Corregedoria, sem estabelecer limites claros para sua atuação — e isso traria problemas adiante.

Após ser derrotada nas urnas, Roselane Neckel e sua equipe aceleraram o processo de sua criação. A equipe nega que isso tenha sido proposital, e o time de Cancellier defende o oposto. Após tentativas infrutíferas de prorrogar o debate,[2] foi lançado o edital. Catorze candidatos se apresentaram, e, entre eles, o grupo de trabalho criado pela reitoria sabatinou sete e escolheu três, depois de analisar currículos e propostas à luz da cartilha da CGU. O manual listava as características reclamadas dos eventuais candidatos:

1 — larga experiência no trato de matérias disciplinares;
2 — relação de independência com a Administração Superior;
3 — sensibilidade e paciência;
4 — capacidade de escuta;
5 — equilíbrio emocional;
6 — capacidade de trabalhar sob situações de pressão;
7 — proatividade e discrição;
8 — análise crítica;
9 — independência e imparcialidade;
10 — adaptabilidade, flexibilidade e maturidade na prevenção, apuração e solução de conflitos.

Só um dos escolhidos era da instituição: Ronaldo David Viana Barbosa já trabalhava na Procuradoria e era tido, nos corredores, como o favorito. Os outros dois eram de fora: Marcelo Aldair de Souza, economista formado pela UFSC, e Rodolfo Hickel do Prado, da Advocacia-Geral da União.

A lista foi aprovada, inclusive com o voto de Cancellier, e encaminhada à reitora em ordem alfabética. Roselane Neckel optou por Rodolfo Hickel do Prado e encaminhou os nomes para a CGU, quase um mês depois.

Ronaldo Barbosa, o candidato preterido, acredita que Hickel tinha um padrinho da equipe da reitora:

"Ninguém conhecia internamente os outros dois. O único conhecido era eu. A reitoria sempre se fundou muito no pensamento da Procuradoria. O que a Procuradoria dizia era um mantra. O procurador era o dr. César Obregão Azambuja, amigo íntimo, não sei se ainda, mas à época amigo íntimo do Rodolfo Hickel do Prado. Nesse período, o dr. César e eu tivemos uma divergência: ele quis que eu refizesse uma nota técnica, eu recusei, e isso foi visto como uma espécie de insubordinação. E ele subscreveu o nome do Rodolfo."

Nem a reitoria nem a CGU fizeram uma apuração sobre a conduta anterior de Hickel do Prado, praticamente desconhecido. Ninguém sabia, naquele momento, que o escolhido era uma pessoa temperamental, e que talvez não se encaixasse em diversas das dez qualidades requeridas pelos candidatos, para dizer o mínimo.

Quem conviveu com Hickel do Prado diz que, à primeira vista, ele parecia preparado e sensato. Um funcionário cioso de suas responsabilidades, conhecedor do assunto. Mas, em pouco tempo, seus dois colegas (os outros integrantes da lista tríplice), Ronaldo Barbosa e Marcelo de Souza, deixaram a Corregedoria, alegando incompatibilidade com o chefe. Marcelo durou só uma semana; Ronaldo Barbosa aguentou três meses.

Ao assumir a reitoria, Cancellier adotou uma postura de entendimento com o corregedor. Quando um candidato preterido, Fabrício Pinheiro Guimarães,[3] o procurou para informar que entraria na Justiça pedindo a anulação das nomeações dos três corregedores, o reitor demoveu-o da ideia, dizendo que já tinha conversado com Rodolfo e acertado que o corregedor ficaria dois anos apenas, quando haveria nova eleição.

A situação desandou em julho de 2016, a apenas dois meses da posse de um e de outro, quando Hickel do Prado soube que mudaria de função comissionada.[4] Ao ser nomeado, recebera uma gratificação CD 3, o que equivalia a cerca de 5 mil reais. Depois da posse de Cau, Carla Burigo, a nova pró-reitora de Desenvolvimento e Gestão de Pessoas, identificou que a gratificação de Hickel contrariava a lógica das unidades na nova estrutura. Hickel do Prado foi então rebaixado para CD 4, e perdeu aproximadamente mil reais em seus vencimentos.

O corregedor ainda tentou convencer o procurador Juliano Scherner Rossi[5] de que o reitor não poderia mexer na Corregedoria, por esta não fazer parte da gestão da UFSC, mas sua tese foi recusada — entendimento que teria outras consequências na história.

Nos meses seguintes, a atuação de Hickel do Prado foi marcada por vários incidentes. Em 16 de outubro de 2016, a direção do Centro Acadêmico Livre da Engenharia de Produção publicou uma nota em sua página no Facebook reclamando isonomia no tratamento dispensado aos estudantes: queriam que processos envolvendo professores fossem tratados com a mesma rigidez aplicada aos que envolviam alunos. O estopim da nota foi a recomendação feita por uma prima do corregedor, a professora Sônia Hickel Probst, de suspensão de um aluno por trinta dias por ter colado numa prova.

Os mais de cem estudantes que curtiram a publicação no Facebook do Centro Acadêmico foram intimados a comparecer à Corregedoria. O Centro acabou contratando um advogado para orientá-los e o caso foi parar no Comitê de Ética. Os estudantes recorreram a Cancellier, que chamou Hickel do Prado em sua sala, e a história parou por aí.

Em outro caso, mais grave, uma funcionária da Corregedoria pediu transferência para outro setor, alegando ter sido assediada pelo corregedor. Ela depôs na Polícia Federal e na CGU e me assegurou que Hickel do Prado teria feito várias insinuações e a agarrado na sala dele. A funcionária fez críticas ao comportamento do corregedor no trabalho — Hickel do Prado teria rasgado documentos de processos e se gabado de mandar mais que o reitor. Ela, no entanto, não quer assumir publicamente tais afirmações, sob o argumento de que busca preservar a mãe e a filha.

No dia 19 de janeiro de 2017, o corregedor recebeu a seguinte denúncia anônima (os erros são do original):

Caro Prof. Corregedor
 Venho por meio desta denunciar os desvios de bolsas no Departamento de Ciências da Administração, em especial na Coordenação do Curso à Distância, onde professores que tem direito não recebem os valores correspondentes sob a desculpa de que a Fundação não repassou o valores, no que já se descobriu através da Coordenadora que não é verdade, pois estes foram sim repassados, inclusive há empregados celetistas recebendo bolsas que seriam destinadas à professores etc.
 Segundo informações que conseguimos descobrir, há também docentes que receberam bolsas sem a contrapartida da pesquisa/ trabalho e outros que mesmo aposentados continuam recebendo.

Peço que seja apurado e moralizado esses fatos aqui relatados e, com certeza, outros que irão surgir se investigados.

Florianópolis, dezembro de 2016.

Hickel convocou a coordenadora do curso de administração EaD para depor, e ela se apresentou no dia seguinte. Aos 44 anos, catarinense de Florianópolis, Taisa Dias era separada, tinha dois filhos e se formara em administração pela Universidade Estadual de Santa Catarina, a Udesc, em 2004. Trabalhara em várias universidades — Unisul, Esag, Estácio de Sá — e gerenciara o Departamento de Capacitação das Centrais Elétricas de Santa Catarina antes de obter o doutorado na UFSC em 2012. Em 2015, passou no concurso para professora na área de Administração Pública e Governança do curso de administração EaD da UFSC. Assumiu a coordenação do curso em 10 de julho de 2016, tornando-se responsável por 450 alunos espalhados por vários polos.

Mais tarde, diante de Érika Marena, o corregedor admitiria já ter conversado com Taisa sobre os problemas no departamento antes desse encontro. Diversos professores e gestores da UFSC suspeitam, sem provas, de que a tal denúncia anônima teria sido feita pela própria Taisa, que, havia algum tempo, vinha se desentendendo com a direção do departamento.

O primeiro embate documentado aconteceu em julho de 2016, quando Roberto Moritz da Nova,[6] assistente administrativo da Fapeu, informou o nome de dois professores que receberiam bolsas naquele mês e pediu à coordenadora para apontar outros dois. Taisa não gostou e respondeu, por e-mail, que Roberto decidisse sobre aquilo, já que não a consultara sobre os primeiros.

O assistente administrativo executava um procedimento usual adotado desde 2014, conhecido como "fila" ou "linha do tempo". Todo mês, as bolsas ofertadas pela Capes eram divididas entre os professores que tinham trabalhado nos cursos e os que constavam da planilha Excel gerenciada por Nova. A "fila" listava os professores que tinham executado alguma tarefa no EaD e ainda não haviam recebido a bolsa correspondente, sobretudo por terem sido contemplados com pagamentos por outra tarefa — a Capes não admitia o pagamento de mais de uma bolsa por mês. O saldo a receber era inscrito nessa planilha, para ser quitado à medida da disponibilidade de recursos, nos meses seguintes.

A prática era rotineira, embora não fosse conhecida por todos os professores da UFSC. E foi em torno dessa questão que começou a entornar o caldo entre a recém-chegada e os veteranos do Educação a Distância da UFSC. Àquela altura, nomeado por Cancellier, Marcos Dalmau já comandava a recriada Secretaria de Educação a Distância, Gilberto Moritz[7] seguia no comando do LabGestão e Rogério Nunes respondia pelo Núcleo UAB.

O diretor do Departamento de Ciências da Administração era Eduardo Lobo. Gaúcho de Rio Grande, cidade histórica à beira da lagoa dos Patos, Lobo se formara em engenharia civil em 1994 e fora para a UFSC fazer o mestrado. Foi diretor de empresas, trabalhou em Salvador, Santos, São Paulo e Belo Horizonte, até voltar à UFSC, em agosto de 2010, como professor concursado. Estava na direção do departamento desde julho de 2014. Dalmau era seu vice.

Em setembro de 2016, Dalmau informou a Taisa que a Capes só tinha liberado dezoito bolsas para tutores do curso de administração EaD. A coordenadora, no entanto, constatou que a Capes havia mandado o número correto, de 23 bolsas, e concluiu que a intenção de Dalmau era destinar a diferença de cinco bolsas para o pagamento da "linha do tempo". Inconformada, ameaçou levar ao colegiado do curso o caso de uma tutora que não recebera bolsa da Capes, o que fez Rogério Nunes, coordenador do núcleo da UAB, reafirmar sua autoridade — só ele, lembrou, é que podia dizer quem receberia as bolsas da Capes.

Depois disso, Taisa continuou jogando o jogo e, até outubro de 2016, assinou três memorandos e dois ofícios[8] junto com Lobo. Um dos memorandos demandava o pagamento de 98 bolsas da "linha do tempo" pela Fapeu — num reconhecimento tácito do mecanismo. Mais adiante, ela mesma apontaria esses documentos como prova de suas descobertas, mas a dupla assinatura indica que, até aquele momento pelo menos, o que ela pretendia era que, em sua gestão, a dívida não aumentasse. Lobo ratificava essa atitude, ao cobrar o Núcleo UAB e a Fapeu.

A situação começaria a mudar logo adiante. Quando um novo contrato com a Fepese destinou 387 030,17 reais para o curso de administração, a determinação de Lobo, Dalmau, Nunes e Moritz foi de que parte do dinheiro fosse usada para honrar a "linha do tempo".

Taisa não apenas se recusou, alegando que o contrato não previa o pagamento de dívidas anteriores, como mandou um e-mail a todos os professores, apresentando sua posição, ao que Lobo respondeu com outra mensagem, reafirmando a determinação.

A coordenadora treplicou e encaminhou a resposta em cópia para Nunes, Dalmau, Moritz, André Leite (o vice de Lobo), e a coordenadora do curso de administração presencial e de tutoria do curso EaD, professora Cibele Barsalini Martins. Dizendo-se comprometida em achar uma solução, Taisa anunciou que não iria mais assumir os custos e afirmou que os celetistas que trabalhavam para o curso, e para os quais não havia recursos, deviam ser demitidos.

Antes do final do ano, Taisa conheceu o reitor, num encontro arranjado pelo professor Luiz Felipe Ferreira. Catarinense de Florianópolis, professor desde 1995 e coordenador do curso de ciências contábeis, Ferreira havia assumido a condição de mentor informal da nova coordenadora. O assunto foram as bolsas da Capes. Cau ouviu as explicações de Taisa e, segundo o relato dela e de Ferreira, minimizou a questão, dizendo que lhe parecia ser um problema de gestão e que falaria com Dalmau. Luiz Felipe teria alertado para a ilegalidade dos procedimentos, e Cau concordara com ele.

Os relatos dos três sobre o episódio, no entanto, não coincidem. Em seu depoimento à PF, no dia em que foi preso, Cancellier disse que Taisa não lhe mostrou nenhum documento, e que ele só tomaria providências mais tarde, ao saber que a Corregedoria estava promovendo uma investigação sigilosa sobre aquilo.

A coordenadora, por outro lado, afirmou que mostrou os memorandos que tinha assinado junto com Eduardo Lobo e que considerava provas das irregularidades, mas o reitor teria mandado que ela "guardasse a pastinha". A frase reapareceria carregada de peso, mais adiante, nas acusações contra Cancellier.

Cau teria perguntado ainda há quanto tempo Taisa estava na UFSC, e se espantara ao saber que era novata, dizendo que ela ia precisar muito dele e teria tempo para conviver com os colegas. Portanto, "seria bom tomar cuidado, pois ainda estava em estágio probatório". Na visão de Luiz Felipe, as frases tinham sido motivadas pelo fato de ela ter identificado tantos problemas num curto espaço de tempo.

No depoimento prestado ao corregedor da UFSC, em 20 de janeiro de 2017, Taisa mencionou a tal planilha Excel da "linha do tempo" e explicou que, entre agosto e dezembro, priorizara a remuneração de professores e tutores que haviam atuado naqueles meses. Com isso, deixara de aumentar o saldo negativo e diminuíra um pouco o volume de atrasados. Ou seja, não negou que pagasse bolsas atrasadas, só mudou o critério.

A professora informou ainda que tinha levado os problemas — da "fila" e do pagamento, por meio de bolsas, aos celetistas — para o colegiado do Departamento de Ciências da Administração, e que o professor Rudimar Antunes da Rocha pedira uma sindicância sobre o caso. Apresentou ainda ao corregedor o caso do professor Claudelino Martins Dias, que recebera uma bolsa antecipadamente e depois se recusara a prestar o serviço correspondente. Taisa explicou também que Felipe Castoldi, funcionário da coordenação do Núcleo UAB, tinha os logins e as senhas dela e de outros professores, e as usava para cadastrar os bolsistas que recebiam a cada mês, de acordo com a "fila".

Dez dias depois de Taisa, o corregedor ouviu Roberto da Nova e Márcio Barbosa. As oitivas deles não preenchem duas páginas. Roberto da Nova justificou a dívida de 130 bolsas como resultado de professores trabalhando para mais de um curso, e da norma da Capes que só admitia o pagamento de uma bolsa por mês. Ele definiu o caso do professor Claudelino como um ajuste num mês em que houve sobra. Tinha sido, garantiu, o único caso de antecipação, que alegou não saber se era um procedimento regular ou não.

Márcio Rosa Barbosa, auxiliar administrativo da UFSC desde 2011, trabalhava no LabGestão. Admitiu a existência da "linha do tempo" e o uso de bolsas como complemento salarial, mas disse desconhecer o adiantamento ao professor Claudelino, ou outros professores recebendo sem trabalhar.

Algumas semanas depois de seu depoimento ao corregedor, Taisa lhe encaminhou mais dois memorandos. Na carta que acompanha a papelada, pediu um conselho: "Peço orientação para saber o que devo e o que não devo fazer diante da existência do inquérito que investiga a referida denúncia, mas também garantindo que eu, ao descumprir determinação da minha chefia, não possa ser acusada de insubordinação".

O pedido de sindicância feito pelo professor Rudimar na reunião do departamento levou Lobo a consultar, por escrito, a Procuradoria Federal da UFSC. Esta passou a bola para o corregedor. Lobo diz que consultou Hickel do Prado informalmente, já que se conheciam desde os tempos do mestrado. A resposta teria sido igualmente informal:
"Não te mete nessa merda. Estou cuidando disso. Deixa comigo."

Taisa Dias foi muito além de seu depoimento: em 20 de fevereiro de 2017, encaminhou ao corregedor um documento em que dizia ser vítima de assédio moral. O principal acusado era Eduardo Lobo, mas a professora também atacou André Leite, o fiscal do contrato com a Fepese, o professor Marcus Vinicius Andrade de Lima e Rogério Nunes, além de Marcos Dalmau, que ela queria tirar da presidência da comissão encarregada de avaliar seu estágio probatório. Hickel do Prado não reagiu imediatamente — só abriria o inquérito em maio.

Mesmo antes de a acusação se tornar conhecida, seguiram os embates entre a professora e seus superiores. O primeiro foi num encontro entre Lobo, André Leite, Taisa e a professora Cibele Martins. A reunião acabou abruptamente, com a coordenadora do curso de administração abandonando a sala indignada. Na versão dela, depois de deixar as duas esperando por quase quarenta minutos, Lobo leu, pausadamente, o texto de um memorando[9] que tinha em mãos e no qual reafirmava suas determinações. Quando ameaçou alterar a voz, Taisa teria saído da sala. Lobo reconheceu ter lido o memorando, mas tentou se justificar pelo fato de as relações entre eles estarem tão deterioradas que achou melhor ser formal.

Três semanas depois, novo embate, quando Taisa se recusou a exercer a função de coordenadora dos estágios, sob o argumento de que fora nomeada à revelia.[10]

A reação de Lobo veio num memorando ao corregedor, ao reitor e a Alexandre Marino Costa, pró-reitor de Graduação, acusando a professora de manchar a imagem dos colegas e do departamento, criando constrangimentos com colegas, servidores e funcionários das fundações. Ele admitiu saber da existência de um processo na Corregedoria, cujo teor ignorava, e reclamou do tom provocador das mensagens enviadas por Taisa, sugerindo que ou se encontrava uma solução pacífica, ou se instaurava um processo administrativo disciplinar. Sua resposta formal, prometeu, seria dada no dia 30 de março, na reunião do Departamento de Ciência da Administração.

Cancellier acompanhou de perto essas desavenças. Seus lances estão registrados nas trocas de mensagens por WhatsApp que a Polícia Federal recuperou, e se misturam com outra questão em que ele teve interferência — a mudança no comando do Ensino a Distância.

Não há nessas conversas qualquer comando ilegal, irregular ou criminoso. Mas é possível concluir que ele gostaria de ver a professora fora da coordenação do curso, de preferência por iniciativa própria. No dia 15 de fevereiro, às 18h43min06, Cau mandou mensagem para Alexandre Marino:

O Dalmau me ligou.
Reclamou que na reunião de hoje do colegiado da UAB/ADM de novo a moça fez carga. E pior: que o Luiz Felipe estava junto.

Marino respondeu que Dalmau, que chamou de "Bruce", teria de resolver o assunto quando voltasse (estava de férias), e elogiou a ideia de Áureo Mafra de Moraes, o chefe de gabinete do reitor. Cau perguntou qual era e Marino explicou: "A ideia é sentar com todos e passar a régua. Acabar com essa tensão. A cada hora um fato novo".

Comentário de Cancellier: "Pois é. Terça-feira que vem ele está aí".

Marino concluiu: "O Vladimir pode nos ajudar com Luiz Felipe, que pode nos ajudar com a professora. O importante é que o final seja Feliz!".

Não fica claro o que seria "passar a régua". No relatório encaminhado à PF, a CGU concluiu que era tirar Dalmau da Secretaria de Educação a Distância. Para Áureo, seria apenas conversar com Taisa, que reclamava do fato de Dalmau presidir sua comissão de avaliação, e resolver o assunto de uma vez.

No dia seguinte, 17 de fevereiro, às 12h31min31, Cau pediu que Marino atendesse o professor Luiz Felipe. Três horas mais tarde, este escreveu para o reitor, relatando que Taisa já estava calma, mas que o documento que tinha em mãos demonstrava que era boicotada. Cancellier argumentou que o assunto não poderia chegar ao reitor daquela maneira e Luiz Felipe concordou. E acrescentou que Taisa não confiava mais em Marino, ao que Cau concluiu: "Então pode ser que o problema esteja nela mesmo".

O estágio probatório de Taisa entraria novamente em cena no dia 6 de março, quando Marino informou ao reitor que Luiz Felipe estava otimista sobre o encaminhamento.

A troca se consumou no dia 13 de março de 2017, quando o professor Luciano Patrício Souza de Castro assumiu a secretaria, e Márcio Santos, o Núcleo UAB.

Na reunião do Departamento de Ciências da Administração de 30 de março, o estágio de Taisa foi aprovado por unanimidade, mas a situação dos cursos EaD continuou a ser debatida. Lobo informou sobre sua consulta à Procuradoria, a recomendação desta de passar o caso à Corregedoria, e relatou que discutira o assunto com o reitor, enquanto o professor Rudimar insistiu na tese de que as acusações de Taisa eram "gravíssimas" e precisavam ser apuradas.

Nos informes finais, Marcos Dalmau e Rogério Nunes formalizaram a entrega de um documento com 25 páginas, que todos os professores do Departamento de Ciências da Administração tinham recebido nos escaninhos destinados à comunicação interna naquele mesmo dia. O texto ficou para ser discutido em outra reunião, por decisão de Lobo. O diretor do departamento queria que as dúvidas fossem formalizadas e encaminhadas ao Núcleo UAB e à Sead, a Secretaria de Educação a Distância. Não aconteceu nem a formalização dos questionamentos, nem qualquer encontro para tratar do assunto.

Seja porque os autores estavam deixando seus cargos, ou porque ninguém se dispôs a ler as 25 páginas do relatório, o documento não surtiu efeito. Nele, a dupla fez um detalhado histórico dos cursos EaD na UFSC, atribuiu os problemas a mudanças nas regras da Capes, afirmou que a UFSC tinha uma dívida a receber e que a maior parte dos problemas teria sido resolvida com uma reunião de transição e com o uso do LabGestão por Taisa, que acabara por desmontar uma estrutura que funcionava bem. Para os dois demissionários, Taisa atribuía todos os problemas à gestão anterior e se apresentava como uma heroína solitária, enfrentando "todas as dificuldades que a humanidade proporciona".

Nesse mesmo 30 de março, Cancellier mandou a seguinte mensagem ao professor Luiz Felipe: "Entrou na pauta? Ela já saiu?".

Luiz Felipe respondeu:

"Vou agendar uma reunião com Lobo. Tratar desse assunto. Está saindo."

Cau: "O.k.".

As mensagens de WhatsApp incluem ainda conversas em torno da mudança na Secretaria de Educação a Distância. É outro ponto em que as versões não se alinham. Dalmau diz que a iniciativa foi dele, motivado pela necessidade de cuidar do pai doente. Cau atribuiu a troca à intenção de reduzir a presença de representantes do Departamento de Ciências da Administração na cúpula da reitoria. Mas há mensagens de WhatsApp que apontam para a articulação entre o reitor, Marino, o secretário de Planejamento e Orçamento, Vladimir Fey, e Moritz no sentido de resolver o assunto.

Em abril de 2017, Hickel do Prado interrogou o professor Rudimar, que confirmou ter presenciado conversas sobre as meias bolsas, e o marido da vice-reitora de Cancellier, Rolf Hermann Erdmann, que definiu o LabGestão como um proporcionador de renda complementar para o corpo docente, notadamente para o grupo que estava em seu comando.

Boa parte das declarações[11] de Erdmann tinha como base o "ouvi dizer". Ele sabia — por terceiros — que parte do orçamento do curso de administração EaD fora usada para manter servidores celetistas que atendiam a outras finalidades educacionais, o que teria gerado o atraso no pagamento das bolsas dos professores. Também baseado em terceiros, afirmou que, embora houvesse documentos vinculando a falta de pagamento a supostos atrasos de repasses, a Capes estava cumprindo seus compromissos.

Erdmann atribuiu o confronto entre Taisa e os colegas à busca, por parte dela, de esclarecer a situação. E concluiu: "Existe uma prática de perpetuação no poder de um pequeno grupo, que está atualmente no comando, e que se articula para que esta situação seja perenizada. Admite-se que este poder político tenha uma relação estreita com questões econômicas, que têm sido a meta deste grupo de pessoas, para auferir ganhos extras". Erdmann não confirmou, nem de ouvir dizer, que houvesse algum "mensalinho" envolvendo bolsistas, como suspeitava o corregedor.

No dia 30 de abril, Hickel do Prado encaminhou formalmente cópia de suas duas investigações preliminares — a das bolsas e a do assédio moral — a Carlos Eduardo Fistarol, delegado de Prevenção e Repressão a Crimes Fazendários da PF. Afirmou que estava sendo pressionado e que não tinha estrutura para continuar as investigações. Também assinalou a suposta similaridade com o que ocorrera no Paraná e no Rio Grande do Sul.

O corregedor deixou claro que continuaria em campo. Pouco depois, pediu na UFSC uma passagem para Brasília, informando que teria uma reunião na CGU. Era mentira — ele tinha solicitado uma audiência com o presidente da Capes.

A manobra sorrateira falhou graças a um ex-reitor, Alvaro Prata, então secretário de Desenvolvimento Tecnológico e Inovação do Ministério de Ciência e Tecnologia. Às 9h40min50 do dia 2 de maio, Prata mandou uma mensagem de WhatsApp a Cancellier, perguntando se Rodolfo Prado era o procurador-geral da UFSC. Cau demorou uma hora para responder. Primeiro disse que não e que Rodolfo era técnico da Procuradoria. Prata explicou que ele havia pedido um encontro com o presidente da Capes e questionou se isso fazia sentido, sugerindo a Cancellier que também estivesse presente. Duas horas depois, o reitor deu a informação correta: tratava-se do corregedor, e ele achava estranho que tivesse pedido o encontro sem avisá-lo. Prata concordou.

O presidente da Capes, Abílio Afonso Baeta Neves,[12] tinha acionado Prata em busca de informações sobre Rodolfo Hickel do Prado. Baeta Neves o recebeu no dia 4 de maio, acompanhado por dois assessores. O corregedor da UFSC explicou que estava investigando irregularidades na concessão de bolsas, mas acrescentou que, em razão do sigilo, não poderia dar nenhum detalhe sobre o caso.

O presidente da Capes ofereceu uma sala ao lado de seu gabinete para que Hickel do Prado pudesse trabalhar — o volume de documentos que ele pretendia ver era imenso — e criou uma comissão para levantar os dados solicitados e visitar a UFSC.

No ofício que redigiu ali mesmo, Hickel especificou que a resposta deveria ser encaminhada para o e-mail pessoal dele, vinculado à Advocacia-Geral da União, ou pelo correio, em envelope lacrado e com a indicação de reservado ou sigiloso no rodapé.

Nesse mesmo dia, 4 de maio, em sigilo, Érika Marena ouviu Taisa Dias. O depoimento gerou dezessete páginas e 22 anexos com 53 páginas de documentos. A professora explicou em detalhes o funcionamento da EaD na UFSC e relatou as situações que lhe pareceram estranhas, como o pagamento de bolsa à secretária celetista Taís Prates e ao professor Fernando Guerra, em julho de 2015.

Para Taisa, o pomo da discórdia entre ela e seus superiores imediatos surgira justamente ao tirar o nome dessa funcionária celetista da lista de beneficiários de bolsas, em agosto de 2016. Até então, segundo afirmou, mantinha boas relações com Dalmau. Ao constatar que a direção do Núcleo UAB manipulava a concessão de bolsas, sem respeitar os vínculos formais, teria passado a documentar as situações que considerava irregulares.

Depois de concluir que a dívida da Capes era antiga, fincara o pé: o dinheiro da Capes deveria pagar as despesas atuais, de sua gestão, e não quitar bolsas em atraso. A partir daí, teria sido pressionada para honrar a "linha do tempo".

No dia 10 de maio, às 7h19min35, Alvaro Prata mandou nova mensagem ao reitor dizendo que falara com Baeta Neves, afinal, e que o corregedor só informara que havia uma ação sigilosa da

Polícia Federal em curso, envolvendo os recursos da Capes e o Ensino a Distância, e que estava preocupado.

Ao saber do encontro previsto entre o corregedor e o presidente da Capes, Cancellier mandou pedir acesso[13] aos autos dos dois inquéritos instaurados por Hickel do Prado, envolvendo o curso de administração EaD e sua coordenadora.

O corregedor tentou negar. Mencionou artigos da Constituição e uma lei que trata do sigilo e estabeleceu regras: o reitor só podia ficar com os processos por 24 horas e não poderia copiá-los. Os papéis seguiriam lacrados, em envelopes separados que só deveriam ser abertos por Cancellier.

Exagerando na formalidade, registrou até a hora exata e o ramal pelo qual recebera o telefonema do chefe de gabinete, Áureo Moraes, e anexou ao inquérito uma certidão assinada por três funcionários confirmando data e hora da visita de Álvaro Lezana à Corregedoria cobrando a entrega do processo. Com todo esse rapapé, a documentação encaminhada à reitoria tinha apenas dois depoimentos anódinos — o de Roberto da Nova e o de Márcio Santos. As acusações de Taisa e dos outros professores, Hickel do Prado simplesmente omitiu.

Em 18 de maio, a Capes deu sua resposta[14] aos questionamentos do corregedor, com o número de alunos matriculados e formados e o total de recursos: 79 579 092,34 reais para a UFSC, entre 2006 e 2017.

Uma semana depois, já de posse do pedaço de inquérito que o corregedor encaminhara, Cancellier foi a Brasília. Esteve com Prata e com o presidente da Capes. Na audiência, recebeu a informação de que o dinheiro seria liberado. No fim da tarde, por WhatsApp, Prata deu uma notícia diferente a Cau: "O Abílio me ligou para informar dos resultados da reunião e me avisou da liberação de recursos. Ele acha que você está subestimando a ação do corregedor. Abraços. Prata". Cau prometeu que iria saber mais.

Em 6 de junho de 2017, em depoimento à delegada Érika Marena, Hickel do Prado disse que começara a ser perseguido pela reitoria ao rejeitar a proposta de Cancellier de fazer apenas uma sindicância no caso do curso de administração EaD. Disse que a mudança de sua gratificação fora um rebaixamento de função e que, após a oitiva de Roberto da Nova, o reitor teria ido até a sala dele, o convidado para caminhar pelo pátio e pedido mais uma vez que não levasse adiante a apuração. Hickel teria respondido que era impossível, já que, uma vez aberto o processo, ele deveria ouvir as pessoas para investigar a veracidade das denúncias.

O corregedor entregou a Érika Marena a cópia dos ofícios trocados com a Capes,[15] mas não encaminhou o extenso relatório apresentado por Dalmau e Nunes aos professores do Departamento de Ciências da Administração, que também tinha recebido.

O passo seguinte da delegada foi pedir que a Polícia Federal identificasse, em sigilo, bolsistas e tutores cujos recebimentos lhe pareceram suspeitos. A lista da CGU, que serviu de base para a pesquisa, identificava quarenta tutores, cujos currículos a Capes não considerara ajustados ao cargo, e outros 46 bolsistas. No total, esse pessoal recebera 2 608 745 reais entre 2012 e 2017.[16] A justificativa para a suspeição era a mesma: teriam em comum um forte grau de parentesco (irmãos, pais e filhos, companheiros), compartilhavam o mesmo endereço, eram empregados ou ex-empregados de determinadas empresas ou tinham sido dirigentes de fundações de apoio. Treze deles, uma amostra, segundo Marena, não teriam qualificação adequada para merecer bolsas. Com base na Relação Anual de Informações Sociais do Ministério do Trabalho, a CGU identificara, entre os supostos bolsistas, um digitador, um carteiro, um armazenista, um operador de telemarketing e um atendente de agência,[17] entre outros.

O reitor aparecia ao lado de Marino e Maurício Fernandes Pereira,[18] na condição de ex-dirigentes de fundações de apoio. Cancellier recebera 10 400 reais em bolsas em 2015, no âmbito do Contrato 164/2014, e um total de 52 mil reais em bolsas da UAB, entre 2012 e 2017.[19]

O levantamento da Polícia Federal encontrou no Siafi — Sistema Integrado de Administração Financeira — pagamentos no total de 3570,84 reais para Cancellier, entre 11 de outubro de 2007 e 15 de setembro de 2014, oriundos a maioria da UFSC.

Érika Marena passou a investigar também o curso de administração e pediu à regional da CGU que informasse quais eram os setores e servidores envolvidos com o programa Universidade Aberta do Brasil na UFSC, os recursos executados pelas fundações de apoio e possíveis vulnerabilidades, apontando os beneficiários.

Desde 30 de março de 2017, a delegada tinha em mãos uma série de relatórios da CGU sobre a UFSC, mas nenhum sobre o curso de administração. O auditor federal de Finanças e Controle que encaminhou esses documentos à PF, Marcelo Campos da Silva, afirmou ter encontrado irregularidades nos pagamentos feitos pela Fapeu e pela Feesc, mas explicou que a falta de transparência, falhas nos controles e o descumprimento das recomendações do TCU e da CGU o tinham impedido de ir mais fundo na investigação.

Hickel do Prado continuava em campo, como prometera: no dia 7 de abril de 2017, ouviu o professor Martin de La Martinière Petroll, que se recusara a depositar metade da bolsa recebida pela participação num seminário em Lages na conta de Rogério Nunes e apresentou cópias de gravações em vídeo e áudio de conversas com colegas. Logo adiante, repetiria a história para Érika Marena.

A aprovação no estágio probatório não desanuviou o clima entre Taisa e Lobo. Em abril, na Bulgária, onde participava de um congresso, ela ficou sabendo que a sala usada pela secretaria do curso tinha sido desocupada. No documento que anunciou a desocupação e que fora colocado no escaninho de Taisa (que ela não vira, portanto), Lobo insistia no uso do LabGestão, criticava a parceria com o curso dirigido por Luiz Felipe, cobrava a eleição do subcoordenador, reclamava do tom "ameaçador" e só no final justificava a desocupação da sala como um ato de rotina.

Inconformada, Taisa encarou o gesto como assédio moral (Hickel ainda não instaurara o inquérito), e o assunto acabou sendo tema de novos e-mails trocados com Lobo. Para o diretor do departamento, havia assédio, sim, mas de Taisa em relação a ele. O CAD, segundo ele, era "um departamento harmônico e propositivo".

As investigações paralelas, enquanto isso, prosseguiam. Os fiscais da Capes passaram quatro dias na UFSC. Conversaram com o reitor, o coordenador da UAB, os coordenadores dos cursos e, depois de alguma insistência, com o corregedor, que não revelou detalhe algum de suas investigações, alegando sigilo.

Diante do relatório de Dalmau e Nunes, a equipe justificou a redução do volume de bolsas, classificando-a como mero "ajuste de cotas". Também criticou o uso de recursos de custeio para pagar a equipe do LabGestão, pelo fato de haver outra equipe de apoio na coordenação do Núcleo UAB. A UFSC podia reclamar a dívida, mas a Capes não reconhecia o pleito, nem concordava com os pagamentos da "fila" com recursos repassados para a Fapeu.

O pessoal da Capes identificou pagamentos atípicos de bolsas de tutoria em vários contratos e aditivos, pediu planilhas com nome, CPF e curso de todos os bolsistas pagos com recursos UAB entre 2006 e 2017, anunciou que passaria a monitorar as despesas com pessoas físicas dos cursos, vinculando o envio de recursos ao recebimento de cópias das folhas de pagamento, e proibiu expressamente a contratação de parentes dos professores ou servidores. O cruzamento dos gastos de custeio com a lista de bolsas seria alvo de outra diligência. As demais recomendações deveriam ser respondidas em quinze dias.

No dia 19 de abril de 2017, Érika Marena recebeu a nota técnica da CGU:[20] dezoito páginas com tabelas, um gráfico e informações colhidas na Capes e nos sites das fundações de apoio. Já na apresentação, os autores[21] reconheciam que era preciso aprofundar as investigações sobre os beneficiários (pessoas físicas e jurídicas), "haja vista a existência de situações atípicas e/ou suspeitas".

A CGU apontava para um possível acúmulo ilegal de recebimentos, duvidava que os bolsistas haviam realmente desenvolvido as atividades pagas, questionava a seleção de tutores, professores e pesquisadores, conforme determinavam a Constituição e a Capes, supunha ter ocorrido seleção "subjetiva e com flexibilização de critérios/requisitos" e pretendia descobrir se tinha havido repasses a laranjas e se havia pagamentos em vários contratos para as mesmas pessoas.

Ao mencionar as tais criticidades, o documento apontava para as operações PhD e Research e reproduzia as acusações divulgadas pela mídia nos casos do Paraná e do Rio Grande do Sul.

Em carta encaminhada ao corregedor em 22 de maio de 2017, Taisa voltou a reclamar do tratamento que recebia dos colegas. Perguntou por que não cobravam a dívida de Nunes e Dalmau, em vez de insistirem na adesão à "linha do tempo", e traçou uma linha vermelha: se continuassem a falar mal dela, o corregedor deveria adotar medidas cautelares e remeter os autos ao Ministério Público Federal. A professora indicou seis testemunhas prontas a confirmar sua história — cinco professores e a assistente social da UFSC.

Hickel do Prado ouviu todos eles. Embora reconhecessem a animosidade entre Taisa e Lobo, eles não confirmaram o assédio.[22] O corregedor também interrogou as professoras Evelize Welzel e Cibele Martins. A primeira disse que estava até evitando manter contato com Taisa, depois de ter recebido mensagens rudes pelo WhatsApp, e admitiu ter presenciado "hostilidades e provocações" nas reuniões do colegiado.

Evelize reduziu o suposto assédio moral a uma espécie de atitude velada de "punir quem é contrário a determinadas convicções da Chefia do Departamento" — ela própria teria sido trocada de disciplina sem consulta prévia ou anuência. Confirmou ainda ter dito a Taisa que Dalmau, Lobo e Nunes "iriam para cima dela", por estar em estágio probatório, e contou que, em março de 2017, Cancellier a teria chamado e sugerido que Taisa fosse tirada da coordenação. Evelize estranhara o questionamento "porque não tinha interesse, muito menos poder para tal ato".

A professora Cibele Martins foi além: sem qualquer justificativa ou prova, deu detalhes sobre o estado emocional da coordenadora, que teria até vendido o carro, com medo de que pudesse acontecer algo no estacionamento da universidade. Ainda assim, Cibele tampouco reconheceu o suposto assédio moral por parte de Lobo, e admitiu que Taisa causava constrangimentos aos colegas.

Seis dias depois, Moritz e Dalmau disseram ao corregedor que Taisa não estava sofrendo assédio moral e que desconheciam o pagamento de bolsas a celetistas (declarações reafirmadas na PF, após a prisão), mas confirmaram que o professor Claudelino recebera uma bolsa antecipada. Moritz detalhou as funções do LabGestão e negou que a gráfica de Roberto da Nova e esposa tivesse prestado serviços para a Fepese. Para ele, os problemas tinham a ver com a pouca experiência e a juventude de Taisa e com as reações de Lobo, de quem esperava uma postura da conciliação.

No dia seguinte, Marcus Vinicius e Rogério Nunes admitiram que havia celetistas recebendo bolsas, mas este argumentou que a prática obedecia aos padrões da Capes (reafirmaria o raciocínio à PF mais tarde). Os dois também ressaltaram que Taisa tinha um temperamento difícil.

O suposto assédio moral não chegou a ser apurado na gestão de Hickel do Prado.[23] O inquérito só seria finalizado em setembro de 2019, pelo terceiro corregedor, Fabrício Pinheiro Guimarães, que criticou Hickel do Prado, propôs que as questões relativas à administração financeira e ao pagamento de bolsas fossem apensadas a outro processo que tratava já do assunto e concluiu que não havia mais possibilidade de apuração serena e imparcial do caso, diante do clima de hostilidade entre os professores do CAD.

No dia 8 de maio de 2017, Érika Marena juntou a nota da CGU aos autos do inquérito, determinou sigilo nível 2[24] e encaminhou o pacote completo para o Ministério Público Federal, acrescentando que era preciso ir mais fundo na investigação. No dia seguinte, André Stefani Bertuol[25] prorrogou o inquérito policial por mais noventa dias.

Nesse mesmo dia, a delegada ouviu a professora Cibele Barsalini Martins, que confirmou o pagamento de bolsas a celetistas e explicou que ela mesma devolvera a metade de uma bolsa, em dinheiro, para Roberto da Nova. Cibele disse ainda que recebera recomendação para ter cuidado, porque o grupo do EaD "pega pesado", frase que ela entendeu como uma ameaça. Repetiu a história das ameaças a Taisa, explicando que teria participado de uma conversa telefônica por viva voz com Taisa e Evelize, na qual esta teria dito que ouvira de um terceiro que algo poderia ocorrer com Taisa no estacionamento da UFSC. Ameaças indiretas e sem prova, mas que complicariam a situação dos sete da UFSC.

A investigação preliminar de Érika Marena sobre a Educação a Distância da UFSC resultou num relatório de 126 páginas, encaminhado à Justiça Federal no dia 5 de julho de 2017. Para a delegada, havia "um esquema criminoso" amplo e arraigado na UFSC, pronto a ser desbaratado, a partir da prisão de sete integrantes da universidade, da condução coercitiva de outros quatro e das buscas e apreensões a serem feitas nos departamentos da universidade e em suas fundações de apoio.

Suas conclusões baseavam-se principalmente na fiscalização realizada pela CGU, já apresentada aqui. Quando opinou, Érika Marena foi taxativa:

> Veja-se que as conclusões acima da CGU apontam para, mais do que apenas irregularidades administrativas, mas sim para um modus operandi criminoso no trato com os recursos advindos para a área de EaD na UFSC, no projeto Universidade Aberta do Brasil. Cabe apurar quem se beneficiou ilegalmente de tais recursos e quem deu guarida, ainda que por omissão, permitindo que o esquema perdurasse tanto tempo, e que ainda perdura, dentro de uma instituição de ensino pública, leia-se, com o dinheiro do contribuinte.
>
> Assim, temos a situação de que, além de não propiciar a transparência adequada aos gastos, a gestão da área de UAB/EaD na UFSC vinha gastando como e onde queria os recursos, a despeito do que era previsto nos contratos.

A delegada viu na atitude da UFSC uma "resistência histórica e documentada" diante das cobranças de maior transparência para encobrir descontrole dos gastos feitos via fundações de apoio, "possibilitando que muitas pessoas se apropriem de valores a que não teriam direito e que empresas indicadas por servidores da UFSC sejam beneficiadas, sem qualquer preocupação com a economia e eficiência os [sic] gastos públicos". Só na página 65, ou seja, depois da metade do relatório, Érika Marena acrescentou um resumo das informações obtidas nos depoimentos de alguns professores — a devolução de metade das bolsas, a suposta ação de Cancellier para dificultar a ação do corregedor, o pagamento de bolsas a celetistas, baseando-se nos depoimentos de Taisa, Petroll, Elder Semprebon, Cibele Martins, Rudimar e Erdmann.

Finalmente, na página 108, a delegada apontou o que entendia como condutas criminais: organização criminosa, peculato, inserção de dados falsos em sistema de informações, emprego irregular de verbas públicas, concussão, estelionato contra a administração pública, crimes previstos na Lei de Licitações (dispensa ilegal e fraude ao caráter competitivo). E justificou o uso da expressão:

> Por mais que a expressão "organização criminosa" possa soar forte quando aplicada a pessoas do mais alto grau de instrução e que lidam diretamente com a formação intelectual da população brasileira, infelizmente todos os fatos e evidências neste caso apontam para o enquadramento das condutas na descrição trazida pelo art. 2º da Lei 12 850/1217.
>
> Lembre-se, como acima listado pela CGU, que muitos dos envolvidos coordenaram projetos recentes ou ainda coordenam, na área da UAB, em valores milionários, conforme levantamentos da CGU, tais como Rogério da Silva Nunes, Sonia Maria Silva Corrêa de Souza Cruz e Erves Ducati, envolvendo notadamente três fundações de apoio: Fapeu, Funjab e Fepese.

Para eliminar qualquer dúvida, uma nota de rodapé assinalava:

Considera-se organização criminosa a associação de 4 (quatro) ou mais pessoas estruturalmente ordenada e caracterizada pela divisão de tarefas, ainda que informalmente, com objetivo de obter, direta ou indiretamente, vantagem de qualquer natureza, mediante a prática de infrações penais cujas penas máximas sejam superiores a 4 (quatro) anos, ou que sejam de caráter transnacional.

Em seguida, a delegada relacionou termos de cooperação, convênios e aditivos, sob a responsabilidade de Alexandre Marino (44, entre 2006 e 2016), Eduardo Lobo (dois, em 2015), Erves Ducati (seis, entre 2006 e 2010), Gilberto Moritz (sete, entre 2007 e 2013), Marcos Dalmau (seis, entre 2010 e 2013) e Luiz Carlos Cancellier (quatro, entre 2012 e 2014). Os termos de cooperação e aditivos assinados por Cau tinham sido firmados entre a UFSC e o Centro de Ciências Jurídicas.

A assinatura desse tipo de acordo está no escopo de trabalho de qualquer gestor público, mas Érika Marena viu nesses atos "indícios" da ação da organização criminosa.[26] Para a delegada, pessoas e empresas tinham vínculos que permitiam identificar que

elementos de condutas criminosas são fartos e assombrosos. [...] A certeza da impunidade quanto aos crimes cometidos era tamanha que os documentos que indicam as fraudes, superfaturamentos e direcionamentos nas contratações de empresas terceirizadas pela Fapeu, no suposto interesse do curso EaD de Física, foram obtidos pela CGU em 2014 junto aos próprios registros da Fapeu. Lembre-se que a Fapeu alegou que não tinha todos os processos pois teriam sido retirados por professores, o que nos faz questionar o que de mais criminoso poderia ainda haver na documentação suprimida dos controles da CGU.

O relatório lembrava ainda que, no contrato para o curso de licenciatura em física, só havia comprovação de gastos de 36% do valor total, e que Márcio Santos e a professora Sonia Maria haviam recebido valores em suas contas a pretexto de terem adiantado recursos próprios em despesas com tutores. Santos, recordava a delegada, era agora coordenador geral do Núcleo UAB, e Rogério Nunes, seu antecessor no cargo, fizera isso também, com a "guarida" de Dalmau, que Cancellier colocara na Secretaria de Educação a Distância. E assim, aos poucos, iam sendo apontados os membros da tal organização criminosa.

A delegada afirmava que, enquanto havia parentes, celetistas e pessoas desqualificadas recebendo bolsas, a Secretaria de Educação a Distância e a reitoria alegavam falta de repasses da Capes para justificar atrasos em pagamentos a professores que tinham realmente prestado serviços à EaD.

As empresas que a CGU apontara como suspeitas no relatório de 2014, dizia Marena, continuavam como "grandes contratadas" do EaD da UFSC. Ela também lembrou que, em 2015, os cursos tinham sido interrompidos por falta de recursos, mas que os recebimentos suspeitos pelas empresas e por bolsistas eram anteriores, e que a quadrilha ameaçava quem se dispusesse a denunciar suas práticas.

Era preciso interromper o descalabro nos gastos, o direcionamento de bolsas para apadrinhados, os recebimentos indevidos, as contratações fraudulentas e a pressão aos que denunciavam esse estado de coisas:

> Os professores que aceitaram prestar depoimento até aqui foram verdadeiramente achacados por integrantes da organização criminosa, foram constrangidos, assediados e amedrontados. Certamente muitos outros existem e que serão identificados e ouvidos em futuro

breve. Dos diálogos trazidos por um dos depoentes com integrantes da gestão de EaD da UFSC, gravados para sua própria defesa em 2015, fica claro que o esquema funciona há muito tempo e em vários cursos EaD, e não apenas no de Física e de Administração, era sim um modo criminoso de lidar com dinheiro público.

A expectativa da delegada era que a PF iria encontrar muito mais provas se continuasse investigando, mas para isso seria preciso atingir o primeiro escalão. Com base no depoimento de Hickel do Prado, afirmou que a Capes teria dificultado o acesso aos dados e que Baeta Neves e Cancellier teriam tentado "uma política de contenção de danos", insinuando que, por ter sido presidente de uma fundação de apoio, a Fapergs, o presidente da Capes tinha o mesmo entendimento que o reitor da UFSC sobre o tema.

Para justificar a interpretação, a delegada apresentava a notícia do site da UFSC sobre a liberação de recursos da Capes para a EaD, depois do encontro entre Cancellier e Baeta Neves. A suspeita aumentara no momento em que a PF tentou acessar o site da Capes para obter dados sobre as bolsas e constatou que o endereço eletrônico estava temporariamente fora do ar. Podia ser mera coincidência, admitiu, mas não era o que lhe parecia: "Pode ser que estejamos diante de uma situação em que a Capes vem criando dificuldades de acesso a informações que deveriam estar disponíveis (transparência)".

Até a visita da equipe de fiscalização da Capes à UFSC foi entendida como um sinal da cumplicidade, já que, de acordo com o corregedor, os investigados teriam sido avisados do procedimento aberto por Hickel do Prado.

No final do relatório, a delegada listou os principais envolvidos: os sete que seriam presos, mais Renê Balduíno Sander; Erves

Ducati; Márcio Santos; Sonia Maria Silva Corrêa de Souza Cruz; Murilo da Costa Silva, dono da S.A. Tour Viagens e Turismo; e Aurélio Justino Cordeiro, da Ilha dos Açores Turismo.

Cancellier era acusado de ter criado a Secretaria de Educação a Distância, nomeado professores do grupo envolvidos com os desvios para o comando da área, tentado obstaculizar as investigações e pressionado Taisa Dias para deixar a coordenação, além de ter recebido bolsas da Capes e da Fapeu.

O relatório terminava afirmando que, embora a UFSC tivesse sido instada a cessar as práticas nefastas na gestão de recursos do EaD, os projetos continuavam ativos, e o grupo criminoso seguia despreocupado.

A PF queria manter os sete presos por até cinco dias, sob o argumento de que detinham o controle da organização criminosa ou estavam até pouco tempo no controle.[27] Se deferida a prisão, poderiam até ser liberados após os interrogatórios, desde que não fossem identificados os perigos descritos. Caso contrário, seria pedida a prisão preventiva. Para a delegada, eles deveriam ser afastados de seus cargos, proibidos de entrar na UFSC ou de ter acesso a qualquer material relativo ao EaD até o final das investigações. Marena pediu ainda que fossem destituídos o secretário de Educação a Distância, Luciano Patrício Souza, e Márcio Santos, do Núcleo UAB, que Cancellier nomeara pouco antes. Renê Sander, Erves Ducati, Sonia Maria Silva Corrêa de Souza Cruz, Murilo da Costa Silva e Aurélio Justino Cordeiro deviam ser conduzidos coercitivamente.

Sem saber ainda das movimentações da Polícia Federal, no início de julho Cancellier informou à Capes que a UFSC ia fazer tudo que tinham pedido — enviar mensalmente as folhas de pagamento dos cursos, entregar os relatórios, conferir se havia parentes contratados e vetar o uso de login e senha dos coordenadores por funcionários. Só contestou a conclusão dos fiscais de que a Capes não devia nada para a UFSC. Disse que mandara fazer um levantamento "para constatar a veracidade desta informação" e pediu que o dinheiro fosse liberado para a universidade.

No entanto, o movimento mais crítico cometido pelo reitor aconteceu em 14 de julho de 2017, quando Cancellier avocou os autos do inquérito aberto pelo corregedor, isto é, tomou para si a responsabilidade sobre as investigações. Não foi um gesto impensado: o despacho, com pouco mais de duas páginas, fora redigido com a colaboração do procurador-chefe da UFSC, Juliano Rossi, que concluiu ser possível avocar o inquérito, desde que houvesse um motivo relevante.[28] Levar a investigação para a reitoria não significaria suprimir o sigilo — sigilosa na Corregedoria, a investigação continuaria assim no gabinete, lembrou Rossi ao reitor.

A avocação se justificaria, entre outras coisas, pela demora no andamento do inquérito, que poderia afetar a oferta de cursos e o recebimento de recursos federais para o EaD. O item 5 era curto e grosso: "Cumpra-se".

Hickel do Prado não acatou a ordem e recorreu à Controladoria-Geral da União. O responsável pela CGU em Santa Catarina, Orlando Vieira de Castro Junior, foi conversar pessoalmente com Cancellier no dia 2 de agosto (Juliano Rossi estava presente também). Cau tentou argumentar. Explicou que não confiava na atuação de Hickel do Prado, mas, afinal, concordou em voltar atrás, desde que a CGU cuidasse do assunto.

Menos de duas semanas mais tarde, o corregedor setorial da área de Educação da CGU, Laurent Nancym Carvalho Pimentel, entrou no circuito. Pediu os autos da investigação preliminar ao corregedor, para avaliar a regularidade do procedimento, e recomendou ao reitor que evitasse avocar processos em trâmite, até uma resposta final sobre o assunto.

Em ofício a Orlando Vieira,[29] o reitor voltou a criticar o comportamento do corregedor, e insistiu: "O reitor é a única autoridade que detém o poder disciplinar nesta Universidade".

Além de listar as ações de Hickel do Prado, como a viagem sigilosa a Brasília e a recusa de falar com fiscais, Cancellier reclamou do tom empregado por ele nos documentos. Garantiu também que manteria o sigilo necessário, que Hickel do Prado usava como justificativa para tudo, assegurou que a universidade estava sendo prejudicada e que ele tinha todo interesse em elucidar qualquer fraude.

O segundo volume do inquérito do corregedor foi encerrado no dia 22 de agosto de 2017. A extensa documentação mostra variações no número de alunos e bolsistas, identifica os celetistas que receberam bolsas irregularmente entre março de 2013 e novembro de 2016,[30] mas não traz mais novidades.

Seis dias depois, Hickel do Prado encaminhou os autos — àquela altura, com 1267 páginas, incluindo mais três CDs — ao superintendente Orlando Vieira, e informou que suspendera os trabalhos, em decisão compartilhada com a Polícia Federal. No dia seguinte, o procurador André Bertuol prorrogou o inquérito por mais noventa dias, a pedido de Érika Marena.

As prisões reclamadas acabariam por se inscrever entre as 6776 realizadas pela Polícia Federal em 2017 — quase o dobro do ano anterior. Só na Lava Jato, até 14 de agosto de 2017, a Polícia Federal cumprira 210 mandatos de condução coercitiva, 97 de prisão preventiva, 104 de prisão temporária e seis prisões em flagrante. Para isso, foi essencial a decisão da juíza do caso, Janaína Cassol, que se justificou dizendo que basta ler seu despacho para entender seus motivos: "A decisão é pública, não há uma escolha do juiz, de manter uma pessoa, de acordo com o cargo, mas analiso a conduta dela dentro da instituição. O juiz pode deferir ou indeferir o pedido. Eu deferi as medidas porque entendi que havia, naquele momento, em tese, prova de materialidade e indícios de autoria em relação aos fatos trazidos pela Polícia Federal e ratificados pelo Ministério Público Federal. Não conhecia a delegada Érika Marena, não conhecia o nome dela e não sabia que ela era a delegada que atuava em outra operação".[31]

5. Busca e apreensão: as operações da Polícia Federal de setembro de 2017

Aos 42 anos, a juíza Janaína Cassol Machado não era exatamente uma novata no Judiciário. Por tempo de carreira, já poderia ser juíza titular, mas escolheu seguir uma carreira horizontal, ou seja, continuar como juíza substituta.¹

Ao graduar-se na Universidade Federal de Santa Maria, sua terra natal, uma cidade média no centro do Rio Grande do Sul, em 1999, não sonhava em seguir a advocacia, nem pretendia prestar concurso para a Justiça estadual. Escolheu o curso porque não havia psicologia entre as ofertas do sistema público e a família não tinha recursos para pagar uma faculdade particular. Queria ouvir as pessoas e solucionar as questões, daí psicologia.

Foram seus professores que lhe sugeriram cursar a Escola da Magistratura Federal. A partir do terceiro ano da faculdade, começou a trabalhar. Primeiro como recepcionista numa imobiliária, depois como operadora de turismo e, afinal, no extinto Banco Mercantil de São Paulo.

O salário de bancária lhe permitiu mudar para Porto Alegre, onde fez vários concursos para cargos públicos. Em 1999, candidatou-se à magistratura federal, mas não passou. Tentou novamente no edital de 2000. Aprovada, deixou o banco. O edital abrangia Rio Grande do Sul, Santa Catarina e Paraná, e Janaína escolheu Joinville, onde havia vaga disponível. Tomou posse em maio de 2001 e ficou até abril de 2008. Primeiro, numa vara de competência geral. Depois, passou a cuidar só da Justiça cível, em seguida da previdenciária. Também teve atuação na área ambiental. Em 2008, mudou para Florianópolis e assumiu o posto de juíza substituta na 1ª Vara, novamente com a competência cível, e em outubro de 2016 passou à criminal.

Janaína Cassol levou 55 dias para analisar o pedido da PF, que o Ministério Público já havia validado, mas aceitou tudo, deu seu despacho e levantou o sigilo da investigação. Mais tarde, fez questão de explicar que não foi dela a iniciativa de incluir Cancellier: "Foi um infortúnio. Eu não incluí o reitor".

A juíza também diria que não levou em conta, em sua decisão, a menção ao tal modus operandi que seria compartilhado por outras universidades:

"Não analisei esse aspecto na minha decisão, levei em conta o que foi apresentado como prova em relação aos cursos de física e administração EaD da Universidade de Santa Catarina, e não tenho, por conduta, analisar uma investigação, a não ser que haja elementos probatórios de participação de uma pessoa daqui em outro caso. Não analiso dessa maneira. Ouso dizer que não me recordo de ter lido sobre essas operações antes de prolatar minha decisão, muito menos depois. Eu tenho um princípio, que é o princípio da independência. Não ando a reboque, recebo as partes de maneira indistinta. Não recebo réus sem advogados. Ouço e sempre digo e repito que o que foi dito tem de estar na petição ou na representação, corroborado por elementos de prova. Do contrário, é só uma conversa que nós tivemos e eu não vou levar em consideração."

Ao ser perguntada se entendera que tinha havido uma espécie de política de contenção de danos estabelecida entre Cancellier e o presidente da Capes, Afonso Baeta Neves, Janaína Cassol alegou que a questão tinha relação direta com o processo que ainda iria julgar.

Sobre o pedido de prisão temporária do reitor, explicou que foi motivada pelos fatos da realidade, com base na prova trazida: "Os pedidos de prisão não foram feitos em relação a um só investigado, foram mais amplos, e é o conteúdo que está na decisão e que não foi objeto de recurso".

A juíza confirmou que a avocação do inquérito por Cancellier foi entendida como uma tentativa de obstrução de justiça: "Consta na minha decisão, é um dos fundamentos da minha decisão. As justificativas são passíveis de interpretação, é um conjunto de elementos".[2]

Assim, a partir de 28 de agosto de 2017, a Polícia Federal poderia deflagrar a Operação Ouvidos Moucos e prender os sete integrantes da UFSC. Nesse meio-tempo, Cancellier foi para Portugal.[3]

Os contatos internacionais eram parte do plano da gestão para melhorar os indicadores da UFSC, já bem situada nos rankings nacionais. Em abril, ele tinha estado, na condição de observador, na 16ª Sessão do Comitê de Especialistas em Administração Pública do Conselho Econômico e Social da ONU, em Nova York. Para aproveitar a viagem, ligou para Miriam Pillar Grossi, professora da UFSC que fazia pós-doutorado na Universidade Columbia, e com quem compartilhava o interesse pelo tema de direito e literatura, e pediu: "Estou aqui, não agendei nada, mas gostaria de conversar com o reitor".

Miriam conseguiu o encontro com o reitor John Coatsworth. Cau e o assessor institucional da UFSC, Gelson Luiz de Albuquerque, foram recebidos e conversaram por mais de uma hora. Os catarinenses não tinham uma proposta clara, mas saíram dali com a perspectiva de um acordo de cooperação.

Na mesma viagem, Cau pretendia ir a Israel, em busca também de um acordo de cooperação. Não deu certo, segundo Gelson, porque não conseguiram quem financiasse a passagem, e o reitor concluiu que não era correto lançar a conta no orçamento da UFSC.

Cancellier voltou a Florianópolis no dia 12 de setembro, uma terça-feira. Na quarta, mandou que Áureo, seu chefe de gabinete, afastasse o corregedor, respondendo assim aos reiterados pedidos do advogado do professor Gerson Rizzatti, que acusava Hickel do Prado de coação — queria obrigá-lo a integrar várias comissões de sindicância, contra a vontade do professor.

Os dois saíram juntos da reitoria e Cancellier ainda foi presidir a formatura do curso de biblioteconomia. Áureo não entrou no auditório, foi para casa. Nunca mais viu o reitor, e só cumpriria a última ordem recebida dele mais de um mês depois.

Naquela manhã, Hickel do Prado participou da reunião do colegiado do Departamento de Odontologia. Perante o chefe do departamento, Mario Vinicius Zendron, e 43 professores, o corregedor apresentou um quadro sombrio da UFSC, que estaria mergulhada numa crise ética e moral. Os professores tinham se esquecido de que, como servidores públicos, estavam todos submetidos a normas que deviam ser seguidas, como, "por exemplo, situações de processos de supostos desvios de recursos". E, para repor as coisas em seu lugar, a Corregedoria trabalhava em conjunto com o Ministério Público Federal e a Polícia Federal.

Hickel afirmou estranhar a reação usual de servidores, que diziam estar seguindo o que era costume porque "'sempre foi assim', não interessando ao servidor saber se aquele procedimento era legal, moral, ou se existia previsão para ser executado". E reafirmou sua autoridade: qualquer procedimento administrativo poderia ser instaurado por ele ou pelo reitor, devido à autoridade que ambos possuíam. Depois de desfiar as competências da Corregedoria e comentar trechos de várias leis, entre elas as que definem deveres como o uso da urbanidade nas relações com outros servidores e com o público, o corregedor alertou para o crime de falsidade ideológica, que ocorre quando a carga horária informada não é verdadeira, por exemplo. Informou que havia denúncias de professores que não cumpriam a carga horária, reclamações de alunos contra docentes por assédio sexual ou moral. Deu, enfim, uma aula completa sobre ilegalidades e possíveis punições.

Na manhã de 14 de setembro de 2017, dezenove equipes — normalmente compostas de um delegado, um ou dois policiais e um escrivão — deixaram a sede da PF na avenida Beira-Mar Norte, em Florianópolis, mal o sol raiou. A maioria tinha vindo de outros estados.

A SC 01, liderada pelo delegado Max Eduardo Alves Ribeiro, lotado em São Luís, no Maranhão, seguiu para o prédio de Cau, ao lado da UFSC. Os policiais intimaram o porteiro a levá-los o apartamento 302 do bloco C, sem informar pelo interfone. Bateram na porta até o reitor abrir, ainda enrolado numa toalha — ele morava sozinho; o filho Mikhail se mudara para outro apartamento alguns meses antes. Os policiais apreenderam um celular e um iPad, sem que o reitor colocasse qualquer objeção. Ele, inclusive, forneceu as senhas, como solicitado.

Quando a equipe SC 06 chegou ao quarto andar de um edifício no bairro do Abraão, na parte continental de Florianópolis, Marcos Dalmau tomava café sentado no sofá, fazendo companhia para a filha Renata, de doze anos. A menina notou um movimento na fechadura e concluiu que, como a chave estava no lugar, era a faxineira que não conseguia abrir. Renata destrancou a porta, mas no lugar da diarista surgiram três homens, acompanhados por uma mulher, todos de preto. Afastaram a menina para o lado e entraram. Um deles perguntou:

"Você é o Marcos?"

Marcos Dalmau confirmou e o policial informou:

"Você está preso."

Ele ainda pensou que fosse um assalto, mas os policiais insistiram:

"Você está preso."

"Que é que eu fiz?"

"Cala a boca, você está preso..."

Voltando-se para Renata, perguntaram quantos anos a menina tinha e mandaram que fosse para o quarto. Quando Claudia, a esposa, chegou na sala, terminando de se arrumar, um dos policiais resumiu a situação:

"A casa caiu!"

Dalmau perguntou por que estava sendo preso e recebeu uma cópia do mandado de prisão temporária. Ao ver ali a menção ao Ensino a Distância, olhou para Claudia e disse: "Taisa".

A SC 07, chefiada pelo delegado Luciano Soares Torres, da PF do Paraná, também impediu que o porteiro acionasse o interfone do prédio de classe média no centro da cidade. Gabriel, então com dezessete anos, tomava café antes de ir para o cursinho, por volta das 6h15, quando bateram à porta. Eduardo Lobo ouviu as batidas fortes e a reação do filho diante dos quatro policiais ainda no quarto. O mais jovem, com a arma apontada para o rapaz, perguntou:

"Tem arma na casa?"

"Não tem, pode baixar a sua."

Lobo vestiu uma calça, foi para a sala e cumprimentou os policiais. Nem terminara de ler o primeiro mandado de busca e apreensão quando lhe mostraram o segundo, de prisão temporária. No fim do documento, a juíza transferia a competência para que o delegado pudesse dispensar a prisão.

Lobo ficou surpreso, mas ainda ofereceu um café para os policiais: "Já esperava alguma coisa do gênero, por causa do clima na universidade. Um colega costumava dizer, ao passar no corredor, que a Polícia Federal ia chegar".

Na hora de arrumar a mochila, um dos agentes o acompanhou até o quarto e perguntou se não tinha dinheiro ou cofre. Lobo disse que não, juntou as coisas, e eles saíram.

Ligou para Roberto Figueiredo, amigo da família e diretor jurídico do escritório Marcondes Brincas, do então presidente da OAB em Santa Catarina, antes de lacrarem seu celular num saco plástico. O advogado recomendou que ficasse tranquilo — dois colegas do escritório o encontrariam na Polícia Federal.

A Pajero preta entrou pela garagem da sede da PF, para evitar os jornalistas, já a postos na entrada principal. A notícia do roubo de 80 milhões de reais era manchete de Norte a Sul.

Na sala de interrogatório, o delegado começou a fazer as perguntas — as mesmas que os outros presos teriam de responder. Lobo pediu papel e caneta e foi explicando cada ponto — algumas questões ele não entendeu. Escreveu seis páginas, na tentativa de mostrar como funcionava o Ensino a Distância.

Quando seus dois advogados chegaram, disseram que não precisava responder o que pudesse incriminá-lo, mas Lobo recusou a hipótese.

Em outra sala, o delegado Max Eduardo Alves Ribeiro interrogava Cancellier. Logo no início da conversa — e sem saber direito por que tinha sido preso —, o reitor pediu para ligar para Katia Denise Moreira,[4] sua secretária e amiga. Eles se conheciam desde 2008, quando ela, recém-concursada na UFSC, trabalhava no Conselho Universitário.

Ao saber da prisão, Katia tinha ido para a reitoria. Ali recebeu a ligação do delegado, que a passou para Cau. O reitor pediu que ela avisasse o filho e chamasse um advogado. Katia passou o celular para o secretário de Aperfeiçoamento Institucional, Luiz Henrique Cademartori, outro amigo. Cancellier perguntou se Luiz tinha carteira da OAB — como não tinha, pediu que a mulher dele, Nívea, que é criminalista, assumisse seu caso.

Cancellier acabou tendo a ajuda de outro advogado, Hélio Brasil, que não o conhecia pessoalmente. Acionado por um professor da Unisul, ele foi para a Polícia Federal, mas não conseguiu acesso imediato a Cancellier. Esperou por quase meia hora e ali encontrou Nívea Cademartori, além de advogados dos outros presos. Quando, afinal, os policiais os levaram até o cliente, Cau já estava depondo.

Havia mais dois agentes na sala. Ao reparar no abatimento do reitor, Hélio e Nívea pediram para falar com seu cliente em particular. Foram para o corredor, acompanhados por um agente, que ficou um pouco afastado. Hélio perguntou a razão da prisão. Cau disse que não sabia, mas imaginava tratar-se de algo ligado ao Ensino a Distância, coisa antiga, que nem era da gestão dele. O advogado perguntou se ele tinha problema em depor e o reitor disse que não.

Demorou quase uma hora para receberem o mandado de Érika Marena. Os advogados leram, concluíram que não havia justificativa para a prisão e perguntaram se Cancellier ficaria preso, já que, no caso de prisão temporária, o delegado tem autoridade para liberar a pessoa após o interrogatório.

Érika Marena disse que não sabia se ia soltar o reitor, pois tinha de ouvir os outros presos, mas que decidiria até o final da tarde. Antes disso, ele seria encaminhado para o presídio. A dupla argumentou que, como advogado, Cancellier tinha direito a sala de estado-maior, no batalhão da PM, como previsto no Estatuto da Advocacia e da OAB.[5]

A delegada tentou se justificar: não poderia dar tratamento desigual, pois havia outros presos, professores universitários. Disse que a investigação não apontara nenhum desvio realizado pelo reitor e que os investigados eram outros, mas que pesava contra Cancellier uma tentativa de obstrução de justiça. Pouco depois, deixou a sala para participar da entrevista coletiva.

Os interrogatórios seguiam um roteiro previamente definido. No caso do reitor, mais de trinta perguntas que giravam em torno do EaD, das razões da criação da Secretaria de Educação a Distância e das responsabilidades de Cancellier na área. O clima, amistoso, começou a mudar quando o delegado insistiu em obter detalhes que o reitor aparentemente ignorava. Nívea notou uma mudança no tom de voz do delegado, incomodado com o nervosismo de Cau.

Cancellier afirmou que só docentes, tutores e monitores recebiam bolsas, e que celetistas não tinham direito a essa remuneração. Explicou que recriara a Sead para dar a devida importância aos programas de Educação a Distância, e que dispensara Dalmau porque não achava conveniente ter um setor mais representado que outro — e Alexandre Marino já era da Administração.

Confirmou que, ao saber da denúncia anônima sobre o Ensino a Distância, tinha conversado com Hickel do Prado e Eduardo Lobo, mas negou que tivesse tentado impedir, embaraçar ou amenizar as investigações. Nesse ponto, foi incisivo: "definitivamente, não", registrou o escrivão que acompanhava a oitiva.

O delegado perguntou se caberia avocar um procedimento sigiloso, caso o próprio reitor figurasse como suspeito. Cancellier respondeu que, neste caso, não caberia a avocação, mas explicou que não sabia que podia figurar como suspeito naquela investigação.

Sobre a conversa com Taisa Dias, o delegado quis saber qual a reação do reitor diante dos documentos que comprovavam desvios na Educação a Distância. Resposta de Cancellier: ela não lhe mostrara nada, ele jamais recebera da professora qualquer documento sobre o assunto.

Cau não confirmou nem negou que a Educação a Distância tivesse uma dívida de mais de 1 milhão de reais com a Fapeu — disse desconhecer o fato até aquele momento, apenas. Também se surpreendeu com a informação de que recursos do EaD tinham sido utilizados para pagar cestas de Natal no valor de quinhentos reais e reconheceu que não havia amparo legal para esse uso dos recursos.

O reitor conhecia a Comissão Sucupira, que a PF suspeitava ser um sumidouro de dinheiro, e admitiu que ela não tinha a ver com o programa Universidade Aberta do Brasil, embora alguns professores pudessem ter vínculos também com esse programa. Negou que a universidade fosse realizar novo vestibular EaD só para garantir o fluxo de recursos para as cestas de Natal e os pagamentos de celetistas, mas apenas para cumprir objetivos institucionais, e contestou a hipótese de que tivesse tentado retirar Taisa do comando do curso de administração EaD — ela teria inclusive apoiado o nome dele para a reitoria.

Sobre o eventual pagamento de bolsas acima do teto, explicou que, caso isso tivesse ocorrido, seria preciso cortar os valores, por serem irregulares. Finalmente, descreveu o controle de carga horária de professores e funcionários. Ao encerrar seu depoimento, informou que nunca fora preso ou processado.

Mesmo seguindo o roteiro aplicado no interrogatório de Cancellier, os depoimentos dos outros presos não resultaram na revelação de uma ação orquestrada, apesar da admissão de várias práticas que não se encaixavam nas normas da Capes. Irregularidades que mereciam procedimentos administrativos e, em alguns casos, processos e devolução de valores recebidos sem comprovação ou contrapartida. Quase todas eram relativas a gestões anteriores.

Márcio Santos e a professora Sonia Maria Silva Corrêa de Souza Cruz confirmaram que o professor aposentado Renê Sander era quem escolhia as empresas fornecedoras de carros alugados para o curso de física. Ambos negaram, contudo, terem obtido alguma vantagem nesse processo. Márcio comprara passagens de uma das empresas, mas pagara com seu cartão e não reconheceu qualquer ligação com as empresas suspeitas de terem sido favorecidas nas contratações, como a S.A. Tour e a Ilha dos Açores Turismo.

Ao ser informado pelo enteado de que a Polícia Federal estivera em sua casa, Renê Sander deixou Limeira, no interior de São Paulo, onde participava de uma feira de artesanato, e viajou quarenta quilômetros, até Piracicaba, para se apresentar à Polícia Federal naquele mesmo 14 de setembro. Ao delegado que o ouviu, negou ter atuado na área financeira e afirmou que os pagamentos eram de responsabilidade de Sonia Cruz e, depois, de Márcio Santos, como coordenadores do curso — ele só cuidava da pesquisa de preços. Afirmou "categoricamente" que no curso de física não houvera superfaturamento algum e que não sabia de favorecimento para a S.A. Tour. Ele próprio não tinha ido aos polos no interior e não recebera qualquer tipo de valor referente às viagens entre 2012 e 2013.

Onde ficou mais evidente a irregularidade foi justamente na questão da locação de veículos. Os dois empresários submetidos a condução coercitiva confirmaram o que o relatório da CGU tinha apontado. Murilo da Costa Silva, dono da S.A. Tour, admitiu que subcontratava as empresas Ilha dos Açores Turismo, AJC e Arroba, e que simulava orçamentos em papel timbrado dessas empresas para validar as propostas de sua firma junto à UFSC. Pagava as empresas por serviços efetivamente realizados, num sistema de terceirização informal, e não repassava valor algum a professores ou funcionários da universidade, nem emitira nota que não correspondesse a serviços prestados efetivamente.

Aurélio Justino Cordeiro, sócio da AJC desde 2003 e da Ilha dos Açores entre 2007 e 2010, confirmou que pedia orçamentos para Murilo e para Luciano, da Arroba, e que, quando a empresa dele não estava com os impostos em dia, os contratos eram feitos em nome da S.A Tour, mas garantiu que os valores praticados eram os de mercado. Negou ter repartido o faturamento com professores e funcionários da UFSC, mas admitiu ter fornecido "café/bolo como agrado aos funcionários do setor".

Carlos Alberto Marckiori dos Santos, da Ilha dos Açores, compareceu espontaneamente à PF no dia seguinte e tentou explicar a confusão: a empresa criada em meados do ano 2000, com Aurélio como sócio minoritário, tinha prestado serviços de transporte para a Fapeu por cerca de três anos, mas ele disse desconhecer qualquer irregularidade. Ao ler na imprensa que Aurélio era dono da empresa, suspeitou que o sócio tivesse usado o nome da Ilha dos Açores irregularmente.

O professor Erves Ducati reconheceu que seu papel, como fiscal do contrato entre a UFSC e a Fepese, era apenas figurativo. Disse ainda que não via incompatibilidade no fato de ser, ao mesmo tempo, gestor financeiro e fiscal de contrato da mesma verba, já que a fiscalização não era para valer. Como fiscal, não tinha ingerência sobre as contratações, e por isso não sabia nada sobre eventuais superfaturamento ou favorecimento a empresas.

Na questão dos pagamentos de bolsas a celetistas, os depoimentos variaram. Cancellier se espantou com a informação. Roberto da Nova confirmou; Márcio Santos admitiu e até citou um exemplo, mas disse que correspondiam a serviços prestados, enquanto Lobo e Nunes também atribuíram esses pagamentos a serviços efetivamente prestados. Sonia Maria argumentou que o professor cumpria suas horas e quando, além disso, realizava uma atividade de EaD, recebia a bolsa — não sabia dizer se em tais situações isso poderia ser considerado complementação salarial. Moritz e Dalmau afirmaram ignorar a prática.

Gilberto Moritz explicou que sua filha, Mariana Oliveira Moritz, e seu sobrinho, Roberto Moritz da Nova, não tinham sido contratados por ele e que não havia vedação legal para isso, já que os procedimentos internos tinham sido respeitados.

Sobre bolsas com valores superiores aos da Capes,[6] alguns disseram não ter conhecimento. Outros, como Lobo, argumentaram que elas se justificavam por serem pagas pela produção de materiais didáticos.

Márcio Santos reconheceu ter recebido em sua conta bancária valores destinados a tutores que moravam em Florianópolis e cujos gastos não podiam ser ressarcidos segundo as normas da Capes — isso teria ocorrido com dois tutores, "no máximo".

No caso das cestas de Natal, Moritz admitiu que tinham sido compradas cestas para os celetistas do LabGestão, mas não esclareceu com que recursos. Nunes confirmou, mas aduziu que era prática antiga, que beneficiava uns dez funcionários apenas.

As meias bolsas foram confirmadas por Rogério Nunes, para quem a Capes teria aceitado a prática adotada depois que os recursos diminuíram. Ele tinha orientado Roberto da Nova a perguntar aos professores se preferiam devolver metade do dinheiro ou ficar devendo atividades. Isso ocorria cinco ou seis vezes por semestre apenas — ele próprio recebera meia bolsa ou dividira sua bolsa com outros professores. Nunes também explicou o funcionamento dos polos — eram 25 em cinco estados — e disse acreditar não haver impedimento legal para pagar o deslocamento dos professores com recursos de custeio.

Lobo confirmou que Taisa tinha problemas de relacionamento no trabalho, tendo inclusive levado ao afastamento de outros servidores, mas afirmou nunca ter pedido a saída dela da coordenação. Outro ponto sobre o qual não havia um mesmo entendimento era a dívida da Capes com o EaD da UFSC.

Os depoimentos ainda estavam sendo colhidos quando começou uma concorrida e conturbada entrevista coletiva com a participação das cúpulas da PF, da CGU e do TCU. O superintendente Marcelo Mosele[7] começou dizendo que a UFSC não tinha sido o alvo da Ouvidos Moucos: "Pelo contrário, a universidade foi, é e será parceira institucional desta prestigiada instituição".

A segunda a falar foi Érika Marena. A delegada explicou que a investigação não terminara e que as prisões e os mandados de busca e apreensão se destinavam a impedir o acesso dos que comandavam o esquema ou podiam influenciar a coleta de provas. O objetivo? Fortalecer a UFSC.

Em seguida, Israel José Reis de Carvalho, chefe de Operações da Controladoria-Geral da União, apresentou um resumo do relatório da CGU e passou a palavra ao representante do TCU, que elogiou o programa Universidade Aberta do Brasil, mas disse que a situação exigira uma ação "um pouco mais drástica para tentar melhorar a prestação de serviços para a população".

O orador seguinte estava numa situação desconfortável: Rogério Cid Bastos[8] representava a direção da UFSC na coletiva.

Rival de Cancellier no primeiro turno, Bastos o apoiara na segunda volta e acabou incorporado à equipe — era o mais velho dos pró-reitores.

A vice-reitora, Alacoque Erdmann, estava em Guadalajara, no México, participando de uma avaliação institucional da universidade local, e, embora instada a retornar imediatamente, explicara à PF que era impossível. Depois de falar com ela, Mosele telefonara para Bastos às sete da manhã daquele 14 de setembro. Gentilmente, o superintendente explicou o que queria:

"O senhor está no exercício da reitoria, porque o professor Cancellier está preso. Venha aqui na Polícia Federal, porque queremos conversar. E nós ficamos contentes, porque avaliamos o senhor e vimos que não tem nenhum problema."

Em seguida, desligou.

Bastos ficou sem entender nada e ligou para Áureo. Este explicou que havia um problema com o Ensino a Distância. Recomendou que fosse à PF, onde Luiz Cademartori já estava.

Na recepção da sede da PF, Bastos viu um sujeito gritando — queria entrar de qualquer maneira. Era Hickel do Prado, o corregedor-geral da UFSC. Naquele mesmo dia, ele encaminhou aos coordenadores de curso da UFSC um pedido de informações sobre todas as bolsas pagas entre 2006 e 2017 e deu cinco dias para ter as respostas, que deveriam incluir a identificação de beneficiários, função e tipo de bolsa.

O reitor em exercício imaginou que encontraria Cancellier na sala do superintendente, mas topou com o pessoal da CGU, do TCU, da Procuradoria Federal e do Ministério Público, além de alguns delegados. O diálogo com Mosele, Rogério não esquece:

"Professor, nós estamos investigando um roubo, um desvio de 80 milhões de reais."

"Sobre?"

"Ah, um processo de Educação a Distância..."

"Existe um erro aí, que pode ser aritmético ou lógico."

"Mas como, professor? A investigação foi muito bem conduzida..."

"Não, não foi, porque tem um erro ou aritmético, ou lógico".

"Professor, o senhor não conhece a delegada?"

"Não."

"Esta é a delegada da Operação Lava Jato de Curitiba, Érika Marena."

"Que bom, muito prazer."

Marena tentou explicar que a investigação tinha sido muito cuidadosa, mas Bastos não deu o braço a torcer:

"Continuo achando que tem um erro lógico ou aritmético."

"Por que o senhor está falando isso?"

"Doutor, vamos começar pelo erro aritmético, que é mais fácil a gente entender: 80 milhões de reais é o valor do programa de 2006 a 2017, certo? Desses 80 milhões, 40 milhões foram executados pela Capes."

A delegada interveio e disse que estavam investigando a Capes também. Ele continuou:

"Bom, se 40 milhões foram repassados pela Capes, não há possibilidade de o reitor ter roubado 80 milhões. Então a notícia devia ser 40 milhões."

Fez-se um silêncio na sala e o professor seguiu com o raciocínio.

"Mas ainda tem um erro lógico. Vocês fizeram a investigação, mas a investigação deve ter mostrado que pelo menos um aluno se formou. Então, se pelo menos um aluno se formou, não se pode contabilizar 40 milhões, porque temos mais de mil pessoas formadas. Então, ao fazer uma acusação dessas, a gente tem de ter muito cuidado."

Bastos disse que não alterou o tom de voz durante todo o diálogo. Ao final, fez um pedido.

"Eu estou aqui como reitor, e aqui tem um professor preso. Quero falar com o Cancellier."

A primeira reação dos policiais foi dizer que não seria possível. Bastos fincou pé:

"Doutor, eu vou insistir. Eu quero falar com o professor Cancellier e eu quero saber como ele está. Quero vê-lo, e estou fazendo isso inclusive na condição de reitor da universidade."

Os policiais saíram e na volta disseram que não era possível o encontro. Bastos tirou um ás da manga:

"Vocês não querem me deixar falar com o reitor, então eu não vou falar na coletiva. Vocês ficam fazendo uma coletiva e eu vou fazer uma outra e vou explicar o que já expliquei aqui."

Finalmente, levaram-no até a sala onde estava Cancellier. Quatro policiais armados com escopetas testemunharam a conversa.

"Porra, Cancellier, o que foi isso?"

"Isso a gente explica, a gente vai explicar."

"Os caras querem que eu vá numa coletiva."

"Rogério, vai lá e diz que a universidade não está devendo nada. Vai lá e fala."

"E você?"

"Eu estou bem, eu tô aqui com a mulher do Cademartori, que é advogada... Abre todos os livros da universidade, abre todas as informações da universidade."

"Então tá, vou lá para a coletiva."

Parte da coletiva foi registrada em vídeo. As imagens não acompanham toda a fala de Bastos, menos enfática do que a que relembrou para mim, mas, ainda assim, ele aparece explicando que havia mais de uma interpretação sobre as circunstâncias em que poderiam ser pagas bolsas e que a UFSC seguia em parte essa interpretação da Capes.

"O valor de 80 milhões de modo algum é o valor desviado. Quero deixar bem claro isso: 80 milhões é o valor do projeto, de 2006 a 2017. Há uma parcela que foi identificada pelos órgãos de controle, que entenderam por bem recorrer ao auxílio da Polícia Federal para verificar aqueles casos, naquelas situações. Nesse momento, a Universidade Federal de Santa Catarina está ao lado da Polícia Federal, da Controladoria-Geral da União e do Tribunal de Contas para que se aprofundem as investigações, e as investigações estão sendo feitas com seriedade, porque é óbvio que elas precisam ser muito profundas e interessa também para a universidade verificar eventuais desvios do erário. Mas que fique claro: esta gestão é que responde pela Universidade Federal de Santa Catarina."

Apesar da insistência dos repórteres, nem Marena nem Mosele queriam revelar o nome dos presos, alegando segredo de justiça. O comentarista da Record News, Roberto Salum, pressionou, sem sucesso. Outro jornalista muito conhecido em Santa Catarina também cobrou mais detalhes do suposto envolvimento do reitor no caso. Moacir Pereira era colunista do jornal *Diário Catarinense* e da rádio CBN.

Érika Marena não confirmou nenhum nome, mas também evitou apontar o montante desviado. Disse apenas que a universidade recebera 20 milhões de reais em seis anos, sem contar os recursos para custeio, e que as bolsas pagas a quarenta beneficiários, que correspondiam a 350 mil reais, estavam sob suspeita. Havia ainda professores e servidores que tinham parentes na mesma lista, feita por amostragem — uma centena de nomes, estimou: "Apuramos, nos últimos anos, talvez perto de 3 milhões de reais em pagamentos suspeitos, isso estou falando do pagamento das bolsas. Também há verbas de custeio que eram direcionadas à contratação de veículos, viagens, todas as despesas, e nós temos aí alguns indícios de contratações que eram feitas, por exemplo aluguel de carros, em valores praticamente dez vezes o valor de mercado em algumas situações. A questão é que, como o professor Rogério falou, essa situação decorre há alguns anos, então as pessoas que hoje foram objeto das medidas não necessariamente estão envolvidas em toda essa sequência, alguns podem estar mais relacionados à questão do custeio, outros à questão das bolsas, então basicamente esse é o cenário".

A delegada classificou as prisões como necessárias para resguardar as diligências de possíveis interferências, e explicou que o nome da operação reconhecia a ação do TCU e da CGU ao longo dos anos.

Moacir Pereira insistiu em sua pergunta: "Está todo mundo querendo saber se o reitor foi preso, se ele é conivente com os fatos. Nós estamos lidando com um fato de 2006. Então eu gostaria de saber do senhor o seguinte, qual o fundamento da prisão do reitor? É básico, é jurídico, só isso".

O superintendente e a delegada insistiram: não podiam revelar nome algum, por segredo de justiça. Marena explicou que a condução coercitiva tinha sido pedida para os professores que tinham atuado em gestões anteriores e a prisão temporária para os da gestão atual, com base nos mesmos argumentos: como tinham acesso às informações, poderiam afetar a investigação. Não representavam uma atribuição de culpa: "A investigação, os indícios apontam nesse sentido. Houve algumas ações no sentido de dificultar a investigação administrativa que existia no âmbito da Corregedoria-Geral da UFSC. Isso nos levou à convicção da necessidade da medida, mas eu enfatizo: todos os envolvidos terão a oportunidade de esclarecer seus atos aqui, e nós trabalhamos com os indícios de crimes que chegam até nós. Então os indícios apontaram que havia a necessidade dessa medida para a eficácia do cumprimento das diligências. Nós aplicamos a justiça, a baixa do sigilo dos laudos em virtude do interesse público que existe, para que vocês saibam exatamente os detalhes do caso, e acreditamos que isso vai ser definido, já foi feito esse pedido. A questão do que envolve é essa, nós sabemos sim da relevância, a Polícia Federal age com responsabilidade, e não faríamos um pedido desses se não tivéssemos convicção da sua necessidade. Mas é como eu disse aqui, nós trabalhamos com indícios de crimes, a culpa vem depois de uma ação penal, de uma condenação criminal, e não estamos na fase de defesa, estamos na fase de investigação. Ressaltamos e enfatizamos novamente, a gente tá do lado da UFSC, queremos que a UFSC saia mais forte de toda essa situação, e justamente reconhecemos a importância do que o senhor falou, a importância da UFSC para a comunidade acadêmica local e nacionalmente, o serviço que a UFSC presta à comunidade. Reforçamos, essa ação vai fortalecer ainda mais essa instituição".

Israel de Carvalho, da CGU, procurou explicar o mecanismo de financiamento da Capes e a investigação, que tinha verificado a concessão de bolsas para pessoas não qualificadas, parentes ou pessoas próximas aos professores e contratos superfaturados — especificamente, aluguel de veículos, além de notas fiscais com a mesma grafia, de empresas diferentes — as mesmas informações que constavam do Relatório de Demandas Externas da CGU de 2014.

Enquanto jornalistas e autoridades continuavam na coletiva da PF, naquela manhã de 14 de setembro de 2017, os presos foram terminando seus depoimentos. O último ato era a impressão e conferência da transcrição pelo delegado e a assinatura do termo pelos investigados.

* * *

O primeiro a entrar na carceragem, situada no subsolo do prédio da PF, foi Marcos Dalmau. Ao chegar à cela, foi submetido a revista íntima. O procedimento, de rotina, obriga o preso a tirar a roupa, mostrar as mãos espalmadas para os policiais, passá-las na cabeça como um pente, virar de costas para os policiais e agachar duas vezes, enquanto ergue o saco escrotal com a mão.

Ao final de seu depoimento, Eduardo Lobo foi levado para uma sala mais ampla, onde dois agentes lhe disseram para tirar o cinto e deixar a mochila (ele nunca mais viu o cinto). Dali, seguiu para a carceragem. Ao entrar na cela, encontrou Márcio Santos sentado numa das duas camas de concreto. Em seguida, também foi submetido a revista.

Seus advogados o encontraram para assinar a procuração e disseram que ainda estavam tentando entender a razão da prisão. Afinal, o carcereiro trouxe duas quentinhas com salmão e carne, compradas pelos advogados.

No fim do interrogatório de Cancellier, Nívea perguntou ao delegado se o reitor teria de ficar ali. Já passara muito da hora do almoço e ela estava preocupada com a aparência de Cau — muito pálido e trêmulo. Diante da confirmação, os dois advogados se dividiram. Hélio Brasil foi para o escritório redigir o habeas corpus e Nívea seguiu para a sede da OAB, a fim de pedir que a Comissão de Prerrogativas se manifestasse, exigindo acomodações apropriadas para o reitor.

A presidente da comissão não estava, e o rapaz que atendeu Nívea (ela não lembra o nome) disse que ia ver. Por telefone, mais tarde, informou que, como Cancellier estava licenciado, a OAB não ia intervir.

Diante de delegados da PF, o presidente Baeta Neves e o coordenador de Programas e Cursos da Diretoria de Educação a Distância da Capes, Luiz Alberto de Rocha de Lira, confirmaram detalhes do encontro com o corregedor e o reitor. Baeta Neves afirmou que os controles da fundação que comandava funcionavam bem, mas que a Capes não tinha relação com as fundações de apoio — isso era com as universidades — e que não tinha registro de qualquer irregularidade no pagamento direto de bolsas.

O programa Universidade Aberta do Brasil envolvia 65 universidades, e era impossível fiscalizar todas elas semestralmente de forma presencial. Se uma instituição adulterasse as informações, admitiu, podia induzir a Capes a erro.

Rocha de Lira negou que a Capes tivesse entregado os 1,7 milhão de reais para o EaD — Cancellier pedira, mas foram liberados apenas 702 mil — e explicou que o corregedor da UFSC não informara quem eram os envolvidos nas irregularidades que apurava, nem fizera qualquer ressalva sobre a quem podiam pedir informações. Desde 2006, só tinham sido identificados três casos de possíveis irregularidades, embora o programa atendesse mais de meio milhão de alunos.

Quando Nívea voltou para a Polícia Federal, conseguiu ser atendida pela delegada, que já recebia outros advogados em sua sala. A defensora do reitor argumentou que Cancellier não poderia ser levado para uma penitenciária, mas a delegada respondeu que não cabia a ela definir isso. Nívea indagou se ele seria solto imediatamente. Marena deu a entender que não. Os advogados também aventaram a possibilidade de que o reitor fosse para um hotel de passagem da Marinha ou da Aeronáutica, mas isso não aconteceu.

Dalmau viu Cancellier passando em frente à sua cela no subsolo da sede da Polícia Federal em Florianópolis. Num primeiro momento, achou que o reitor estivesse visitando os professores presos. Quando Cau foi colocado na cela com Eduardo Lobo e Márcio Santos, alguém perguntou:

"O que houve?"

"Fui preso por obstrução de justiça."

Os dois notaram que o reitor estava abatido e suando muito. Cancellier, que também tinha sido submetido a revista íntima, sentou-se quieto, de cabeça baixa, e não disse uma palavra. Quem quebrou o silêncio foi Lobo:

"Cau, que porra é essa?"

"As pessoas estão ficando loucas..."

"Dá para processar alguém?"

"Primeiro tem que provar a inocência. Aí processa a União."

"Não dá para processar individualmente?"

"O processo tem que ser contra a União, até pode elencar todo mundo, mas é um processo só."

"O que está acontecendo, qual é a tua visão?"

"O que acontece é que a sociedade está doente. Um louco encontra outro louco, que encontra outro mais louco ainda, e acontece isso."

Embora tivesse informado o reitor sobre a acusação de assédio moral que Taisa tinha feito ao corregedor, Lobo ignorava o conflito entre Cancellier e Hickel do Prado.

Os sete presos ficaram na carceragem da PF até metade da tarde, quando foram levados para o presídio da Agronômica. O trajeto entre a sede da PF e a penitenciária, muito curto, foi feito numa van branca descaracterizada, com um motorista e dois agentes. No presídio, ainda esperaram dentro do carro por longo tempo. De vez em quando, agentes penitenciários se aproximavam, com ironias:

"São todos inocentes!"

Um deles chegou a comentar:

"Vocês estavam sendo muito bem tratados, mas aqui a vibe é outra..."

Os sete se mantiveram calados, seguindo o conselho dos advogados.

Afinal, uma viatura da Polícia Militar trouxe mais um preso que não era do grupo, mas que daria entrada junto com os sete. Ele estava com mandado de prisão vigente por não pagar a pensão alimentícia, e fora detido numa batida de rotina.

Ao sair da van, todos foram algemados e receberam correntes marca-passo nos pés. Assim caminharam até uma espécie de jaula ao ar livre, encostada a um muro, ainda do lado de fora do edifício, onde lhes entregaram uniformes cor de laranja e pares de tênis.

Quando foi trocar de roupa, Lobo sentiu um cheiro de inseticida no uniforme. Ao se despirem, um de cada vez, tiveram de fazer os agachamentos outra vez, cumprindo o ritual da revista íntima, diante de uma pequena plateia de agentes que estavam deixando o turno, ou entrando em serviço, e de uns poucos presos, apelidados de "regalias", cujo bom comportamento lhes dava livre trânsito. Eram cerca de dez pessoas, ao todo.

Havia um par de tênis sobrando, que Lobo ofereceu ao oitavo preso. O sujeito recusou:

"Não, não, sou do PCC, lá dentro eles cuidam de nós. Pode pegar pro senhor..."

Os sete presos conheceram ali, na prática, um procedimento que revela a falência do sistema prisional do país: a penitenciária da Agronômica tem ala destinada aos integrantes do Primeiro Comando da Capital[9] e outra ao Primeiro Grupo Catarinense, mais conhecido pela sigla PGC ou apenas G, maior organização criminosa do estado de Santa Catarina.[10] Lá dentro, mandam as duas organizações, não o Estado. Ao entrarem na Agronômica, os presos recebem um formulário e a orientação para escrever "Sou seguro", caso não pertençam a nenhuma das duas facções.

Lobo calçou os tênis doados pela Pastoral Carcerária. Eram novos, mas um pé de cada cor, provavelmente de mostruário, concluiu Lobo. Como usava uma cueca vermelha, foi obrigado a tirar — o regulamento não permite roupa íntima colorida.

Na jaula, a ordem era para ficarem em pé, de cabeça baixa, olhando para a parede, mas o reitor e Gilberto Moritz, mais velhos e bem abatidos, pediram para se sentar. A essa altura, deu-se a cena já descrita, do encontro entre aluno e professor: Dalmau e um agente penitenciário.

Os oito receberam o jantar naquela espécie de jaula. Arroz, feijão e salsicha cozida com pouco sal. Para acompanhar, água da torneira. Comeram algemados. Havia apenas quatro colheres e fizeram um rodízio. Cau não jantou.

Depois da refeição, foram levados para uma espécie de camburão, que os transportou morro acima, até o presídio propriamente. Primeiro passaram por uma sala de triagem com uma TV ligada. Dois a dois, foram retirados para fazer a matrícula, sendo fotografados de frente e de perfil. O número de identificação foi pintado na frente.

O responsável explicou que tinham três celas disponíveis. Lobo ficou com Nunes; Moritz com o sobrinho, Roberto da Nova. Cancellier, Dalmau e Santos foram para a terceira cela. Ao entrar na cela, Nunes perguntou para o agente penitenciário:

"Tem banheiro?"

Lobo respondeu, com ironia:

"Tem sim, mas é aí dentro. Na suíte."

Dispostas nos dois lados de um corredor central, fechado com duas portas — uma de ferro, outra de grade —, as celas tinham janelas gradeadas e delas nada se via. Havia beliches de concreto, o chamado "boi", no jargão das prisões — um buraco no chão como vaso sanitário —, e um chuveiro frio colocado num cano de plástico, além de uma torneira que fornecia água potável e também dava a descarga no boi. As paredes úmidas estavam marcadas pelo mofo e o piso era molhado.

Pouco depois, começou o vaivém dos presos, para encontros com os advogados. Lobo aproveitou para tomar banho quando Nunes foi encontrar o advogado.

Depois de ficar chocado ao ver Lobo chegar ao parlatório com as mãos algemadas para trás e os pés presos pelo marca-passo, e de tentar tranquilizá-lo, dando notícias da família, seu advogado perguntou:

"Do que você precisa?"

"Um desodorante ia bem... mas melhor me tirar daqui."

A expectativa, adiantou o advogado, era que o TRF-4 só examinasse o pedido de habeas corpus na segunda-feira, o que significaria que os sete poderiam passar o final de semana na prisão.

Quando Nívea Cademartori conseguiu, novamente, conversar com Cau, ele estava algemado, com correntes nos pés e vestindo o uniforme laranja. Suava e tremia tanto que ela disse que ia pedir um médico. Cau ainda brincou e respondeu que duvidava que autorizassem, mas em seguida concordou:

"Tudo bem, até amanhã de manhã cedo eu tô por aqui."

As luzes das celas estavam acesas, mas logo os sete se deram conta de que a prática era desenroscar as lâmpadas à noite e fizeram o mesmo. Mais tarde, Cau contou aos irmãos que ficou assustado quando os detentos começaram a bater nas grades, antes de dormir. Afinal, alguém gritou:

"Salve, barraco 18, 19, 20 não é pra mexer. Tudo professor da UFSC!"

Evidentemente, nenhum dos sete dormiu bem naquela noite. Na manhã seguinte, o café da manhã teve duas laranjas cortadas, salada, pão com manteiga, café adoçado.

6. Um mal sem cura: os últimos dias de Cancellier

Acioli soube da prisão do irmão pouco antes de Júlio. Naquele 14 de setembro de 2017, tinha uma palestra na UFSC. Hospedado na casa de Júlio, foi acordado por um telefonema de uma conhecida, Rita Frizzo, pesquisadora da Comissão Nacional de Energia Nuclear, que vira a notícia num telejornal em Belo Horizonte e perguntou:

"Você é irmão do reitor?"

"Sou."

"Ele foi preso."

Passava pouco das seis da manhã e ele foi chamar Júlio, que dormia na sala do apartamento. Enquanto este ligava a TV, Acioli foi para o quarto. Ao conferir os portais de notícias, ficou perplexo:

"Você conhece o irmão, sabe da história dele, sabe da formação familiar, e numa hora que seu irmão é acusado de desviar 80 milhões da universidade... Eu pensei nos meus pais. Eu falei assim, sorte que nós estamos aqui, porque meu pai morreria ao ouvir que o filho está envolvido num crime e acusado de desviar 80 milhões."

Acioli reconhece que considerou a hipótese de que Cau pudesse estar envolvido:

"Naquele primeiro momento, não tinha informação nenhuma. Não podiam falar com ninguém a respeito e a única informação que tinha era a oficial. A Polícia Federal investigou e disse que ele era o líder de uma quadrilha que desviou 80 milhões de reais. [...] Nunca conversei com Júlio a respeito disso. Mas, naquele momento, talvez eu tenha duvidado. Pelo menos naquela primeira hora, que todas as informações que tínhamos eram essas. Não conversamos com ninguém. O que ele fez? O que o Cau fez? Quem está por trás disso, com quem ele se aliou? Eu não sabia quem eram os amigos dele. [...] Eu nunca o considerei culpado, mas tive dúvida a respeito... o que poderia ter acontecido para ele estar envolvido em um crime tão grave quanto esse?"

Júlio ainda teve tempo de acompanhar a chamada para o telejornal *Bom Dia Brasil*, da Rede Globo:

> Chico Pinheiro: E começamos a edição desta quinta-feira do *Bom Dia Brasil* falando da operação da Polícia Federal, operação que acontece agora de manhã em Santa Catarina e Brasília contra pessoas suspeitas de fraudes no Ensino a Distância.
>
> Ana Paula Araújo: Pois é, roubalheira pra tudo que é lado. Os suspeitos nesse caso aí teriam movimentado 80 milhões de reais. O reitor da Universidade Federal de Santa Catarina foi preso.

Num primeiro momento, os irmãos acharam melhor ficar em casa e tentar entender o que estava acontecendo. Por telefone, falaram com gente da universidade e, em seguida, com os advogados. Acioli ligou para Cristiane Derani e disse que não iria à palestra no dia seguinte, mas a professora o convenceu do contrário, porque, afinal, não tinha nada a esconder.

Na sexta-feira cedo, Nívea foi recebida pelo diretor da penitenciária. Manifestou sua preocupação com a saúde de Cancellier e pediu autorização para que o reitor fosse examinado pelo cardiologista. Rodrigo Alves não criou problema e mandou separar uma sala, onde o reitor seria examinado.

A advogada ligou para Acioli e explicou que Cau não podia receber visitas, salvo dos seus defensores, e pediu que os irmãos providenciassem os medicamentos — disse, inclusive, onde estavam —, além de uma pequena lista de compras: xampu, desodorante, sabonete, chinelo, uma camiseta branca e pasta de dente transparente, a única aceita no presídio.

No apartamento de Cau, encontraram a diarista e apanharam os medicamentos. Em seguida, foram ao supermercado. Não acharam a tal pasta de dentes transparente, e, no caixa, a funcionária explicou onde estava, dizendo que era a "pasta dos presos". Por volta das onze horas, Acioli, que não era conhecido na cidade, entrou na fila das visitas. Entregou os produtos acondicionados num saco plástico identificado com o nome do irmão a um agente, que examinou se estavam dentro do padrão e o guardou — Cau jamais recebeu os medicamentos ou os produtos.

Em seguida, foram buscar o cardiologista Jamil Schneider. Na sala reservada, o médico encontrou Cau num uniforme laranja e algemado. Tirou a pressão e constatou que estava alta. Soube que não tinha tomado os medicamentos, disse que era importante fazer isso, mas achou que não era preciso encaminhá-lo a um hospital.

Na hora do almoço, os irmãos desistiram de comer perto da UFSC, para evitar constrangimentos. Em seguida, Acioli foi fazer sua palestra e Júlio seguiu para o centro, a fim de pedir ajuda à deputada estadual Ada de Luca, do PMDB, para tentar transferir Cancellier para outro local.

Na abertura do Seminário Internacional Direitos Humanos e Direitos da Natureza, o presidente da Corte Interamericana de Direitos Humanos, Roberto Caldas,[1] criticou a prisão do reitor, classificando-a de invasão da autonomia universitária. Poucos dias mais tarde, Caldas deu uma entrevista à *Folha de S.Paulo* cujo teor só foi publicado em outubro — e foi firme:

> Não se pode deter um reitor dessa maneira, sem o devido cuidado. E ele foi apartado também do comando da universidade, para o qual foi eleito. Não o conhecia, mas me espanta que alguns princípios sejam esquecidos. Deter alguém que nem sequer sabe por que está sendo detido, que foi avisado na hora. Eu disse na ocasião que me admirava, quis conhecer o processo, pareceu-me uma coisa raríssima.

Acioli fez sua apresentação, mas não ficou para a sessão de perguntas — recebeu uma ligação de Nívea informando que Cau seria solto em breve e saiu correndo. Cancellier ainda demoraria um tempo até ser libertado.

Dois dias antes das prisões, a juíza pedira licença, por motivo de saúde — um terçol interno que deixara seu olho inchado e a levara a uma consulta de emergência. A médica determinou que ela ficasse em casa por três dias, e, por isso, o destino imediato de Cau e dos outros seis presos passou a ser assunto de Marjôrie Cristina Freiberger, da 6ª Vara Federal, que Hélio Brasil já conhecia.

Ele e Nívea estiveram com a juíza e expuseram seus argumentos: como o reitor já prestara depoimento e fora afastado do cargo, não havia motivo para continuar preso. A juíza não disse nem que sim, nem que não, como de praxe, e Hélio voltou para o escritório a fim de acompanhar o processo, que é digital. O sócio dele, Deivid Prazeres, foi para a OAB, na tentativa de obter o apoio da entidade para que o reitor tivesse direito a uma sala de estado-maior, e Nívea seguiu para a penitenciária, onde Cau, mais calmo depois da consulta, só queria saber se podia ser solto, ou pelo menos transferido.

Marjôrie Freiberger cobrou de Érika Marena se havia alguma diligência pendente e perguntou qual a necessidade de manter as prisões. A delegada não apresentou novos elementos à nova juíza. No fim da tarde, veio o despacho:

> [...] a prisão é medida extrema, de *ultima ratio*, que demanda fundamentos sólidos o suficiente para superar a garantia constitucional de ir e vir. No presente caso, a delegada da Polícia Federal não apresentou fatos específicos dos quais se possa defluir a existência de ameaça à investigação e futuras inquirições. Com o cumprimento das medidas, o fundamento para a outorga da prisão temporária para assegurar a eficácia das diligências requeridas e deferidas, mencionado na decisão do Evento 11, deixou de existir. Por isso, está ausente o requisito para a manutenção da prisão.

Para que fosse materializada, era preciso que um oficial de Justiça entregasse o despacho ao diretor da penitenciária. Nívea e os outros advogados foram para o presídio. Júlio e Acioli ficaram esperando dentro do carro, no estacionamento em frente, do Centro Integrado de Cultura, para evitar a imprensa, que já voltava a se aglomerar na porta da cadeia.

Perto das 21 horas, Cancellier entrou no banco traseiro do automóvel dirigido por Hélio — Deivid estava no bando do passageiro — e abraçou Nívea. O portão foi aberto e Hélio meteu a mão na buzina, tentando afastar fotógrafos e cinegrafistas, que mal conseguiram uma imagem do reitor dentro do automóvel.

Os advogados perguntaram se ele estava bem, e Cau disse que sim. Recomendaram que ficasse com a família e combinaram se encontrar na segunda-feira, para desconstruir a acusação. Depois de darem algumas voltas, chegaram ao apartamento, onde já estavam Júlio e Acioli.

Na entrada do edifício, Acioli comentou:
"Poxa, que susto que você deu, meu irmão."
Cau tentou demonstrar bom humor:
"Ah, brincadeira isso."
Os três subiram, e os advogados foram embora. Mikhail chegou pouco depois. Na única entrevista que concedeu, mais de um ano depois, à *Folha de S.Paulo*, lembrou do reencontro:

> Eu cheguei, e ele estava na varanda. Os dois irmãos dele, Acioli e o Júlio, meus dois tios, saíram para comprar comida. Ele me abraçou e disse que não iria me pedir desculpas porque ele não tinha que se desculpar por uma coisa pela qual não tinha responsabilidade. Ele estava muito animado nessa sexta-feira. Não no sentido do que aconteceu, evidentemente, mas ele imaginou que a coisa se resolveria de uma maneira mais rápida.

Pai e filho só falaram sobre o tempo na prisão na noite daquela sexta-feira, 15 de setembro de 2017.

Quando Acioli perguntou o que ele queria comer, a resposta surpreendeu:
"Primeiro eu quero o meu remédio..."
Cancellier fez uma lista, Acioli e Júlio saíram para comprar os medicamentos e o jantar — tudo na Beira-Mar Norte. Para a comida, foram à Macarronada Italiana. Cancellier era um velho freguês, como já dito — foi ali que levou Cristiana para o primeiro encontro. Seu garçom de preferência era José de Andrade, 63 anos, que os clientes mais novos chamavam de Andrade, mas

que Cau chamava de Zé. Ele nem precisava pedir o prato — Zé já sabia, era talharim ou lasanha à bolonhesa.

Naquela noite, os irmãos saíram de lá com espaguete, lasanha e um nhoque. Tomaram um vinho tinto durante o jantar, mas a conversa não fluía, e os irmãos resolveram ir embora. Mikhail ficou.

No final de semana, Acioli voltou para São José dos Campos — tinha um compromisso em São Paulo. Mas retornaria a Florianópolis alguns dias depois, a pedido de Júlio, preocupado com o ânimo de Cau.

Cristiana, a ex-mulher, só soube da prisão na quinta-feira à noite. Naquele dia, ela deu aulas de fundamentos da América Latina e português para alunos de engenharia em Itaipu, onde funcionava parte do campus da Universidade Federal da Integração Latino-Americana (Unila). Ao chegar ao estacionamento, já perto das dez da noite, foi conferir o WhatsApp, para saber do filho mais novo, Arthur, e viu várias mensagens. A primeira que abriu, de Fernanda, uma amiga de infância, já a preocupou. Dizia: "Tô contigo nesse momento!".

Abriu outras mensagens, todas solidárias, e viu que havia várias chamadas não atendidas. Telefonou para Mikhail, que não atendeu. Uma das irmãs dela, Fernanda, foi quem deu a notícia.

Cris imaginou que o ex-marido estivesse numa sala da Polícia Federal. Na manhã seguinte, quando falou com Mikhail, o filho a poupou dos detalhes.

Na sexta-feira em que os presos foram libertados, a PF ouviu mais dois professores: o ex-chefe do Departamento de Ciências Contábeis, Luiz Felipe Ferreira, e o professor de Administração, René Birochi.

Ferreira apresentou sua versão dos fatos, em que não havia redução de recursos da Capes, e sim má administração de outros coordenadores de curso. Cada vez que novas turmas entravam, registra sua oitiva, a Capes fornecia mais recursos. Para ele, o problema é que vários cursos gastavam em dois anos os valores que deveriam durar quatro. Pelas suas contas, o Departamento de Ciências Contábeis chegara a ter 1 milhão de reais sobrando em um contrato com a Fepese, mas a reitora Roselane Neckel e a professora Sonia Maria, na época coordenadora do Núcleo UAB, queriam transferir a sobra para um contrato com a Fapeu. Como ordenador primário, Ferreira foi contra, mas a Procuradoria da UFSC teria apresentado uma interpretação que fez com que o dinheiro ficasse bloqueado. Em 2016, um novo contrato dividiu os recursos entre a Educação a Distância dos departamentos de Administração, Economia e Ciências Contábeis.

Luiz Felipe admitiu que se tornara um conselheiro informal de Taisa, após ela ter assumido a coordenação do curso, porque era novata e não conhecia o assunto. Ela lhe apontara as irregularidades que tinha identificado no curso e disse que, no momento em que passou a questionar o sistema que era praticado, tinham complicado suas relações com Dalmau, Lobo, Nunes e Moritz.

O professor de ciências contábeis detalhou o primeiro encontro dele e de Taisa com o reitor e falou de uma segunda reunião, que acabaria desmentindo na acareação promovida por Érika Marena, entre ele e Taisa.

O outro ouvido pela PF na sexta-feira, o professor René Birochi, repetiu o que dissera ao corregedor sobre ter devolvido meia bolsa a pedido de Roberto da Nova, e exibiu e-mails que comprovavam a história.

No sábado, 16 de setembro, Júlio ligou para Isabela, a mulher de Sérgio de Freitas. Cau estava muito nervoso e queria um Rivotril. O casal comprou o medicamento e o levou para Cancellier. Do outro lado da avenida, avistaram um carro com uma pessoa da universidade, ligada ao grupo que tinha perdido a eleição, e concluíram que era uma espécie de "campana" para ver se outras pessoas da UFSC iriam até lá. Apesar da vigilância, os dois entraram. Katia, a secretária de Cau, estava no apartamento. O casal chegou por volta das três da tarde e saiu às sete. Cancellier estava abatido e indignado.

Isabela voltaria várias vezes ao apartamento. Em cada ocasião, notou um carro diferente parado no estacionamento, como se fiscalizassem os movimentos do reitor e de seus amigos. Gente da universidade, suspeita ela.

Ela havia comentado a humilhação a que o reitor fora submetido com uma amiga psiquiatra, que estava na UFSC para uma palestra. Formada pela USP em psicoterapia e psicanálise, Iara Czeresnia chegara havia pouco do Chade. Como integrante da organização Médicos Sem Fronteiras, Iara fora responsável por coordenar as atividades de saúde mental na cidade de Baga Sola, onde estavam abrigadas milhares de pessoas deslocadas pela violência. Ao saber dos detalhes da prisão, recomendou que Isabela procurasse ajuda profissional para o reitor, pois temia que ele desenvolvesse um estresse pós-traumático, semelhante aos que presenciara entre as vítimas de guerra. Em última análise, alertou, nessa situação as pessoas podiam até tentar o suicídio.

Isabela não perdeu tempo. Ainda na sexta, ligou para a professora Armanda C. Brandão Rufino,[2] que trabalhava no Hospital Universitário. Três meses antes, ela tinha aberto um consultório com três amigas.

Cancellier esteve lá na terça-feira, 19 de setembro, e voltou na sexta, 29. Alegando sigilo profissional, a médica não comenta o caso, nem revela o diagnóstico ou as prescrições. Os repórteres Monica Weinberg e Thiago Prado, da revista *Veja*, afirmam que Cancellier saiu da primeira com o diagnóstico de "sintomas de stress pós-traumático desencadeados por impactante fator estressor no âmbito profissional", num quadro de "intensa sensação de angústia, de opressão no peito e taquicardia", para o qual teriam sido prescritos um ansiolítico e um antidepressivo, em doses moderadas.

Foram muito raros os amigos de Cau que mantiveram contato com ele depois da prisão. Sua equipe, de modo geral, manteve distância. Alguns disseram que o afastamento foi recomendado pelos advogados do reitor. Estes, por sua vez, negam que tenham estabelecido tal premissa. Cancellier não disse a ninguém que não queria ser procurado, mas tampouco tomou a iniciativa de procurar quem quer que fosse.

A juíza determinara o afastamento cautelar das funções e proibira os presos de exercerem cargo público, entrarem na UFSC ou terem acesso a qualquer material relacionado ao Ensino a Distância, até o final das investigações. Mas não especificou nenhuma proibição de contato com outros professores, pró-reitores, assessores, diretores.

Naquele sábado, 16 de setembro de 2017, circulou nas redes sociais e em alguns blogs a primeira defesa pública de Cancellier. O texto tinha sido escrito enquanto Cau estava preso, por seu velho amigo, Nelson Wedekin. Quando foi divulgado, os presos já tinham sido liberados — o que valeu um post scriptum. O título era "Ninguém merece". Depois de registrar que tinham trabalhado juntos por quinze anos e que conhecia Cau há mais de quarenta, Wedekin definiu-o deste modo:

> Cancellier é dono de um conjunto invejável de predicados: lealdade, capacidade de trabalho, tolerância em relação ao outro, espírito construtivo, vocação conciliatória, desambição de bens materiais, lisura de procedimentos.
>
> Não esperem de Cancellier que ele altere a voz para defender um argumento ou causa, ou que abrace uma referência negativa a

respeito de outra pessoa, porque ele sempre preferirá enxergar nela as suas virtudes e qualidades. Não esperem de Cancellier que, na luta política, ele fique olhando pelo espelho retrovisor, atribuindo culpa aos outros, porque ele prefere olhar para a frente.

Ao lembrar a atuação de seu assessor na Constituinte, Wedekin ressaltou a ironia — Cau fora um entusiasta do fortalecimento das prerrogativas do Ministério Público, e ambos tinham recebido promotores e policiais federais em busca de apoio para suas demandas. Também deixou claro que aquela história não tinha dinheiro em roupas íntimas ou malas, superfaturamentos, mordomias, caixa dois:

> A prisão de Cancellier foi um ato despropositado, uma decisão atrabiliária. Uma inaudita violência. As autoridades que tomaram a decisão não se deram conta da desproporção que existe entre o bem que se pretendia preservar e o mal sem cura que dela resultou.

Para Wedekin, isso faria com que parte da sociedade, impactada pelos escândalos recorrentes, enxergasse Cau como um ladrão da República:

> Cancellier será finalmente absolvido, mas a sua reputação foi abalada sem remédio e para sempre. As autoridades responsáveis, os algozes, continuarão na ativa ditando normas, regras, sentenças, e quando errarem, como agora, o azar será de quem atravesse o caminho. Não correm nenhum risco de pagar pelo exagero, leviandade e inconsequência. Me desculpem, mas isso não é Justiça.

As acusações de obstrução de justiça eram o oposto do temperamento e perfil do amigo que conhecia há tanto tempo:

Não sei como os fatos se deram, mas arrisco: Cancellier pode ter tentado convencer um funcionário de que, diante de tal circunstância, seria mais recomendável aos interesses gerais que ele se conduzisse de determinada forma. Este é um procedimento comum de Cancellier diante de um problema: resolvê-lo através do convencimento, da persuasão. *Cancellier não combina com pressão.*

Entre a segunda-feira após a Ouvidos Moucos, 18 de setembro, e 2 de outubro de 2017, a Polícia Federal ouviu quarenta pessoas,[3] sendo dezesseis professores. Quem imaginava encontrar provas cabais da organização criminosa incrustada na Educação a Distância da UFSC, como previra a delegada Marena ao mencionar que seriam todos identificados em "futuro breve", ao encaminhar o pedido de prisões e conduções à Justiça, deve ter se decepcionado. A maior parte dos interrogados não tinha nada a informar de relevante.

Doze pessoas reconheceram ter recebido salário e bolsas, mas alguns justificaram a remuneração sob o argumento de que trabalhavam além do horário ou tinham exercido efetivamente funções enquadradas nas normas da Capes. Nos casos em que as bolsas funcionavam (irregularmente) como um complemento salarial, esse procedimento era feito às claras. Aparentemente, não havia "laranjas" que estavam no jogo só para remunerar quem mandava pagar.

Apenas dois interrogados haviam devolvido metade da bolsa, por terem participado de seminários: René Birochi e Fábio Beylouni Lavratti. André Luis da Silva Leite, vice-diretor do Departamento de Ciências da Administração, descreveu o episódio em que ele e Lobo tinham recebido pouco mais de mil reais cada, para serem repassados a outros professores. O dinheiro foi devolvido à Fapeu, porque nenhum professor com saldo a receber respondeu ao e-mail enviado por Lobo pedindo as contas bancárias.

Em seu depoimento, a professora Evelize descreveu a conversa entre Roberto da Nova e seus colegas Semprebon e Petroll, sobre a devolução de meias bolsas, afirmou que o LabGestão, sob o comando de Moritz, privilegiava um grupo de professores e confirmou, indiretamente, que Taisa também adotara a prática da "fila". Em julho de 2017, Evelize tinha finalmente recebido três bolsas devidas ainda por atividades de 2015, pagas pela Fepese, e também tivera ressarcidos os gastos com deslocamentos para os polos em 2015. Mas afirmou que só quando Taisa assumiu a coordenação do curso é que as coisas "começaram a ficar mais claras", já que a nova coordenadora descobriu que quem escolhia os professores a serem remunerados era Rogério Nunes, do Núcleo UAB.

Como só há a versão de Evelize, os verbos seguem no condicional. Ela teve uma primeira conversa com o reitor quando ele buscava apoio para Alexandre Marino na disputa pela direção do Centro Socioeconômico. Evelize condicionou o apoio à solução dos problemas no curso de administração EaD, e o reitor teria dito que não estava interessado no assunto e que, provavelmente, nada havia de errado.

Em outro encontro, passada a eleição em que Marino fora derrotado, já no gabinete do reitor, em abril de 2017, Cancellier teria mostrado a ela um e-mail em que Taisa afirmava que ele sabia das denúncias desde novembro. Ele teria dito que queria ver a coordenadora do curso de Administração provar isso. O reitor teria ainda feito comentários desabonadores sobre Hickel do Prado, que seria "maluco", e dito que, se ele continuasse no cargo, estariam todos "ferrados".

Cau teria explicado ainda que Taisa deixaria o cargo quando do Dalmau e Nunes saíssem, e Evelize negou que houvesse tal compromisso. O reitor acrescentou que havia trocado a direção da comissão do estágio probatório de Taisa, e Evelize devolveu dizendo que isso era necessário, por causa do assédio. Quando insistiu na saída de Taisa, Evelize teria afirmado não ter poder para tanto.

Segundo Evelize, o problema não estava em Taisa, mas em questões relativas ao EaD. Cancellier perguntou que questões eram essas e Evelize mencionou o LabGestão. O reitor disse que não havia nada de errado ali: "Desde o início da conversa, deixou claro que tinha uma grande relação de amizade com Gilberto Moritz, Marcos Dalmau, Eduardo Lobo e Alexandre Marino".

Ao sair da reitoria, Evelize ligou para a professora Cibele e decidiu ir ao corregedor e à APUFSC, pedir ajuda e proteção jurídica e institucional para Taisa Dias.

No dia 20 de setembro, uma quarta-feira ensolarada, Cau foi almoçar na casa de Wedekin, no bairro do Saco Grande, tendo como cenário da varanda ampla a Beira-Mar Norte e a ponte Hercílio Luz. Também estavam presentes a esposa de Nelson, Arlete, a filha do casal, Nara, além de Júlio, Mikhail e o médico e amigo comum Ricardo Baratieri. O cardápio, bem ao gosto do convidado, era um *entrecôte* com salada, que Cau aproveitou, para alegria de Júlio, que festejou a aparente volta do apetite do irmão. O anfitrião ofereceu um vinho tinto, que Cancellier recusou, alegando que estava tomando medicamentos. Fumou dois cigarros durante o almoço.

Como combinara com Baratieri, Wedekin sugeriu que ele deveria pedir licença da reitoria, para se defender melhor das acusações, mas Cancellier não reagiu à sugestão.

A prisão e as humilhações não fizeram parte da conversa. Quando Cancellier ameaçou tocar no tema, Wedekin e Baratieri disseram que sabiam o que tinha acontecido e encerraram o assunto. Wedekin tinha ido ao apartamento de Márcio Santos, que contara a prisão em detalhes. A certa altura do almoço, Cau resumiu seu sentimento:

"Pô, não fiz nada! Eu não obstruí a justiça porra nenhuma. O que tem é que o cara queria fazer uma auditoria em tudo, não dá. As instituições, elas não resistem o tempo todo para estar em uma ação de policial."

Cancellier comentou que ele próprio votara a favor da Corregedoria e aprovara o nome de Hickel do Prado no Conselho Universitário, e que jamais imaginara que ele pudesse agir daquele modo.

Depois do almoço, ele foi para o escritório de Hélio Brasil. Tinha marcado duas conversas com jornalistas: Moacir Pereira e Carlos Damião. O primeiro, que acompanhara a coletiva da Polícia Federal, insistira em entrevistá-lo. Já Damião, velho parceiro de movimento estudantil, foi chamado pelo advogado, a pedido de Cancellier.

Moacir fez uma foto com seu celular e gravou a conversa, mas não filmou o encontro:

"Era o mesmo Cau que conheci sempre. Tranquilão, na boa, só que ele estava muito tenso. Amargurado. Era um homem amargurado, sofrido, entendeu? Até as respostas dele... eu não fui jornalista nesse dia, eu poderia ter gravado, porque o vídeo ia mostrar isso que estou tentando falar: um cara muito chocado, profundamente chocado. Claro, o cara estava proibido de entrar na universidade, que era a casa dele. O cara que dedicou a vida para a universidade, fez toda a carreira na universidade, vivia a universidade."

Quando Damião chegou, Moacir foi embora. O *Diário Catarinense* publicou um resumo da conversa nas redes sociais, colocou a entrevista no site e na TV, deu uma chamada com áudio no telejornal da RBS, que, desde maio, mudara de nome para NSC.

Na manhã seguinte, o *Bom Dia Santa Catarina* voltou ao assunto. Num primeiro trecho da entrevista a Moacir Pereira, Cau definiu sua situação:

— Esse afastamento é um exílio, né, é um exílio assim. Agora que a gente entende o exílio. Eu moro a três metros da Universidade [...] e eu não posso entrar na casa em que eu convivo desde 1977. Um evento como esse, ele é muito traumático, né, pessoalmente. Você se submete a situações vexatórias. Você fica nu diante de uma série de pessoas que ficam circulando. Você fica exposto. Você fica numa condição de subjugação completa e de humilhação completa. É uma situação assim bastante traumática, vamos dizer.

— O senhor nunca procurou beneficiar algum bolsista?

— Eu sempre fui [participante do Ensino a Distância] como docente. A minha atividade dentro do programa é fazer as aulas, gravar as aulas, fazer as provas, gravar as videoconferências, produzir os livros. É uma atividade de ensino e que eu me orgulho. Porque é um programa, a Universidade Aberta do Brasil, ela é um programa que levou, a milhões de pessoas no Brasil, a possibilidade do ensino superior.

— O que a sua defesa está pretendendo fazer agora em termos de retorno às atividades na universidade, reitor?

— Eu não creio que se possa fazer alguma coisa que não seja dar todas as informações, se colocar à disposição, prestar as informações. Tenho a expectativa de que tudo seja averiguado.

Depois de reproduzir esse trecho da conversa, o comentarista político do telejornal Renato Igor pontificou sobre o caso:

Então, vamos entender o caso: quem apresentou a denúncia para as autoridades foi o corregedor-geral da Universidade Federal de Santa Catarina, que é um cargo criado pela ex-reitora Roselane Neckel, que é opositora política, dentro da universidade, do próprio reitor atual. O corregedor Rodolfo Hickel do Prado disse que foi ameaçado e teve seu salário reduzido. Pode ter um componente político? Pode. Mas não a ponto de chegar até a Polícia Federal e ao Judiciário. Teríamos assim que acreditar numa ampla teoria da conspiração. Por que qual é o papel do corregedor? É o de investigar e encaminhar para as instâncias superiores. Então, ele recebeu a denúncia, alguém fez a denúncia, [...] encaminhou para a Polícia Federal, a Polícia Federal fez o pedido de prisão para a Justiça Federal [...] fez um inquérito detalhado, com transcrições e gravações em vídeo, a juíza determinou a prisão depois de estudar dois meses o processo. Então, nós temos indícios fortes aí de problema, de irregularidades, de cobrança de parte do valor da bolsa para os coordenadores [...] e [no caso] do reitor, a acusação é de obstrução de justiça. É esperar agora o posicionamento próximo da Polícia Federal, do Ministério Público Federal e, depois de provocada novamente, da Justiça Federal, e claro, aguardar aí todo o trâmite legal, com direito a ampla defesa.

O *Jornal do Almoço* apresentou mais dois trechos da conversa, agora sem o acréscimo de comentários. No primeiro, Cau tenta justificar a avocação do inquérito do corregedor:

Os nossos consultores jurídicos, eles são da AGU, não é um advogado particular. Se a AGU tem um entendimento de que pode avocar e a CGU entende que não pode avocar, é uma tese jurídica que está sendo discutida. Bom, e nós fomos à própria CGU, não foi feito nada escondido, tudo isso é processual. Nós fomos à CGU explicar os motivos da avocação. Então você não pode, por uma interpretação divergente, prender alguém.

Em outra parte da entrevista, a TV destacou a explicação de Cancellier sobre a relação com a Capes. Disse que a ida a Brasília fora regular e não representara qualquer obstrução ou vantagem — como a própria Capes teria reconhecido.

Quanto a Hickel do Prado, Cau afirmou que mantinha uma relação institucional com ele, e que só estivera com o corregedor dentro da reitoria: "Foi uma resolução criada pela universidade federal, é um processo normal, com mandato. Então tem um relacionamento institucional com a universidade. O que há é uma diferença de estilo: enquanto eu procuro entender as pessoas e as razões das pessoas, eu não prejulgo e não acho que por uma informação qualquer, anônima ou mal esclarecida, que imediatamente a pessoa é culpada e deva ir para a cadeia ou deva ser suspensa".

Cau disse saber que seria complicado reverter as acusações, mas, como professor de direito, tinha de confiar na Justiça.

Naquela mesma quarta-feira, o Tribunal de Contas da União recomendou que a UFSC afastasse cautelarmente os presos. A decisão foi baseada no relatório do ministro Weder de Oliveira[4] e ressaltava também a necessidade de seguir com a Fiscalização de Orientação Centralizada iniciada em agosto de 2017, para verificar a regularidade dos pagamentos de bolsas no Sistema UAB. Em 2020, o tribunal encerraria esse processo — e seu sucedâneo — sem apontar um só crime.

O relatório resumia o que a Polícia Federal tinha apresentado — sinais de "possíveis desvios substanciais de recursos públicos", com risco e materialidade altos —, e para isso valia-se dos

23 666 375 reais da Capes, além dos contratos com as fundações, em torno de 20 milhões de reais. Com base no pedido de busca e apreensão, o relator apontava

> a) direcionamento, superfaturamento e fraude na contratação de aluguel de veículos; b) inobservância dos princípios da eficiência e da economicidade nos gastos em deslocamentos, causando prejuízos ao Erário; c) gastos com pessoas estranhas ao projeto; d) gastos com bolsas sem processo seletivo e com despesas que não se enquadram em pesquisa e extensão; e) depósito de valores devidos a tutores nas contas-correntes dos Coordenadores dos cursos; f) comprovação, por parte da Fapeu, de apenas 36% dos valores recebidos para a execução de projeto e g) pagamento de diárias sem comprovação de viagem.

Entre o que classificava como indícios de condutas graves estariam o constrangimento de professores para devolver metade das bolsas, indicação de nomes estranhos ao projeto como beneficiários, constrangimento e ameaças a Taisa Dias e Hickel do Prado, uso do dinheiro da Fepese para pagar bolsas atrasadas e a avocação do inquérito.

As responsabilidades foram apontadas: Cancellier, por ter criado a Secretaria de Educação a Distância e nomeado o grupo que mantivera a política de desvios, além de tentar barrar as investigações internas e de pressionar para a saída de Taisa do cargo de coordenadora do curso de administração EaD; Márcio Santos, por receber recursos EaD na sua conta, direcionar contratações e conhecer o acordo entre as empresas de turismo para a locação de veículos; Marcos Dalmau, por manter pagamentos e desvios; Rogério Nunes, por pagar bolsas a pessoas que não faziam jus a tais recebimentos, cobrando de alguns professores devolução de parte das bolsas; Gilberto Moritz, como responsável pelo direcionamento de pagamentos indevidos de bolsas Capes e cobrança de devolução das meias bolsas, e Eduardo Lobo, que sabia e corroborava os desvios nos pagamentos das bolsas Capes para o EaD.

A conclusão era de que o TCU também devia seguir com a investigação, para evitar que a eventual revogação da medida judicial retardasse ou dificultasse a continuidade da auditoria em andamento, já que as prisões tinham sido relaxadas:

> Sem entrar no mérito sobre se são ou não devidas as prisões, o fato é que há o receio de que também os afastamentos cautelares em sede de processo criminal possam vir a ser revogados e os servidores afastados voltem às suas funções, podendo atrapalhar a fiscalização conforme descrito no parágrafo acima.

Também no dia 21 de setembro, os advogados de Cancellier encaminharam documentos que atestavam o currículo do reitor. Ressaltavam que ele estava cumprindo "rigorosamente" as medidas cautelares — não exercer cargo público, não adentrar as dependências da Universidade Federal de Santa Catarina e não ter contato com qualquer material da UFSC referente aos programas Educação a Distância e Universidade Aberta do Brasil, para garantir a lisura e a tranquilidade das investigações. Afirmavam que estas não tinham apontado qualquer ato ilícito dele e que o reitor estava colaborando e à disposição das autoridades, podendo ser facilmente encontrado em sua casa, cujo endereço constava dos autos. Finalmente, lembraram que ele tinha uma cardiopatia e tomava medicação controlada.

O passo seguinte era tentar reverter a proibição de frequentar a UFSC. O pretexto era que no dia 3 de outubro ele deveria supervisionar a banca de vários orientandos da pós-graduação. Os advogados foram conversar com Janaína Cassol. A juíza voltara da licença e, em entrevista ao *Diário Catarinense*, reconhecera ter ficado incomodada com a reversão de sua decisão pela colega. Segundo Nívea Cademartori, a juíza não foi nem simpática nem agressiva ao indicar que ia avaliar se aquilo era possível.

Acioli, que retornara a São José dos Campos na terça, ligou no sábado, 23 de setembro, para Júlio, em busca de notícias do irmão. Júlio disse que Cau estava deprimido e que ia levá-lo novamente à psiquiatra, e pediu que Acioli voltasse a Florianópolis para ajudar. Naquela mesma noite, Acioli retornou à ilha.

O procurador-geral do estado, João dos Passos, que fora o mentor de Cau na política universitária, acompanhava o caso à distância. A cada dia, ele ficava mais preocupado com o que entendia como falta de reação jurídica apropriada. Encontrou Mikhail no corredor da Faculdade de Direito e sugeriu um caminho alternativo: uma conversa de Cau com o desembargador Nelson Schaefer Martins. Natural de Tubarão, ele fora presidente do Tribunal de Justiça do Estado e agora tinha um escritório particular, e estava disposto a prestar auxílio. A ideia de Passos era que Nelson pudesse se juntar ao processo e, quem sabe, fazer uma defesa oral junto ao TRF-4 em Porto Alegre.

Acioli levou Cau ao escritório de Martins na quarta-feira, 27 de setembro. Antes de entrar no táxi, Cancellier olhou para todos os lados, com medo de ser reconhecido por alguém. Desceram um pouco antes do escritório e, na curta caminhada, de uns cinquenta metros, novamente Cau entrou em pânico. No hall do edifício, Acioli perguntou se ele ficaria confortável se fossem juntos à conversa. Cau respondeu que nada tinha a esconder do irmão.

A conversa girou em torno do recurso ao TRF-4. Nelson Martins fez muitas perguntas, explicou que conhecia bem os integrantes do tribunal de Porto Alegre e que isso podia ser útil.

Na quinta-feira, o jornal *O Globo* publicou um artigo de Cancellier na página de opinião sob o título "Reitor exilado". A publicação fora negociada por Artemio Reinaldo de Souza, que dirigia a Agecom da UFSC e era próximo de Ascânio Seleme, então diretor de redação do jornal.

O texto foi redigido por Áureo e aprovado por Cau:

> A humilhação e o vexame a que fomos submetidos — eu e outros colegas da Universidade Federal de Santa Catarina (UFSC) — há uma semana não têm precedentes na história da instituição. [...] Nos últimos dias tivemos nossas vidas devassadas e nossa honra associada a uma "quadrilha", acusada de desviar R$ 80 milhões. E fomos impedidos, mesmo após libertados, de entrar na universidade.
>
> [...] Para além das incontáveis manifestações de apoio, de amigos e de desconhecidos, e da união indissolúvel de uma equipe absolutamente solidária, conforta-me saber que a fragilidade das acusações que sobre mim pesam não subsiste à mínima capacidade de enxergar o que está por trás do equivocado processo que nos levou ao cárcere. Uma investigação interna que não nos ouviu; um processo baseado em depoimentos que não permitiram o contraditório e a ampla defesa; informações seletivas repassadas à PF; sonegação de informações fundamentais ao pleno entendimento do que se passava; e a atribuição, a uma gestão que recém completou um ano, de denúncias relativas a período anterior.
>
> Não adotamos qualquer atitude para abafar ou obstruir a apuração da denúncia. [...]

Os vaivéns de táxi em Florianópolis levaram Acioli a alugar um automóvel. Depois de pegar o Fiat Uno na locadora, ele passou no Mercado Central e fez um pequeno estoque de frutos do mar.

No final da tarde, ele levou o irmão a Santo Antônio de Lisboa, um povoado de tradição açoriana a dezoito quilômetros do centro, no norte da ilha, famoso pela beleza do pôr do sol. Cau passeou pelas ruas pouco movimentadas, sentou-se num banco da praça Roldão da Rocha Pires, em frente à igreja de Nossa Senhora das Necessidades, e posou para uma foto que Acioli mandou para Cristiane Derani. A professora ligou de volta, pediu para falar com o reitor e convidou-os para um almoço na casa dela, no dia seguinte, sábado.

Naquela noite, os dois irmãos tiveram uma longa conversa. Entre outros assuntos, Acioli perguntou sobre o juiz Sergio Moro. Cau explicou que, como os concursos públicos para o Judiciário são muito concorridos, tem maior chance de aprovação quem se dedica exclusivamente a estudar as questões que cairão nas provas e acaba sem tempo de ler, estudar e aprender sobre humanidades, antropologia, ciência, filosofia, ética. O resultado, disse, é um Judiciário jovem, despreparado, malformado e reprodutor do que de pior existe na classe dominante.

Acioli lembra-se de ter perguntado o que havia por trás daquele episódio. Cau respondeu: "Não sei o que tem por trás. Uma coisa eu acho, que era paranoia por conta do corregedor. Esse cara acha que eu sou inimigo dele, eu não sou inimigo dele. Nunca fui, eu o chamei para conversar quando assumi a reitoria".

Em seguida, a conversa passou a girar em torno do cristianismo primitivo, a mais recente curiosidade intelectual de Cancellier, lembra Acioli:

"Ficamos conversando horas sobre isso... ele estava empolgado sobre a possibilidade de publicar vários artigos sobre a influência de Paulo, não só no cristianismo, que é inegável, mas sobre o direito. Queria examinar isso. Espalhou um monte de livros e me apresentou o Amós Oz, que eu não conhecia. Ele tinha três livros do Amós Oz e disse: 'Esse aqui, leva para você, tá?'. Era o *Mais de uma luz*. E me deu um livro infantil, disse para eu levar também quando fosse embora. Eu tentava perguntar assim: 'Mas você está bem, Cau? O que a psiquiatra falou?'. 'Ela falou que medicando dá para diminuir os efeitos... às vezes eu fico um pouco ensimesmado... e tenho dificuldade de dormir, né?' [...] Acho que ele me tranquilizou. Porque eu senti que ele estava, sim, ensimesmado, mas estava se cuidando, estava tomando o medicamento, e eu acredito bastante em medicamento antidepressivo."

Na quinta-feira à tarde, Acioli levou Cau ao gabinete de João dos Passos. O encontro tinha sido marcado por Mikhail. Numa conversa de cerca de quarenta minutos, Cancellier contou em detalhes o que enfrentara na penitenciária. Estava inconformado, tudo fora desnecessário — bastaria terem-no chamado para depor, era um sujeito calmo, poderia passar horas diante da delegada. Disse também que a psiquiatra comparara sua condição à de um sobrevivente de um desastre de avião. Apesar do desabafo, parecia sereno, avaliou Passos:

"Era aquele jeito calmo dele de sempre, meio impassível. Ele não revelou naquela conversa nenhum desespero, me pareceu o mesmo Cau, sempre muito racional e calculista. Ele parecia um pouco assim, mas hoje eu vejo que no fundo, no fundo, ele devia estar completamente destruído, mas o máximo que ele mencionou foi isso, da psiquiatra, da queda do avião e tal."

Ainda na quinta, Tarcísio Mattos, que fora colega dele no jornal *O Estado*, ligou para Júlio e falou com Cau por telefone. Sugeriu um final de semana na serra catarinense. Mais exatamente, em Alfredo Wagner, num sítio onde montara uma pousada e um pequeno pomar de tangerinas especiais. Cau disse que tinha de resolver algumas coisas com os advogados. Pouco depois, Júlio ligou dizendo que eles iriam, mas isso não aconteceu.

Naquele dia, ao passar diante da sede da Polícia Federal, Acioli abriu a janela do carro e gritou: "Filhos da puta!".

Cau tentou tranquilizar o irmão:

"Calma, calma. Eles estão fazendo o serviço deles."

"Mas como que você fala isso, calma, calma?"

Acioli deixou o irmão em seu apartamento e foi à biblioteca da UFSC em busca de uma dissertação de mestrado sobre a imigração italiana. Ao voltar, a porta do apartamento estava trancada. Estranhou, ligou para o Júlio, que não sabia do irmão. Deu uma volta pelo campus, tomou um café dentro da UFSC, e, quando retornou, Cau já estava em casa: tinha ido ao Banco do Brasil fazer a transferência bancária para pagar a primeira parcela dos honorários advocatícios, que iriam girar em torno de 120 mil reais.

Quando se ofereceu para contribuir, Cau recusou:

"Pelo menos para umas duas ou três parcelas eu tenho dinheiro. E o que eu não tiver, as pessoas se dispuseram a oferecer."

Na sexta-feira, Acioli levou o irmão à psiquiatra e ao escritório de Hélio Brasil, para nova reunião. O desembargador Nelson Martins tinha uma espécie de ficha dos desembargadores do TRF-4. Na avaliação dos advogados, ainda não era o momento de recorrer ao tribunal superior, já que tinham conseguido a liberdade e a autorização para orientar os alunos da pós-graduação. Já tinha havido outra reunião de Cancellier com professores da UFSC, entre os quais estava Marcus Vinicius Andrade de Lima, em que eles se colocaram à disposição para ajudar.

Pela manhã, Cristiane Derani encontrou Mikhail na UFSC e insistiu no convite para o almoço no dia seguinte — que ele confirmou à tarde, por mensagem. A professora tinha reagido imediatamente à prisão do reitor: logo depois de ter a notícia, ligara para um colega do CCJ, Matheus Felipe de Castro, uma liderança do PCdoB, sugerindo que redigissem uma carta de desagravo a ser endossada pelos professores do curso de direito. Baseados no post que João dos Passos publicara no Facebook, criticando a Operação (e depois de confirmar que teriam a assinatura dele), produziram uma nota que manifestava preocupação com a prisão temporária e o afastamento cautelar, que feriam a autonomia universitária e eram um ataque às liberdades democráticas.

Foi mais fácil redigir o libelo do que obter apoio para ele. Publicado no grupo do CCJ no WhatsApp, a carta foi recebendo adesões, até o diretor do centro, Ubaldo Cesar Balthazar, convocar uma reunião na manhã de segunda-feira, 18 de setembro, para discutir o assunto.

Cristiane não foi — achava que seria praticamente automática a aprovação. Depois das onze da manhã, ligou para Matheus, que a informou sobre a resistência de vários colegas. Ubaldo Balthazar decidiu continuar a discussão à tarde. Havia muitas resistências. As mais fortes, segundo Cristiane, eram do vice-diretor, José Isaac Pilati (que Cancellier derrotara para o posto de chefe de departamento em 2008 por apenas um voto), e do professor José Cristóvam. Este disse que o próprio Cau tinha desaconselhado a publicação da carta.

Na quinta-feira, 28 de setembro, a reitora Alacoque Erdmann pediu ao procurador da UFSC que solicitasse formalmente à juíza Janaína Cassol a reversão do afastamento de Cancellier.

O ofício, idealizado por Rogério Bastos, tratava dos potenciais prejuízos, sem contestar as prisões temporárias, mencionando 316 projetos de extensão que somavam 177 milhões de reais até 2022 e outros 586 de pesquisa, totalizando mais 254 milhões. Em cinco anos, calculavam, a UFSC corria o risco de perder "mais do que o total de recursos que o MEC destina no orçamento de capital e custeio para um exercício".

Outro impacto era junto aos parlamentares, que garantiam um fôlego extra à universidade, que, em 2016, tinha sido a que mais captara emendas individuais: 10,5 milhões de reais. O ofício sequer foi enviado.

Ainda na sexta, a juíza Janaína Cassol aprovou a ida de Cancellier à UFSC, com limites claros e estritos: condicionou sua entrada ao período em que atenderia uma candidata para o mestrado e cinco para o doutorado, ou seja, entre 15h e 17h30 do dia 5 de outubro.[5]

A juíza tinha autoridade para revogar a proibição, até mesmo de ofício, sem pedido da defesa, como fizera sua colega Marjôrie, ao determinar a soltura de todos os presos, embora alguns dos investigados não tivessem pedido sua libertação oficialmente.

Janaína Cassol fez questão de sublinhar que examinou o pedido sob a égide de outra determinação, que os advogados de Cancellier não contestaram — o afastamento do cargo, também imposto ao secretário de Educação a Distância e ao coordenador do Núcleo UAB: "Esse despacho aconteceu sob a vigência de outra decisão dada a conhecimento em 14 de setembro e que não foi objeto de recurso — poderia ter sido, mas não foi. O afastamento da função pública não foi objeto de recurso, por ninguém".

Ela prossegue: "Na minha substituição por aqueles três dias, a juíza da 6ª Vara só analisou a revogação do pedido de prisão temporária. Não houve recurso, impetração de mandado de segurança ou habeas corpus, contra o afastamento da função e a destituição de cargo. Quando o pedido de participar da banca foi feito ele estava sob a égide e vigência de uma proibição. O pedido atendeu ao direito dos estudantes que estavam ali e que sob a orientação de um professor que está afastado teriam prejudicados seus direitos na graduação ou na pós-graduação. Por isso a limitação de horário. É porque foi uma exceção".[6]

Cancellier ficou abalado. Segundo Acioli, ele teria dito: "Pô, se nem isso eu posso, e se eu vou voltar para a universidade e eu sou o reitor... eu não tenho mais moral nenhuma nessa universidade".

No sábado, 30 de setembro de 2017, bem cedo, Cristiane Derani foi à feira, comprou os legumes e as carnes para o cozido. Os três irmãos chegaram antes do meio-dia. Quem sustentou o papo, falando sobre ciência, foi Acioli. Cancellier estava silente e inquieto. Levantava-se várias vezes, deixava a sala para fumar, sentava-se novamente e dali a pouco saía de novo, até que Cristiane resolveu ir atrás dele e quebrar a barreira. Na memória dela, a conversa foi assim:

"Eu sei que deve estar sendo muito difícil, Cau. Eles estão te torturando, mas você vai superar isso. Essa é a tortura que a Stasi fazia."

Cristiane se referia à *Zersetzung* ("decomposição", em alemão), uma técnica de guerra psicológica usada pelo Ministério para a Segurança do Estado[7] (Stasi) para reprimir oponentes políticos na Alemanha Oriental durante os anos 1970 e 1980, e cuja denúncia ela havia acompanhado quando morara na Alemanha, em 1991. Cau respondeu laconicamente, dizendo apenas que a experiência tinha sido dura.

Durante o almoço, Felipe, o filho do casal, de dez anos, fez um rápido registro no vídeo do celular: Cau sentado à mesa, comendo a sobremesa e sorrindo levemente, ao lado de Júlio, que aponta os dedos para o garoto, como se fossem uma arma.

Mais adiante, Cristiane sentou-se ao lado dele na varanda e voltou ao assunto, mas o papo não decolou:

"Cau, eu soube que entraram com recurso. Cara, tenha fé. Isso aí vai passar, eles fizeram uma arbitrariedade, vai passar..."

"Um recurso aqui... uma ação ali... e a coisa vai andando assim."

Cristiane insistiu:

"Cau, você foi traído, né? Você foi traído e por gente muito próxima de você. Pra chegar algo tão grande para você, teve alguma traição muito grande..."

"É, na verdade o problema estava lá na Educação a Distância. Dois grupos começaram a brigar, e aquela moça, Taisa, foi mandada para desestabilizar toda a história."

Quando Cristiane perguntou quem fora o mandante, Cancellier mencionou expressamente Rolf Erdmann, o marido da vice-reitora.

A certa altura, Cau levantou e disse:

"Eu vou embora. Eu queria ficar. Está muito bom aqui, mas eu preciso ir embora. Sabe o que é? Eu estou tomando muitos remédios e isso me deixa meio mal, então preciso ir embora."

Cristiane não quis contrariar:

"Que pena, Cau, mas vamos combinar mais coisas, vamos levantar essa moral, porque a gente tem que resistir."

"Cuida bem do Mikha, toma conta dele pra mim."

Já na porta, Cristiane resolveu perguntar a razão de ele ter rejeitado a ideia da carta dos professores:

"Por que você não quis que mandássemos a carta?"

"Que carta? Ah, aquela carta do Matheus?"

"Não era do Matheus, Cau, era nossa. E você desautorizou..."

"Eu não desautorizei..."

"Mas o Cristóvam disse que você falou..."

"Falei para ele publicar."

"Então você aprova a publicação?"

"Publica, publica, publica..."

Foram as últimas palavras que Cristiane ouviu dele.

Na volta para casa, Cancellier sugeriu que tomassem um café num bar na Lagoa. Acioli entendeu a proposta como um bom sinal.

Em casa, os irmãos fizeram um vídeo para dar de presente para um sobrinho-neto. Cau deu ideias e Júlio editou o material gravado. Combinaram ir a Tubarão no dia seguinte, ver a final do campeonato da série B, Hercílio Luz contra Camboriú, no estádio em frente à antiga casa da família.

Mais tarde, Acioli comentou as séries que estava acompanhando na Netflix, como *House of Cards*. Cancellier não era espectador frequente, preferia os livros. Foi a última conversa que tiveram.

Na manhã seguinte, sob o pretexto de almoçar com Mikhail, Cau ficou em Florianópolis. No fim da tarde, o filho levou-o de volta para casa.

Enquanto isso, em Tubarão, os irmãos viram a vitória do Hercílio Luz por três a um, o que levou novamente o time de que eram torcedores para a série A do campeonato catarinense.

Retornaram às sete da noite. Cancellier não estava em casa e a chave do apartamento não estava no lugar combinado com Acioli. Os irmãos foram para a casa de Júlio. Às onze da noite, Cau ligou. Tinha ido ao cinema, explicou. Combinaram que Acioli dormiria no apartamento de Júlio e que almoçariam no dia seguinte.

Cancellier assistiu na sala cinco, na sessão das 21 horas, ao filme *Feito na América*, na época o mais recente trabalho de Tom Cruise.[8] Leo Rosa, o irmão mais velho de Lédio, que pertencera ao grupo Luta Democrática na juventude, encontrou Cau quando saía da mesma sala, pouco antes das 21 horas, depois de ver *Polícia Federal: A lei é para todos*,[9] ao lado da namorada Karine.

No sétimo andar do shopping, naquele domingo à noite, os dois conversaram rapidamente. Leo reparou que Cancellier estava com a roupa meio amassada, perguntou se estava tudo bem, Cau disse que sim.

Em seguida falaram sobre o filme:
"Gostaste?"

"Midiático."
"Um pouco, mas eles talvez estejam copiando Hollywood."
A conversa seguiu mais um pouco, Cau perguntou sobre Lédio e se despediram.
Cancellier deixou o shopping, atravessou a rua Bocaiuva, entrou no restaurante Macarronada Italiana e pediu para chamar Zé, o garçom. No corredor onde fica o balcão, fora do salão principal, Zé notou que o antigo freguês estava cabisbaixo e comentou:
"Não estás legal, não estás bem..."
"Estou bem, Zé."
"E o Cauzinho?"
"O Mikha está bem."
"E tu, Cau, como estás? Como está a política?"
"Me afastei da política, não estou mais na política."
"Vamos sentar."
"Não, Zé, vim só te ver, tomar um cafezinho contigo e dar um abraço. Estou com saudade de ti."
Zé pegou dois cafés. Tomaram no balcão mesmo. O garçom insistiu:
"Cau, fala para mim o que você tem..."
"Estou bem, Zé."
Antes de ir embora, Cancellier abraçou o garçom, deu um beijo e disse adeus. Zé não cobrou o café.
Por volta das 22h40, Isabela recebeu um telefonema de Cau. Falava alto, a ponto de Sérgio de Freitas conseguir acompanhar parte da conversa:
"Oi, Isa, tudo bom? Tô te ligando para dizer que tu és da minha família, e tu és da família do meu filho também. É uma pessoa que eu gosto muito."
A conversa durou uns dez minutos. Isabela estranhou, Cancellier não era de confidências: "Ele não gostava de 'mimimi', era

muito discreto e não gostava disso. Ele não era disso, de ligar para dizer que te ama, não era, definitivamente, do feitio dele. E eu estranhei, por conta disso".

Sérgio perguntou como estava a voz dele, Isabela disse que parecia animado. Ela se lembra de ter comentado com o marido:

"Será que ele tá querendo fazer uma besteira?"

Sérgio a tranquilizou:

"Ah, vai ver que ele saiu com os amigos dele, tomou um vinho, se empolgou, ficou sentimental. Se ele tá com a voz animada eu acho que não tem nada a ver isso não."

Naquela noite, Cancellier ligou também para Mikhail, mas o filho não atendeu. Cau deixou uma mensagem na caixa postal, falando que o amava e o admirava muito. Mikha ligou de volta, mas o pai não respondeu mais.

Na manhã de segunda-feira, Acioli pegou um ônibus (já tinha devolvido o carro e precisava viajar para São José dos Campos naquele dia) e foi para o apartamento de Cau. Encontrou a diarista e deu orientações sobre o almoço — o irmão tinha saído cedo.

Por volta das nove horas, Cau apanhara um táxi e fora para o Beiramar Shopping, que só abre às dez da manhã. Para fazer hora, sentou-se num banco da praça dos Namorados, um dos locais que costumava frequentar com Cristiana e com Mikhail ainda bebê. Beatriz, uma conhecida, encontrou-o ali. Cau disse que tinha uma consulta na Clínica São Sebastião, logo em frente — a mesma onde sua mãe, Madalena, tinha se tratado do câncer. Perguntou as horas, ela disse que eram 9h20.

Cau foi um dos primeiros a entrar no shopping, e ainda cruzou com um estudante da UFSC. De acordo com o jornalista Renan

Antunes, era Rafael Melo, um jovem advogado. O ex-aluno viu Cancellier cabisbaixo, vestindo uma jaqueta esportiva bege, sobre uma camiseta da UFSC, "com o torso curvado como se sentisse dor, meio alheio a tudo ao seu redor".

"Tentei confortá-lo dizendo 'sei o que o senhor está passando, tenho certeza de que vai provar sua inocência', mas ele não me deu muito papo."

Cau se despediu, entrou no shopping, pegou o elevador e subiu até o sétimo andar.

Junto à escada rolante, colocou as mãos no corrimão e deu um pequeno impulso. Ficou em pé sobre a cinta de borracha e saltou.

O vão livre tem 37 metros. Pelas contas dos repórteres Monica Weinberg e Thiago Prado, da *Veja*, seu corpo de 1,90 metro bateu no piso a uma velocidade de 97 quilômetros por hora, como se pesasse 458 quilos.

No domingo, enquanto os irmãos viam o jogo em Tubarão, Cau tinha preparado tudo. Separara seus documentos e escrevera quatro bilhetes: um para Júlio, Raissa, Acioli e sua mulher, Neide, outro para Mikhail e mais um para Lezana. O quarto, redigido num pedaço da última página do livro de Amós Oz, que ele prometera dar a Acioli, a polícia encontrou junto com a carteira de habilitação no bolso da calça. Três linhas escritas com caneta azul e letra de fôrma, sobre o papel amarelado, que diziam:

A minha morte foi
decretada quando
fui banido da universidade!!!

O bilhete para Lezana, que chama de mestre, fazia referência ao Salmo 133, recitado no início dos trabalhos das lojas maçônicas,[10] e encerrava com a saudação dos iniciados:

MESTRE LEZANA
"Oh, quão bom e suave é
Que os irmãos vivam
Em união"
A UFSC, dos nossos sonhos,
Será sempre um templo da
Liberdade, da igualdade e
Da fraternidade
TFA"

Não foi possível apurar o texto dos outros dois bilhetes. Os irmãos disseram que não leram a mensagem endereçada a eles. Segundo Acioli, Mikhail teria lido e informado que dizia algo como "o amor que eu sinto por vocês é muito grande, mas a dor foi maior".

A notícia da morte começou a circular rapidamente. Acioli ficou intrigado com algumas ligações perguntando sobre Cancellier que recebeu no telefone fixo de Cau. Explicava que o irmão não estava e as pessoas desligavam. Na Secretaria da Infraestrutura, Júlio atendeu uma chamada de Roberto Salum, perguntando se era verdade que Cancellier se matara.

Em seguida, Katia, a secretária de Cancellier, telefonou para Acioli e perguntou, chorando:

"É verdade que o Cau se suicidou? Diga que não é verdade, diga!"

Acioli ligou para Mikhail, sem dizer o motivo — o rapaz não sabia do pai. Telefonou também para Júlio, que ainda não tinha a confirmação. Em seguida, Júlio recebeu mais uma chamada, de Moacir Pereira. Pegou o carro e foi para o shopping. Ao entrar, se deparou com uma lona preta no meio do piso, cercada por policiais.

A princípio, os policiais não identificaram o morto, mas, afinal, Júlio recebeu a confirmação. A seu lado, já estava Rogério Cid Bastos.

Em Foz do Iguaçu, Cristiana, a ex-mulher, recebeu uma chamada por WhatsApp da professora Cláudia Borges. Respondeu que ligaria em seguida. Cláudia tentou mais uma vez e Cris ficou com medo de chamar. Finalmente, telefonou para a amiga e perguntou:

"É alguma coisa com o Mikha?"

Cláudia disse que não, Cris rebateu de pronto:

"O Cau se matou?"

"É, foi isso, Cris."

Em seguida, seus alunos confirmaram a informação, que já estava na internet. Cris começou a procurar um voo para Florianópolis. Só conseguiu para Navegantes, a 117 quilômetros, onde um amigo de Mikhail foi apanhá-la. Chegou à UFSC às nove da noite.

A juíza Janaína Cassol soube da morte do reitor logo depois:

"Soube pela minha mãe, que estava me visitando. Ela estava vendo televisão, mas a chamada tinha acabado. Entrei na internet e minha reação foi de surpresa, de incredulidade [...]. Senti muito pela atitude, me coloquei a pensar em todos os inputs que poderiam ter levado a essa decisão e foi um ser humano que tirou a própria vida. Eu senti, eu senti muito. Revisitei a minha consciência profissional, a minha consciência pessoal, desejei que não tivesse acontecido, que tivesse uma outra conduta que permitisse a permanência dele em vida. E, a partir daí, é assimilar o que aconteceu, fazer as reflexões necessárias."

Pouco depois das dez da manhã, Áureo Moraes notou que vários pró-reitores reunidos na sala de Cancellier mexiam freneticamente em seus celulares. Depois de receber uma mensagem de uma funcionária da universidade, cujo marido era agente da Polícia Federal, informando que Cau teria se suicidado, redigiu um comunicado oficial, mandou abrir o auditório e deu a notícia a alunos e professores. Em pouco tempo, decidiu-se que o velório seria no Centro de Cultura e Eventos.

No IML, os irmãos e o filho foram poupados do reconhecimento do corpo, que acabou sendo feito pela deputada Carmen Zanotto.

7. O que se sabe depois

Luiz Carlos Cancellier de Olivo nunca mais pôs os pés na UFSC depois da prisão, mas seu corpo voltou ao campus sob aplausos. Marco Antonio Martins, o Marquinho, líder dos funcionários, acompanhou o traslado do IML para a UFSC dentro do rabecão. O caixão lacrado entrou na reitoria aplaudido por centenas de estudantes, funcionários e professores[1] e foi coberto com a bandeira da universidade. Providenciaram uma foto do reitor emoldurada e a colocaram num pedestal junto ao caixão.

Num discurso improvisado, sua vice, Alacoque, disse que ele derramara seu sangue pela UFSC e que deveria ser lembrado para sempre. Houve outros pronunciamentos, como o de uma aluna indígena que o definiu como o pai que tinham perdido naquele dia, e o do padre Vilson Groh, 63 anos, que desde os 22 vivia na comunidade do morro do Mocotó e de quem Cancellier se aproximara como reitor.[2]

Mas não faltou um momento constrangedor, quando uma estudante se aproximou e socou o caixão, aos gritos: "Cadê os 80 milhões?". Foi praticamente expulsa do local pelos colegas.

Ao final do velório, na manhã seguinte, estudantes e professores do CCJ, alguns portando rosas amarelas, outros empunhando cartazes, seguiram em cortejo do centro ao auditório Garapuvu, do Centro de Cultura e Eventos, onde estava marcada a sessão solene fúnebre do Conselho Universitário.

Às onze da manhã, em fila indiana, os conselheiros entraram no auditório lotado, onde estava, entre outras autoridades, o vice-governador do estado, Eduardo Pinho Moreira. Ao lado do caixão, agora coberto também pela bandeira de Santa Catarina, três cartolinas negras com os dizeres "Os dias continuam assim", "Prof. Cancellier, teus alunos preservarão tua universidade" e "Uma dor assim pungente não há de ser inutilmente" adornavam a mesa diretora.

Do lado esquerdo do palco, a partir da plateia, sentaram-se os conselheiros. Ao centro, o caixão coberto pelas bandeiras do estado, da cidade e da UFSC. À direita, a mesa dos trabalhos, onde sobre uma cadeira vazia estava o traje branco que ele usava em solenidades, na condição de reitor.

A certa altura, estudantes estenderam uma grande faixa vermelha diante da mesa, com os dizeres: "Democracia de luto em luta! Aqui mais uma vítima: da canalhice do estado de exceção e sua mídia". O ex-aluno Leonardo Moraes falou em nome dos estudantes. Lembrou o estilo do reitor e listou quem considerava responsáveis: "Devemos lembrar que a tragédia de ontem não foi um acidente. Um desafeto político. Uma denúncia deturpada. Um processo arbitrário, conduzido por uma delegada possivelmente inconformada por ter sido afastada da Lava Jato. Uma decisão inconsequente da juíza da 1ª Vara Federal de Florianópolis mudou do dia para a noite a vida do reitor Luiz Carlos Cancellier. Depoimentos que o absolviam foram ignorados. Provas foram colhidas sem qualquer contraditório. Uma prisão duramente criticada por toda a comunidade jurídica catarinense. Uma decisão assinada no conforto de um gabinete, que transtornou a história da nossa Universidade. [...] O homem do diálogo foi preso sem antes poder falar".

Arnoldo Debatin Neto, representante dos diretores de centro, criticou o sentimento de intimidação disseminado entre os gestores de todas as universidades federais, mencionou os instrumentos de controle da instituição e perguntou: "Quantos juízes e promotores passaram pelos bancos da UFSC?".

Rosi Corrêa de Abreu, em nome dos servidores técnico-administrativos, voltou o dedo acusador para as autoridades: "Esperamos que esta dolorosa partida sirva de reflexão para todos, especialmente aqueles ávidos por holofotes, que, entorpecidos por ego e vaidade, extrapolam suas funções institucionais".

Falando por todos os professores, Gregório Jean Varvakis Rados tentou entender as razões do suicídio: "Ele era professor de direito administrativo. Acreditava na justiça, no sistema, na lei e no direito. Cancellier viu seus paradigmas e seus conceitos vilipendiados. Destruídos em uma ação inexplicável, segundo seus ideais, a lei e a justiça".

Como representante dos ex-reitores, Ernani Bayer (gestão 1980-4) destacou a necessidade de preservar a autonomia universitária. E o presidente da Associação Nacional dos Dirigentes das Instituições Federais de Ensino Superior, Emmanuel Zagury Tourinho, definiu a Operação Ouvidos Moucos como um ataque às universidades públicas: "São setores da nossa sociedade que querem desqualificar as instituições e seus gestores para, na verdade, atacar o direito dos nossos cidadãos à educação pública e gratuita. É isto que está em jogo".

Rogério Bastos discursou na condição de decano dos professores. Lembrou Voltaire: "E por que eu pensei em Voltaire? Voltaire viveu em 1600, quando a Inquisição ameaçava a ciência, quando a Inquisição fazia vítimas independente de processo, de julgamento. Ou pior, criava os julgamentos que queria. Mas também por outra característica, porque Voltaire acabou exilado por suas atitudes e por suas ideias".

O governador em exercício, Eduardo Pinho Moreira, que já decretara luto oficial de três dias, explicou que trouxera a bandeira do estado para colocá-la sobre o caixão em nome de todos os catarinenses, lembrou a participação de Cancellier na Constituinte, onde ajudara a conquistar avanços da liberdade, e acusou: "Ele foi [vítima] exatamente dessa liberdade excessiva dos órgãos fiscalizadores que se apoderaram de decisões que interferem na vida de todos nós [...]. E, como são cidadãos, seres humanos, eles cometem muitas injustiças. E a do Cau talvez tenha sido a maior de que nós temos conhecimento".

Pinho Moreira leu em seguida a nota de João dos Passos, que classificou de "a maior autoridade jurídica do governo de Santa Catarina", dizendo que aquela passava a ser a posição do governo. Passos afirmara que a tragédia ocorrera sob condições revoltantes e que Cau fora vítima de abuso de autoridade: "Por isso, respeitado o devido processo legal, é indispensável a apuração das responsabilidades civis, criminais e administrativas das autoridades policiais e judiciárias envolvidas. Que o legado do professor Luiz Carlos Cancellier de Olivo seja, em meio a tantos outros bens que nos deixou, também o de ter exposto ao país a perversidade de um sistema de justiça criminal sedento de luz e fama, especializado em antecipar penas e martirizar inocentes, sob o falso pretexto de garantir a eficácia de suas investigações".

Em nome do Conselho Curador, Áureo perguntou: "A quem interessou [...] destruir a pessoa do reitor Luiz Cancellier? A quem interessava tentar construir a farsa de uma gestão sem controle, de apontamentos resultantes de relatórios da CGU que nem mencionavam o período do reitor Cancellier?".

Wedekin falou pela família: "Luiz Carlos Cancellier de Olivo, o Cau, está morto. [...] Nas estatísticas oficiais, a morte de Cau será contada como suicídio. Mas ninguém se iluda. [...] Não conheço nenhum desses agentes da lei, e não desejo conhecê-los, porque tenho medo deles. Que autoridades são essas que em vez de proteger nos causam medo e terror? Quem são eles, assim destituídos de humanidade e razão? [...] Mãos não só de autoridades, mas de uma imprensa que primeiro atira e depois pergunta quem vem lá, isto quando e se pergunta. Uma imprensa que toma como verdadeira, em princípio, a palavra da autoridade, não mediada, não contextualizada. [...] De blogueiros, ativistas e pessoas 'comuns' que, raivosos, expelem argumentos chulos, pensamentos prontos, clichês preconceituosos, manifestações de atraso, ignorância, e de ódio, muito ódio nas redes sociais. Mãos que confundem moral com moralismo de baixo custo, que a todos rotula, por método, costume e um certo prazer sádico".

Com a voz tão embargada que ameaçava o entendimento, Lédio Rosa representou os colegas do Centro de Ciências Jurídicas. Lembrou a infância comum, o movimento estudantil, o tempo da ditadura. E disse: "Quando se fala em Estado democrático de direito, nós estamos falando de muito sangue, de muita guerra, de conquistas feitas com o suor e o esforço dos nossos antepassados. Quando se fala em ampla defesa, em Estado democrático de direito e contraditório, isso não é brincadeira. Isso não é brincadeira. Esses néscios que estão por aí dizendo bobagem não sabem o que é uma ditadura. Não sabem que eles serão os primeiros a clamarem por Estado de direito daqui a pouco. E foi dentro dessas condições que o Cau se deparou com a mais perfeita ditadura, que é a ditadura feita em nome da moral, que é a ditadura feita em nome da justiça, que é a ditadura feita em nome da democracia".

Às três da tarde, o cortejo deixou o auditório em direção ao Parque Jardim da Paz — inaugurado em 1970, o único cemitério-jardim da cidade. Diante do túmulo aberto no gramado, houve um ato religioso, entremeado por gritos de "Cancellier presente! Cancellier presente!".

Acioli falou em nome da família. Disse que a morte do irmão não fora um gesto político, mas um ato de grandeza, e defendeu a necessidade de aumentar os programas de cuidado com a vida, afirmando que Cau dera a dele para que não se cometessem outras injustiças. O sepultamento aconteceu pouco antes das cinco.

A juíza Janaína Cassol reagiria assim à nota do procurador João dos Passos:

Se há um entendimento, por parte de quem quer que seja, de que houve o cometimento de um ilícito penal, ainda que em tese, tem de ser exercido o direito de representação. Eu sou passível disso? Sim. Se tem elementos, sim. A mesma forma de análise que tenho hoje para fazer o recebimento de uma denúncia, para a análise de medidas cautelares, está à disposição de todo cidadão. Não tenho nenhuma medida contrária, sou totalmente suscetível ao escrutínio público, legal, da própria corregedoria — o que houver de escrutínio processual, que são as instâncias recursais. Eu volto a dizer: todas as formas de manifestações que surgiram, a partir desse fato que gerou consternação e dor — e não tem como não gerar e não tem como eu não ter sentido, porque é um ato de força, é um ato violento —, todas essas palavras têm uma carga emocional muito grande. Vejo com muita tranquilidade. Tenho muita tranquilidade em relação à minha decisão.

Não tenho a consciência pesada. Prolatei uma decisão suscetível de recurso contra pessoas que, em sua maioria, tinham conhecimento, todas com curso superior, inclusive em Direito. Elas têm a compreensão do todo. Eu represento o Estado e sou suscetível de investigação, como qualquer outro magistrado em qualquer outra situação.

A morte de Cancellier paralisou momentaneamente os trabalhos da Polícia Federal. No dia 2 de outubro, ainda houve três oitivas: do ex-tutor Giórgio de Jesus da Paixão, que admitiu ter recebido bolsa de tutoria e mestrado, mas explicou que não havia incompatibilidade; de Márcia Regina Pereira Sagaz, revisora de material do EaD, suspeita de ter sido contratada irregularmente, que comprovou ter pós-graduação; e do professor Rudimar Antunes da Rocha, que repetiu suas acusações. Mas o depoimento de Bruno Costa Barreiros, marcado para aquela segunda, só aconteceria no dia 25 de outubro.

Os interrogatórios foram retomados na sexta-feira, 6 de outubro, com mais três depoimentos. Até 26 de março, quando Érika Marena foi substituída pelo delegado Nelson Luiz Confortin Napp — ela foi promovida e assumiu a superintendência da Polícia Federal em Sergipe —, foram colhidas mais 76 oitivas. Houve ainda uma acareação entre Luiz Felipe e Taisa e novo depoimento de Eduardo Lobo, a pedido dele.

Foram ouvidos 28 tutores ou ex-tutores, 23 celetistas ou ex--celetistas das fundações de apoio, dezessete professores, uma funcionária aposentada, além dos superintendentes da Fapeu e da Fepese, dois assessores diretos do reitor (Lezana e Áureo), um motorista de ônibus, um sócio minoritário da empresa Arroba Turismo e uma bolsista da Capes. Oito dos celetistas admitiram ter recebido bolsas também — o que é uma infração às normas da Capes.[3]

Há outras cinco oitivas fora de ordem no inquérito[4] — realizadas ainda em setembro de 2017, só aparecem no volume 22, o que parece indicar apenas um lapso. O único depoimento potencialmente relevante entre os fora de ordem é o de Ettore de Assis Albuquerque, engenheiro eletrônico que trabalhara na Fapeu. Ele disse que intermediava a compra de equipamentos com fornecedores estrangeiros e que tinha certeza de que fora demitido por não aceitar mais fazer contratações de serviços direcionados, impostas pelos professores e funcionários.

Ettore afirmou que sua substituta, Kelly Dutra Júnior, que chefiava o departamento de compras quando ele foi ouvido, não sabia falar inglês e fora contratada por laços amorosos com outro integrante da Fapeu.

Quanto à empresa beneficiada nas compras, teria sido a Raf Internacional Cargo, contratada para cuidar da logística, com preços até 6% mais caros. Um dos responsáveis pela Raf, Marcelo, genro do sócio-proprietário Roberto, teria oferecido 2 mil reais como presente. Ettore entendeu como propina, desconversou e não aceitou o dinheiro.

A Raf também teria financiado a festa de final de ano de 2013. Ettore mencionou ainda o que ouvira de uma funcionária do setor de contabilidade, sobre um jantar reembolsado no valor de 3 mil reais, em nome do superintendente da Fapeu. Afirmou ainda que a fundação cobrava dos professores que tinham projetos independentes, com verbas do CNPq, 2,5 mil reais para fazer compras de material no exterior ou nacionais. Mas não há documentos anexados por ele ao depoimento.

Dezoito dias depois do suicídio de Cancellier, na sexta-feira, 20 de outubro, Áureo Moraes assinou a portaria n. 2353 instaurando uma Comissão de Processo Administrativo Disciplinar para apurar os fatos que culminaram com a prisão e interdição do reitor.[5] A determinação afastava Hickel do Prado por sessenta dias do cargo de corregedor, cumprindo assim a última determinação dada por Cau. O procurador-geral da UFSC, Juliano Rossi, recomendou que Áureo não assinasse a portaria. Resposta de Áureo, segundo Juliano: "Mas é assim que ele age!".

Antes que a portaria fosse publicada, alguém tirou uma foto do documento e publicou numa rede social. Em Imbituba, Júlio reproduziu a imagem em seu Facebook. Hickel do Prado foi à Polícia e prestou queixa, alegando que teria havido um vazamento ilegal de informação.

Na segunda, 23 de outubro, o corregedor ingressou com uma ação na Justiça pedindo o retorno à função da qual fora afastado. O juiz, antes de deferir ou não a liminar, concedeu à UFSC quinze dias para se manifestar.

Naquela manhã, os pró-reitores validaram o afastamento, com base em todo o histórico da conduta de Hickel do Prado. À tarde, o chefe da CGU em Santa Catarina, Orlando Vieira, e o procurador do Ministério Público Federal, André Bertuol, se reuniram com a reitora em exercício e com o procurador da UFSC, Juliano Rossi — os pró-reitores queriam participar, mas foram vetados.

André Bertuol tirou da mala uma cópia da portaria assinada por Áureo, mostrou-a para Alacoque e disse que era uma questão delicada. Perguntou se a reitora em exercício ratificava a decisão: "Se a senhora concorda com isso, a investigação entra num nível diferente".

A finalidade era intimidar, avaliou Juliano. Funcionou, reconheceria mais tarde Alacoque: "Eu fiquei entre a cruz e a espada. Não dormi mais, não conseguia mais pensar, não conseguia mais raciocinar nada. Entrei em pânico".

Terminado o encontro, a reitora em exercício entrou na sala onde estavam os pró-reitores e anunciou que ia revogar a portaria. Estava visivelmente abalada. Áureo replicou e afirmou que, nesse caso, deixaria a chefia do gabinete, por entender que se tratava de uma quebra de confiança. Não adiantou: Alacoque mandou publicar a revogação e Áureo entregou a carta de dispensa da função e se despediu da equipe. A reitora em exercício nem ficou no gabinete:

"Como eu estava sob essa ameaça, entreguei aquela homologação, encaminhei o processo em mãos ao motorista, que o levou em mãos para o Orlando, e apaguei. Porque realmente aquilo foi uma situação que nunca, nunca, nunca na vida enfrentei um negócio desse. Que deve ter sido o que o Cau deve ter aguentado lá na cadeia."

Na terça-feira, 24 de outubro, o Conselho Universitário criou uma comissão para investigar os acontecimentos relativos à Operação Ouvidos Moucos e as circunstâncias que levaram ao suicídio do reitor. A reitora estava anunciando para a TV a criação da comissão pela UFSC enquanto sua equipe decidia renunciar coletivamente. Deixaram o cargo vinte gestores.[6]

A suspensão dos recursos para o EaD da UFSC levou dois grupos de estudantes a recorrerem à Defensoria Pública e à juíza Janaína Cassol, pois a Capes alegou que não podia retomar os repasses até que fosse definida a extensão das supostas irregularidades e superado o sigilo imposto pelo corregedor e pelo inquérito, que inviabilizavam qualquer conclusão. Em resposta, o Ministério Público, a juíza e até a delegada disseram que a instituição era parte interessada e podia ter acesso aos autos, e que os repasses não deviam ser suspensos.

Érika Marena interrogou a funcionária Denise Aparecida Bunn[7] no dia 8 de novembro de 2017. Queria saber quem definia em quantos projetos ela podia trabalhar. Denise respondeu que era ela mesma e informou que recebia de quatro fontes: 4 mil reais da Fapeu pelo projeto UAB, mais 3 mil da Fepese pelo projeto do Ministério da Saúde, outros 4 mil da Funjab para produzir material do PNAP (Programa Nacional de Formação em Administração Pública) e mais 1,2 mil reais da Feesc no projeto de Academia da Saúde. Somando tudo, eram 12,2 mil reais, sempre na produção da parte técnica dos recursos educacionais, tais como material impresso, videoaulas, videoconferências, slides, provas, atividades de Moodle etc. Denise ainda estava envolvida num projeto de capacitação de professores da rede municipal, que fora trazido por Lobo, em fase de planejamento. Nas horas vagas, editava livros em casa. Registrou, contudo, que não fazia isso na UFSC — ali, no máximo, respondia a algum e-mail de clientes. Explicou que outros funcionários do LabGestão também faziam trabalhos extras fora do horário de expediente.

A funcionária disse saber que certas atividades eram remuneradas com meias bolsas, mas ela própria nunca recebera bolsas da Capes, nem emprestara sua conta para ninguém, e ignorava os detalhes das denúncias de Taisa Dias e as razões pelas quais a coordenadora deixara de usar o LabGestão.

Leandro Silva Coelho, companheiro de Denise Bunn, tinha uma MEI, que atuava na área de informática. A empresa era recente e executara três trabalhos — um para a Copiart, outro para a Funjab (num projeto coordenado por Cancellier) e um livro para um evento a pedido da professora Cibele Barsalini. A PF apreendera os blocos de notas da MEI na gaveta dela na UFSC. Denise fizera outros trabalhos para Cancellier — a diagramação de uma revista do curso de direito entre eles, remunerados como prestação de serviços com recursos geridos por fundações de apoio.

No dia 9 de novembro, a delegada pediu ao reitor Ubaldo Balthazar uma cópia das informações sobre a Educação a Distância. Queria tudo: disciplinas, turmas, nomes das disciplinas, horas-aula, vagas ofertadas, vagas ocupadas, horários/locais, professores, cursos. Também solicitou login e senha para entrar nos sistemas Moodle e CAGR.

Gilberto Vieira Ângelo[8] esteve na PF em 14 de novembro de 2017. O superintendente da Fapeu explicou que, inicialmente, a fundação credenciava empresas como fornecedoras e estas é que deveriam comprovar que seus preços eram os de mercado, apresentando mais três orçamentos. Como os órgãos de controle não viam com bons olhos esse método, a partir de 2015 a Fapeu adotara um sistema de seleção pública das empresas que forneciam passagens, veículos e hospedagens.

O superintendente garantiu que jamais orientara os funcionários responsáveis pelas contratações para atender aos pedidos dos ordenadores de despesa (que eram os coordenadores dos projetos) e que só recentemente se dera conta da concentração de contratos em certas empresas (a gerente de administração responsável tinha se aposentado em 2012 e ele disse que não lembrava o nome dela).

Ângelo também afirmou que examinava apenas as contratações globais, envolvendo o conjunto dos projetos e não cada um individualmente, e que, por isso, não teria notado a concentração numa mesma empresa de viagens. O ponto de contato das agências de viagens na Fapeu era a funcionária Maria Bernadete, a quem ele não dera qualquer determinação.

Em relação aos celetistas, disse que muitas contratações já estavam previstas nos planos de trabalho dos contratos. O nome de Roberto Moritz da Nova aparecia no primeiro contrato ainda em 2008. Os funcionários não podiam ser bolsistas dos projetos de extensão — docentes ou servidores técnico-administrativos tinham de ter sua inclusão como bolsistas aprovada no âmbito da universidade —, e a carga horária, normalmente de jornadas integrais, de quarenta horas, deveria ser controlada pelo coordenador do projeto.

Ângelo desconhecia que pessoas sem vínculos com a UFSC tivessem recebido bolsas e afirmou que a Fapeu não tinha como saber se um celetista contratado para prestar serviço nos projetos também estava contratado por outras fundações e outros projetos.

Era possível que algumas bolsas fossem pagas com recursos de custeio, dependendo das atividades a ela relacionadas, como a elaboração de material didático. Sobre os valores, o máximo admitido eram 8 mil reais.

A Fapeu operava projetos vinculados a recursos públicos, mas atendia também à iniciativa privada. Os de Educação a Distância eram todos vinculados. Pelo menos um deles tinha um débito no valor de 563 mil reais — o contrato 164/2014, projeto 178/2014.

Sobre a acusação de que só 36% dos recursos recebidos pelo projeto 371/2008 tinham comprovação, Ângelo, como já mencionado, atribuiu o fato a um erro material: o funcionário que prestara as informações teria contabilizado apenas o valor gasto com bolsas e RPA, deixando de lançar as despesas com pessoas jurídicas, celetistas e ressarcimentos, sendo que a Fapeu já tinha repassado as informações corretas para a Capes. O contrato terminara com saldo negativo na fundação. Em setembro, a Fapeu já tinha informado à UFSC, ao fiscal e ao coordenador do contrato 164/2014 que havia um saldo negativo. No mês seguinte, como nada foi feito, reiterou o alerta e deu aviso prévio a todos os celetistas envolvidos.

No dia 16 de novembro, a Polícia Federal ouviu Eduardo Lobo novamente. O pedido fora dele mesmo. Seu objetivo era demolir as acusações formuladas por Taisa. Ele começou explicando que, como chefe de departamento, não ordenava despesas — salvo na condição de coordenador de algum projeto. As principais decisões eram adotadas pelo colegiado do curso, e, portanto, um chefe de departamento não poderia dizer quem ficava ou não no cargo.

Lobo confirmou que instara Taisa em algumas ocasiões a usar o LabGestão e apresentou o Planejamento Estratégico do CAD, onde tal objetivo estava inscrito com todas as letras. Justificou o uso dos recursos destinados à Fepese para custear bolsas atrasadas, porque isso estava no plano de trabalho, aprovado por várias instâncias da universidade. Mostrou ainda que a coordenadora também tinha mandado pagar onze bolsas em duplicidade no mês de outubro, referentes a setembro de 2016.

O diretor do Departamento de Ciências da Administração confirmou que Nunes lhe sugerira, inclusive por memorando, receber alguns ressarcimentos de professores em nome dele e de outros docentes, por serem valores do exercício anterior, que não poderiam ser pagos de outra forma. No caso dele, chegara a receber os valores em sua conta, mas os devolveu à Fapeu, porque a prática estava sendo abandonada pelo Núcleo UAB.

Lobo entregou à delegada vários documentos comprovando suas declarações e explicou que a responsabilidade era da coordenadora do curso, no caso, Taisa, e depois Marilda Todescat — ele só assinava como anuente.

Segundo ele, ambos tinham uma boa relação, antes que determinasse à coordenadora que cuidasse dos estágios, o que levou Taisa a reclamar por escrito, com cópia para diversas pessoas, em vez de ir conversar com ele. Mesmo após esse embate, tinha autorizado a viagem dela para a Bulgária, numa indicação de que não a perseguira. Na mesma linha, ele explicou a desocupação da sala (que chamou de depósito), os debates sobre as denúncias da coordenadora na reunião do departamento e no colegiado do Centro Socioeconômico e suas consultas à Procuradoria e à Corregedoria.

Na cópia de um novo plano de trabalho, aprovado pelo MEC, que previa o pagamento de bolsas a professores e servidores entre outubro de 2016 e setembro de 2018, Lobo anotara à mão: "Taisa Dias assina o plano de trabalho com ciência do chefe do Departamento. Taisa Dias propôs o pagamento de bolsas a professores. Ela própria recebia 1400 reais por mês pela coordenação do curso, com carga horária semanal de trinta horas".

Também fez questão de consignar o que definiu como erros de Taisa, que deixara de prever 16 073,01 reais em gastos sem cobertura; 60 700 reais em serviços de terceiros de pessoas físicas e na taxa de melhoria da UFSC, e não comunicara a carga horária e o teto remuneratório dos professores.

A ex-reitora Roselane Neckel foi à PF no dia 20 de novembro de 2017, depois de pedir acesso prévio ao processo. Chegou com um discurso azeitado: o programa Universidade Aberta do Brasil sempre tivera muita autonomia na UFSC; ela não sabia como as fundações procediam no caso das contratações; sua equipe, formada por gente que não tinha participado das gestões anteriores, demorara a entender os procedimentos e só em 2015 pediram que se manifestasse sobre os recursos financeiros da Educação a Distância, pois até então os trâmites eram entre as coordenações dos cursos, a Pró-Reitoria de Graduação e a Capes. Também até 2015, a Capes nunca demandara explicação sobre a gestão de recursos da UAB.

Neckel também tentou mostrar que, desde o primeiro momento, teria cuidado do controle e da lisura dos procedimentos. Entregou um HD externo com vários processos que tramitaram na gestão dela, entre os quais um relativo a doações de materiais e equipamentos patrimoniais registrados como fora de uso, que a Secretaria Especial de Aperfeiçoamento Institucional identificara, e que tinham sido encaminhados a instituições filantrópicas sem as adequações — parte do material valia mais de 4 milhões de reais.

A ex-reitora listou iniciativas que demonstrariam sua disposição de reverter esse cenário. Iam da destituição do professor Erves Ducati da função de fiscal do contrato com a Fapeu, por recomendação da CGU, à criação da Secretaria de Aperfeiçoamento Institucional, passando pelo Programa de Republicanização da UFSC e culminando com a Corregedoria — da lista tríplice, afirmou, escolhera o mais qualificado, que era Hickel do Prado.

Ao terminar seu mandato, fora para o exterior, fazer o pós-doutorado, e não acompanhara os desdobramentos mais recentes. Não mantinha interlocução com a gestão atual e chegou a ser acusada de "caçadora de bruxas" pelas providências adotadas quanto ao controle do uso de recursos públicos.

A mídia mudou o tratamento dado a Cancellier depois do suicídio. As notícias, em sua maioria, passaram a reconhecer que ele não era suspeito de desvio e a contrapor a acusação de obstrução de justiça aos argumentos apresentados por Cau em seu artigo ou por depoimento de amigos como Damião, Wedekin ou Lédio.

Pelo Twitter, o ministro Gilmar Mendes, do Supremo Tribunal Federal, defendeu a apuração de responsabilidades:

> Não estou antecipando responsabilização, mas o caso demonstra que, algumas vezes, sanções vexatórias são impostas sem investigações concluídas. Acredito ser necessário que o Conselho Nacional de Justiça, o Conselho Nacional do Ministério Público e o Ministério da Justiça atuem no caso da morte do reitor.

Em sua coluna de 8 de outubro, a ombudsman da *Folha de S.Paulo*, Paula Cesarino, criticou a cobertura do jornal sobre o caso:

> O corpo no chão do shopping tornou-se trágico sinal de alerta. A aceitação passiva do discurso policial, o açodamento na busca de culpados por desvios, a imperícia nas técnicas elementares de reportagem e a irresponsabilidade de agentes públicos contribuíram para a morte de cidadão privado do direito à presunção da inocência.
>
> Por mais incisiva e rigorosa que seja a autocrítica da cobertura da imprensa na acusação e morte do reitor da Universidade Federal de Santa Catarina, Luiz Carlos Cancellier de Olivo, já se terá mostrado tardia, insuficiente e assustadora do viés punitivo de algumas das principais instituições sociais do país.

O colunista Elio Gaspari resumiu o entendimento sobre o caso, na mesma edição:

> Nos dias de hoje, proibir um reitor afastado de pisar na universidade serve apenas para humilhá-lo. Vale lembrar que a ditadura nunca proibiu os professores que cassou de entrarem nas escolas. [...] As patrulhas da polícia e do Ministério Público devem pensar pelo menos uma vez antes de pedir a prisão de um cidadão. Isso porque abundam os sinais de que se pensa mais no espetáculo da publicidade do que nos direitos dos brasileiros. Era realmente necessário prender Cancellier? Soltando-o, era necessário proibi-lo de entrar na universidade? Guimarães Rosa ensinou: "As pessoas não morrem, ficam encantadas". O reitor Cancellier tornou-se um desencanto para o Brasil da Lava Jato.

Na segunda-feira, 30 de outubro, a Operação Ouvidos Moucos ganhou, afinal, um furo jornalístico digno desse nome. Não saiu em nenhum veículo da grande mídia, mas em um site chamado Jornalistas Livres, inicialmente sem assinatura.

O coletivo fora criado por um grupo de jornalistas. Entre eles estava Laura Capriglione, que, em 2014, depois de acompanhar os protestos de junho de 2013 e a ação dos midiativistas, deixara a *Folha de S.Paulo* e, em março de 2015, criara o que definiu como um hub de mídia.

A autora da reportagem, só mais adiante revelada, era Raquel Wandelli, mulher de Moacir Loth, jornalista agredido pela PM na Novembrada, e mãe de Luara Wandelli Loth, a estudante ferida no Levante do Bosque. Antes dos 35 anos, Raquel tinha trabalhado em todos os jornais locais de Florianópolis. Prestou concurso para o MEC, foi aprovada e passou a atuar como jornalista no INSS.

Cedida para a UFSC, entre 2009 e 2013, trabalhou na editora da universidade e depois na assessoria da Secretaria de Cultura da universidade. Paralelamente à carreira de servidora pública, em 2000 tornou-se professora de jornalismo na Unisul. Mestre em literatura pela Universidade Federal de Santa Catarina (2000), estagiou duas vezes na Sorbonne Nouvelle, em Paris.

No dia do suicídio de Cancellier, Raquel e o marido hospedavam o repórter José Hamilton Ribeiro, do *Globo Rural*, que faria uma palestra na UFSC. No dia seguinte, Raquel ouviu o veterano jornalista sobre a morte de Cau e publicou um texto no site Jornalistas Livres. Estava no velório quando Laura Capriglione ligou pedindo nova colaboração, que ela escreveu após o enterro. Daí em diante, foi dominada pela história do reitor.

No dia seguinte, junto com alguns colegas, criou a página de Facebook "Floripa contra o estado de exceção" e passou a escrever diariamente ali e no site. Nos corredores da UFSC, começou a ouvir comentários de que Rodolfo Hickel do Prado se envolvera em episódios anteriores de agressão a mulheres. Resolveu investigar e alguém lhe disse que apenas uma pessoa processara o corregedor. Nos sites especializados em temas jurídicos, encontrou o nome de Flávio Cozzatti e se deu conta de que ele era professor do Centro Universitário de São José e amigo dela no Facebook. Entrou em contato e, a partir daí, começou a desenrolar o novelo.

Antes de publicar o texto, Raquel mandou o resultado de sua apuração para várias pessoas — entre elas, o amigo de infância de Cau, Lédio Rosa. Alguns amigos sugeriram que ela não o publicasse, mas Laura Capriglione lhe deu apoio total. Sem adjetivos, o título sintetizava a história: "Corregedor que entregou reitor à PF já foi condenado por calúnia e difamação".

Usando os recursos à disposição de qualquer repórter — quanto mais de policiais federais, integrantes da CGU, do TCU e de outros órgãos de controle —, Raquel Wandelli rastreou a trajetória do corregedor em tribunais e delegacias. O nome dele figurava há muito tempo em seis processos judiciais e já merecera duas condenações, justamente por abuso de poder. Mais tarde, ele contestaria essa afirmação.

Raquel apontou em seu texto que Roselane Neckel não sabia quem era Rodolfo Hickel do Prado ao nomeá-lo, mas lembrou que não teria sido difícil encontrar o registro daqueles processos. Afirmou que as acusações giravam em torno de desequilíbrio emocional, falso testemunho e agressividade, e podiam ser todas conferidas no site do Tribunal de Justiça do Estado. Reproduziu declaração do ex-procurador da UFSC, Nilton Parma, para quem, com uma ficha do gênero, Hickel do Prado não poderia ter sido nomeado para cargo algum.

Hickel deixara de ser réu primário em 7 de novembro de 2011, ao ser condenado pela Justiça Criminal por difamação. A sentença de quatro meses e 24 dias de detenção referia-se ao crime repetido três vezes contra o procurador de Justiça estadual, Ricardo

Francisco da Silveira, que morrera em 2013, antes de receber a ação indenizatória no processo cível.

Como síndico do condomínio Forest Park, no bairro de Coqueiros, em Florianópolis, o futuro corregedor da UFSC teria incitado a PM a invadir a casa do professor Flávio Cozzatti, vizinho e melhor amigo de Ricardo Silveira, sob a acusação de obstruir a ação policial. Na ocasião, teria dito aos policiais que "esse procuradorzinho de merda vem aqui querendo dar carteiraço" — a citação é dos autos,[9] reproduzida no Jornalistas Livres.

Em entrevista a Raquel, Cozzatti acusou Hickel de passar dos limites como síndico e persegui-lo por fumar cachimbo ou charuto na sacada do apartamento. Os autos incluem um laudo técnico confirmando que o síndico cortou a fiação de TV a cabo do apartamento de Cozzatti, que abriu a caixa, cortou o restante dos fios e foi dormir. Acordou com a polícia dentro de seu apartamento, chamada por Hickel, que disse ter sido ameaçado de morte com arma de fogo.

Isso aconteceu no dia 3 de junho de 2010, quando mais de cinco viaturas com oito homens da Polícia Militar armados, sendo três do Bope, portando fuzis e metralhadoras, arrombaram e invadiram o apartamento do professor Cozzatti. A descrição da cena parece filme policial: Hickel teria colocado uma escada para permitir que os policiais alcançassem o apartamento do vizinho. Ao ver os policiais, Cozzatti pediu que a esposa ligasse para o procurador Ricardo da Silveira e pedisse ajuda. Silveira chegou a tempo de ver os policiais arrebentarem a porta de armas em punho. Eles puxaram Flávio Cozzatti pelo braço e lhe aplicaram uma gravata na frente da mulher e dos filhos.

Na descrição do procurador, os policiais teriam menosprezado sua cobrança por um mandado, e um integrante do Bope ameaçou Flávio, agitando um par de algemas: "Colabora, professorzinho de merda! Se não, te algemo e toda a tua família, e levo para a delegacia presos".

Hickel do Prado teria usado expressão semelhante ao se referir ao procurador e o acusado de barrar o trabalho da polícia.

Os policiais não encontraram arma nenhuma, e Flávio só não foi algemado em razão da insistência do procurador. O processo acabou arquivado pelo corregedor-geral do MP, Paulo Ricardo da Silva, que o julgou improcedente.

Hickel do Prado abriu um processo de queixa-crime contra seus desafetos e distribuiu cartazes de edital pelo condomínio, conclamando uma reunião para examinar as atitudes do professor, destacadas em letras maiúsculas: ameaça de morte com arma de fogo; depredação do patrimônio do prédio; interdição do trabalho da polícia.

O professor também processou os policiais. A ação foi arquivada pela Justiça Militar, mas os PMs acabaram condenados pela Justiça comum em 15 de julho de 2014, por abuso de poder, e receberam anotação na ficha funcional.[10]

O caso também resultou em ações individuais de indenização, protocoladas por Cozzatti e Silveira no dia 18 de março de 2013. Hickel do Prado foi condenado na vara cível a pagar 15 mil reais pelos danos causados ao procurador. Recorreu, alegando não ter recursos. Ricardo pediu que fossem anexados o imposto de renda e o contracheque, mas morreu antes que ficasse resolvida a questão, o que extinguiu o processo.[11] Já a ação cível de Cozzatti prosperou e gerou outros processos.

Para Raquel, Cozzatti resumiu sua avaliação do corregedor:

"Esse homem é um crápula perigoso, que se acostumou a aterrorizar as suas vítimas, em geral pessoas que discordam dele", diz. "O meu desconforto é pouco; o que me agride é essa situação quando uma pessoa desrespeita as regras mínimas de convivência, é mau, calhorda e continua agindo de forma impune. O reitor foi a primeira perda, quando será a próxima?"

O outro caso em que Hickel do Prado se envolveu foi um crime de trânsito, registrado como ocorrência no dia 23 de março de 2016, quando foi autuado por "direção perigosa". O episódio aconteceu na rua Marcus Aurélio Homem, na entrada do morro da Serrinha, em Florianópolis, perto da UFSC, uma rua íngreme e sinuosa que muitos motoristas percorrem para fugir dos congestionamentos.

Hickel dirigia seu Renault Fluence pela contramão, em alta velocidade, quando foi flagrado por uma viatura com quatro policiais da Diretoria Estadual de Investigações Criminais (Deic). Ao ser parado, apresentou sua carteira da OAB — só mostrou a CNH após insistência dos policiais. Disse que estava ultrapassando um caminhão, mas a versão não foi confirmada pelas imagens de câmeras de vigilância próximas. Registra o boletim: "O motorista estava alterado, falando em alto e bom som que iria falar com todos os policiais somente na Corregedoria".

Hickel assinou o termo circunstanciado na Deic em 27 de abril de 2017. O corregedor entrou com ação de notícia-crime na Justiça por abuso de autoridade, mas o processo foi arquivado.

O dossiê publicado pelo site Jornalistas Livres aborda ainda a ação impetrada em 2003 pela segunda mulher do corregedor, a advogada e professora Iôni Heiderscheidt. Ao reclamar indenização por prejuízos financeiros e danos morais, depois de descobrir um relacionamento paralelo de Hickel do Prado, ela deu detalhes da vida conjugal, e contou como perdeu o bebê, depois de várias agressões físicas e psicológicas. Iôni anexou aos autos depoimentos de testemunhas e cópia do protocolo de sua entrada na Maternidade Carlos Corrêa com dores e forte sangramento.

No processo de 685 páginas, Raquel identificou o que classifica como prática recorrente do futuro corregedor. As acusações não eram o cerne do processo, mas não foram desmentidas: "Entre cada episódio de violência, o agressor a perseguia, buscava reconciliação, dizia-se arrependido e prometia mudança para, em seguida, voltar ao padrão de conduta".

Raquel assinala, contudo, que o juiz julgou improcedente a ação indenizatória por ausência de provas, como exame de corpo de delito e boletim de ocorrência, mas definiu os atos atribuídos a Hickel do Prado como moralmente condenáveis.

Em outra ação, julgada improcedente por falta de provas, Lúcia Helena Cardoso, ex-namorada ou ex-noiva de Hickel do Prado, e também professora universitária, repetem-se os mesmos padrões de comportamento: perseguição, intimidação, assédio psicológico e repetidos episódios de agressão física e moral. Lúcia Helena chegou a depor no processo de Iôni, antes de descobrir que esta era casada no religioso com o corregedor. A ação também foi julgada improcedente por falta de provas.

O dossiê preparado por Raquel afirma que as atitudes persecutórias do corregedor eram conhecidas por muita gente na UFSC e que seu perfil não o recomendaria nem para síndico de prédio. Sem nominar, ela aponta para a aliança entre o corregedor e Taisa Dias:

> O traço persecutório, difamador, abusivo e ameaçador demonstrado neste inventário de conduta encontrou alimento em outra personalidade semelhante que chegou à UFSC depois de ter sido proscrita de outros órgãos. Agindo juntos, os parceiros da perseguição ganharam crédito de uma juíza e de uma delegada da Polícia Federal

no contexto nacional de supressão geral dos direitos democráticos desde o golpe de 2016. E a tramoia cresceu no terreno fértil do estado de exceção não declarado que o país vive, encorajando as ações policialescas que desrespeitam as garantias constitucionais e excitam a opinião pública com a fúria injusta dos coliseus. Envolvido num conjunto de suspeitas de irregularidades iniciadas 10 anos antes de sua gestão, sem acesso à universidade, distante dos amigos pelo terror psicológico que os afastou, e sem direito à defesa, o reitor não viu outra saída para acabar com a dor da humilhação a não ser lançar-se ao precipício como denúncia.

Em nota da redação, o coletivo informou que encaminhara dezesseis perguntas ao corregedor sobre os processos judiciais encontrados, seus métodos de trabalho e de tratamento pessoal, mas até o fechamento da edição não tinha recebido resposta.

O dossiê foi republicado por outros sites militantes, como o Jornal GGN, de Luis Nassif, e o Portal Vermelho, do PCdoB, mas a grande mídia simplesmente ignorou o caso. Os órgãos de controle — PF, CGU, TCU, Ministério Público — nem deram pelota.

Um registro detalhado da tragédia do reitor surgiu na edição da revista *Veja* que circulou com a data de 11 de novembro, assinado pelos repórteres Monica Weinberg e Thiago Prado. O título e a linha fina já deixam claro que não se tratava de um texto anódino e cauteloso: "A morte do reitor: Crônica de um suicídio. O tormento do reitor que, levianamente acusado de integrar um 'esquema criminoso', foi preso, banido do campus e derrotado pelo peso da humilhação".

A matéria ressaltava que a polícia não ouvira as explicações do reitor ante as acusações de Rodolfo Hickel do Prado e Taisa Dias. "Não há no inquérito nenhum indício ou acusação de que o reitor fosse membro do 'esquema criminoso', nem mesmo a descrição do que poderia vir a ser esse 'esquema criminoso'. *Veja* perguntou à Polícia Federal por que Cancellier foi apontado como integrante da quadrilha, mas a PF preferiu não responder".

A reportagem encerra com o seguinte parágrafo:

> Até hoje sabe-se apenas que o "esquema criminoso" durou principalmente de 2005 a 2015, quando Cancellier nem estava na reitoria. A Capes, que investigou o assunto, diz que o "esquema criminoso" era uma coleção de pequenas falcatruas de servidores escroques, sem a dimensão que se divulgou. O coordenador do programa de ensino a distância da Capes, Carlos Lenuzza, não revela detalhes da investigação, mas adianta: "Os valores dos desvios são muito distantes daquilo que se falou". Até agora, um mês depois do suicídio do reitor, ninguém foi acusado formalmente de nada, e a polícia não chegou ao valor real que foi desviado. Ao ver a notícia do suicídio na TV, Zé, o garçom, desabou. Nem sabia que o amigo de toda vida era reitor.

Dez dias mais tarde, na Assembleia Legislativa de Santa Catarina, foi exibido o documentário *Em nome da inocência: Justiça*. Idealizada pelo deputado estadual Jailson Lima da Silva e pelo desembargador Lédio Rosa, a obra de 21 minutos foi dirigida e roteirizada por Sérgio Giron e Edike Carneiro. Contém trechos de reportagens sobre a prisão de Cancellier, depoimentos de ex-alunos, colegas de trabalho, profissionais do direito, jornalistas e lideranças públicas.

No dia 3 de dezembro, o *Estadão* publicou reportagem de Luis Maklouf de Carvalho — "Suicídio do reitor põe PF sob suspeita" — que classificava a operação de "desnecessariamente espetaculosa", e a referência aos 80 milhões de "erro cavalar". Maklouf apontou os personagens principais — Rodolfo Hickel do Prado,

Érika Marena, Janaína Cassol, André Bertuol —, informou que os irmãos Cancellier cobravam investigação do Ministério da Justiça e mencionou as revelações do site Jornalistas Livres. Também reproduziu a declaração do espírita e sucessor de Cancellier como reitor da UFSC, Ubaldo Cesar Balthazar, que teria tido "uma boa conversinha" com Cau, antes de assumir o cargo.

A primeira reação do corregedor ao furo jornalístico de Raquel Wandelli foi apontá-la como uma das testemunhas a serem ouvidas por um inquérito policial[12] que pretendia apurar a suposta violação de sigilo funcional por quatro policiais militares.

Dizendo-se vítima de perseguição, Hickel do Prado atribuiu o dossiê que ela divulgara ao vazamento de sua ficha por PMs do Bope. Ele teria recebido cópia da documentação num envelope sem remetente e endereçado a "Bandido Assassino Psicopata", entregue por um desconhecido, no dia 13 de outubro de 2017, contendo seu registro completo no Sistema Integrado de Segurança Pública. Dando como fonte "informações extraoficiais", apontava data e hora em que seu cadastro teria sido acessado no Bope: duas da manhã de 3 de outubro de 2017, ou seja, pouco depois do suicídio de Cancellier.

No depoimento, afirmou que recebera um telefonema anônimo informando do acesso a seu cadastro, que anexou aos autos e onde seu nome figurava em dezoito boletins de ocorrência, dois termos circunstanciados e um inquérito policial.

Dois terceiros-sargentos e um policial admitiram ter acessado a ficha de Hickel do Prado: Marcelo de Araújo, em Florianópolis, no horário aproximado ao apontado pelo corregedor; Eduardo Luis da Conceição, uma semana mais tarde, em Joinville, e o PM Alexandre Luiz de Oliveira, da área de inteligência, que alegou ter feito isso como parte de sua rotina. Nenhum deles conhecia o site Jornalistas Livres ou Raquel, e a motivação dos sargentos fora apenas curiosidade. Raquel, em seu depoimento, confirmou a autoria do dossiê, que afirmou ter sido feito de forma colaborativa.

Na conclusão do IPM, o major da PM Lucius Paulo de Carvalho afirmou que a matéria de Raquel não se valera de informações confidenciais — eram todas de fácil acesso e de consulta pública. A autoria admitida por Raquel Wandelli lhe renderia ainda uma intimação para prestar esclarecimentos na Polícia Federal num pedido de investigação sobre suposto crime contra a honra de servidor público, que acabou arquivado.

O corregedor entrou ainda com queixa-crime contra ela na 7ª Vara Federal de Florianópolis, por ter afirmado, na reportagem do Jornalistas Livres, que Hickel do Prado "possui duas condenações criminais", "forjou uma denúncia de ameaça com porte de arma", lançara "falso testemunho", "intimida pessoas inocentes", "já foi condenado por difamação". Nenhuma das afirmações seria verdadeira, afiançou. E foi adiante:

> A publicação cria a imagem do Querelante como alguém que é indigno de ocupar qualquer cargo público. Como a documentação anexa comprova, sem a menor sombra de dúvidas, o Querelante não conta com nenhuma condenação criminal. Se o Querelante fosse a pessoa que a reportagem insiste em criar, jamais o Poder Judiciário permitiria isso. Não bastasse mentir, repete a própria mentira e a compartilha nas redes sociais para que tenha o maior impacto possível e, pretende, se torne uma "verdade".

A audiência de conciliação foi marcada para 5 de julho de 2018, mas não houve entendimento. A advogada de Raquel, a mesma Nívea Cademartori que representara Cancellier, argumentou que Hickel do Prado não dera sua versão dos fatos, nem pedira direito de resposta, e que o cargo não lhe assegurava prerrogativas específicas. Alegou exceção da verdade — o dossiê apenas reproduzira informações públicas e não desmentidas. A suspensão do processo por direção perigosa fora posterior à publicação da reportagem. Na outra ação penal não ocorrera absolvição, mas revisão criminal.

O Ministério Público manifestou-se pela continuação da ação, mas a juíza concluiu que a matéria se apoiava em documentos oficiais e verdadeiros, afastou a difamação e, mesmo admitindo que poderia ter havido algum excesso de linguagem, fora sem dolo específico — estava dentro dos limites da liberdade de expressão.

Hickel do Prado recorreu, mas, em 12 de agosto de 2020, a 7ª Turma do Tribunal Regional Federal da 4ª Região (TRF-4) rejeitou o recurso de embargos de declaração e manteve a sentença dada na primeira instância, em favor de Raquel Wendelli.

Como já mencionado, Rodolfo Hickel do Prado respondeu às minhas primeiras mensagens. Pediu as perguntas por escrito e, ao final, deixou de responder aos e-mails e a outras tentativas de contato. Ele deu uma única entrevista depois do caso. Foi ao estudante de jornalismo Victor Gaspodini, da Unisul, que fez um trabalho de conclusão de curso sobre Luiz Carlos Cancellier que vai virar livro.

Esta é a entrevista de Hickel do Prado para o TCC de Gaspodini:

> Hickel do Prado tem uma versão diferente da história. Ele é incisivo ao afirmar que fez tudo como deveria fazer, que não atropelou procedimentos, nem se precipitou. "Enfrentei a turma que está no poder há 30 anos na UFSC, descobri a corrupção, descobri desvios de dinheiro público e apenas cumpri meu dever, dando a minha contribuição para acabar com a bandalheira da Universidade Federal", diz. "Além disso", continua, "a materialidade dos crimes que ajudei a

investigar já foi comprovada." Para ele, "a UFSC é uma grande zona e, enquanto não varrer a podridão, vai ficar tudo como sempre foi". [...] O ex-corregedor afirma também que não foi apenas o primeiro corregedor a fazer o que deveria ser feito, mas foi o único na história da universidade. "Do jeito que eu fiz e como fiz, da maneira como enfrentei o poder, ninguém mais vai fazer", garante. "A primeira vez que conversei com Cancellier sobre possíveis desvios, ele me respondeu: 'não mexe nisso aí, que é complicado'". [...] Hickel coloca em xeque, inclusive, a lisura do concurso público no qual o filho de Cancellier foi aprovado para ser professor da UFSC. Além disso, acredita que o suicídio de Cau não tem nenhuma relação com a Operação Ouvidos Moucos. "Foi motivação pessoal, mas não posso entrar em detalhes", diz.

Na tarde da segunda-feira em que o perfil de Hickel foi revelado, a reitora Alacoque Erdmann pediu licença médica por sessenta dias. No dia seguinte, às onze da manhã, por proposição de Roberto Requião e do deputado Arlindo Chinaglia, o Congresso realizou, no plenário do Senado, uma sessão solene em homenagem a Cancellier, com a presença de Cristiana, Acioli, Raissa Cancellier, Wedekin, Áureo, Ubaldo Balthazar, Hélio Brasil e Nívea Cademartori. João Alberto Souza, do PMDB do Maranhão, presidiu a sessão e leu um perfil biográfico de Cau — que chamou repetidamente de "Concellier". Requião foi o primeiro orador e remeteu ao fascismo:

> Talvez fosse pedagógico, ou mesmo um exercício indispensável, que se estudasse a ascensão do fascismo na Alemanha, Itália, Espanha, Portugal. E o fenômeno do macarthismo, nos Estados Unidos. Se o assim o fizéssemos, dispararíamos todas as sirenes de alerta para avisar essa pátria tão distraída que o monstro vem aí.

O deputado Arlindo Chinaglia cobrou investigação de responsabilidades, e Wedekin advertiu que o combate à corrupção não podia estar acima da lei. Lédio Rosa lembrou a história do amigo, antes de destacar que a ação das autoridades o preocupava muito — parte da magistratura, do Ministério Público e da polícia estava pervertendo o Estado democrático, e a maioria que não concordava seguia calada.

O advogado Marcelo Neves leu um manifesto assinado por duzentos juristas, pedindo que o Congresso investigasse excessos e abusos das operações jurídico-policial-midiáticas em curso no país, começando pela Ouvidos Moucos. Já o vice-presidente nacional da Ordem dos Advogados do Brasil, Luís Cláudio da Silva Chaves, condenou a transformação das prisões temporárias e conduções coercitivas em regra nas operações policiais, com o intuito de forçar delações premiadas.

Naquela tarde, Acioli e o advogado Hélio Brasil entregaram ao ministro da Justiça, Torquato Lorena Jardim, uma petição de seis páginas pedindo a instauração de "procedimento de responsabilidade administrativa, civil e penal" contra a delegada Érika Marena. A primeira queixa na representação era relacionada ao vazamento da operação, que teria humilhado publicamente o reitor por fato jamais praticado — a tentativa de obstrução administrativa. O texto mencionava a publicação que continuava até aquele momento no ar na página do Facebook da Polícia Federal, com referência aos 80 milhões de reais supostamente desviados.

No dia 14 de agosto de 2019, a Câmara dos Deputados aprovaria, com a oposição dos deputados do psl, o projeto de lei de autoria do Senado (pl 7596/17) que define em quais situações se configura o crime de abuso de autoridade, e que recebeu o nome de Lei Cancellier. Ela entrou em vigor em 3 de janeiro de 2020 e proíbe a condução coercitiva sem que antes haja intimação para comparecimento ao juiz. Seu artigo 9 proíbe que as autoridades decretem medida de privação de liberdade "em manifesta desconformidade com as hipóteses legais" e estabelece a pena de detenção de um a quatro anos, mais multa, para quem descumprir.

Se a Lei Cancellier estivesse em vigor em 14 de setembro de 2017, o post no Facebook da PF e sua repercussão na grande mídia poderiam ser considerados um crime, já que o artigo 38 estabelece pena de detenção de seis meses a dois anos e multa por "antecipar o responsável pelas investigações, por meio de comunicação, inclusive rede social, de atribuição de culpa, antes de concluídas as apurações e formalizada a acusação".

O professor Ubaldo Balthazar ainda estava em Brasília quando o Conselho Curador oficializou sua nomeação como reitor temporário, até a convocação de novas eleições. A apresentação da lista tríplice deveria ser encaminhada ao MEC até 2 de dezembro.

No dia 8 de novembro, após submeter-se a uma junta médica, Rodolfo Hickel do Prado entrou de licença por 61 dias. As razões do pedido ficaram em sigilo.

Apresentados assim, cronologicamente encadeados, esses episódios podem dar a ideia de que o contexto mudara totalmente após o suicídio de Cancellier. Mas, no dia 7 de dezembro, uma quinta-feira, a UFSC foi novamente alvo da Polícia Federal. Na Operação Torre de Marfim, noventa policiais cumpriram vinte mandados, sendo catorze de busca e apreensão e seis de condução coercitiva em Florianópolis e Balneário Camboriú, em parceria com a CGU e o Ministério Público.

Houve alguns avanços: a página do Facebook da PF não tratou do assunto e o superintendente da PF em Santa Catarina não mencionou cifras supostamente desviadas, fazendo questão de dizer que a ação não estava relacionada com a que envolveu Cancellier: "A Polícia Federal investiga fatos. Hoje é a fase ostensiva das investigações. A PF tem o dever de prestar contas do seu trabalho. Não divulgaremos nomes dos suspeitos".

As investigações tinham partido de uma comunicação feita pelo gabinete da reitoria da UFSC em 2014. Os investigadores teriam encontrado indícios de contratações de serviços sem licitação prévia e pagamentos realizados a empresas vinculadas a servidores da universidade ou das fundações de apoio, e até mesmo pagamentos efetuados a empresas fantasmas. Apenas dois dos servidores investigados teriam movimentado cerca de 300 milhões de reais em contratos na coordenação de projetos e convênios entre os anos de 2010 e 2017. Outro alvo da operação era um servidor aposentado da UFSC que teve sua própria empresa contratada por cerca de 20 milhões sem licitação, de acordo com a PF. Esse contrato foi questionado pelo TCU.

De acordo com informações veiculadas pelo *Estadão*, dois servidores da Universidade Federal de Santa Catarina teriam patrimônio incompatível — 7 milhões e 4 milhões de reais. Na *Folha*, os repórteres César Rosati e Rubens Valente apontaram o nome da empresa que teria obtido um contrato de 20 milhões sem licitação: a Tríplice Consultoria e Serviços, de propriedade de José Carlos Zanini, professor aposentado da UFSC.

A Torre de Marfim teria uma segunda etapa em 17 de junho de 2020, com o cumprimento de outros mandados de busca e apreensão, quando a PF disse ter identificado fortes indícios de pagamento de 2,4 milhões de reais em propina para um ex-funcionário do Ministério da Saúde. O objetivo seria direcionar 40 milhões para um projeto que desenvolveria ferramentas de informática para a gestão de dados da atenção básica no sistema SUS e teria endereço certo: uma empresa de fachada, de propriedade do tal funcionário, que a essa altura vivia no exterior e estava na lista da Interpol. Também foram arrestados bens de um ex-professor, que figurava como proprietário da empresa.

No dia 11 de dezembro de 2017, o presidente da Capes, Abílio Baeta Neves, encaminhou um longo documento em resposta à cobrança de Érika Marena.[13] O tom era bem diferente do adotado em documentos da CGU, do TCU e da própria PF. Os fiscais tinham constatado que 32 bolsistas haviam recebido simultaneamente de duas fontes — Capes e fundações de apoio — e que a UFSC tinha pago despesas de custeio com bolsas, o que não era permitido. Esclarecia ainda que havia um programa rotineiro de visitas de acompanhamento voltado para instituições que costumavam dar problema. Anexos, iam oito documentos.[14]

O presidente da Capes queria continuar a financiar o EaD da UFSC, excluindo as pessoas relacionadas ao processo, e tinha cobrado várias providências da universidade. Negou mais uma vez o reconhecimento da "fila" ou "linha do tempo" e exigiu o fim das contratações de parentes de servidores na gestão do programa UAB, entre outros pontos. Baseando-se no depoimento de alguns professores (entre os quais Taisa), concluiu que a instituição não devia nada à UFSC.

Os pagamentos duplicados, via Capes e Fapeu, somavam 182 635 reais, para 32 bolsistas. Havia outras despesas passíveis de glosa, como bolsas usadas para pagar despesas de custeio. No total, as despesas colocadas em dúvida pela Capes alcançavam o valor de 372 043,28 reais.[15]

Em relação a pagamentos considerados indevidos, feitos a empresas, a Capes sugeriu que a UFSC apresentasse os processos de contratação e eventuais fiscalizações relacionadas.

Em 16 de janeiro de 2018, Orlando Vieira, da CGU em Santa Catarina, encaminhou para a delegada os relatórios de análise de materiais apreendidos, a interpretação do relatório da visita dos fiscais da Capes à UFSC e a avaliação de arquivos retirados do computador de Dalmau e do celular e do tablet de Cancellier, onde os técnicos tinham examinado 1311 conversas, 306 mensagens de SMS, 3623 registros de chamadas e 7856 registros de arquivos de dados.

A colheita foi pífia no caso do reitor, embora a CGU entendesse que Cau orientara a saída de Dalmau e Nunes da Educação a Distância. As conversas por WhatsApp envolvendo o nome de Taisa Dias não identificam nenhuma ilegalidade, ainda que a CGU assinale que Cancellier tinha conhecimento das tratativas para a saída dela da coordenação do curso e do acerto sobre seu estágio probatório.

Há ainda transcrição de algumas mensagens entre Cau e o filho, em que o reitor diz estar hospedado num hotel pago pelo Banco Santander em São Paulo. A suspeita da CGU é que a oferta do banco tivesse a ver com a transferência das contas-salário para a instituição, na UFSC ou nas fundações de apoio. Vale mencionar que o Santander mantém um programa junto às universidades e, anualmente, promove um concurso entre estudantes, que concorrem a uma bolsa de estudos na Espanha. A ida de Cancellier deu-se no contexto de um evento que reunia reitores para compor uma espécie de comissão julgadora. Antes dele, outros reitores já haviam participado.

Depois de replicar as mensagens entre Cau e o ex-reitor Alvaro Prata, a CGU concluiu: "Mostra-se plausível a hipótese de que o conhecimento de uma suposta ação da PF em curso tenha motivado o reitor a tentar avocar a investigação da Corregedoria da UFSC relativa ao EaD".

As conversas com o advogado do professor Gerson Rizzatti Junior, que reclamava abertura de sindicância contra Hickel do

Prado, também foram reproduzidas. E novamente a CGU adjetivou ações do corregedor, que teria cometido "suposta coação" contra Rizzatti.

A investigação sobre as conversas mantidas pelos presos via celular também deu pouco resultado, como suporte da prometida organização criminosa. Em 14 de fevereiro, Marcus Vinicius Andrade de Lima escrevera para Gilberto Moritz: "Bom dia mestre, A vaga foi conseguida, mas o clima está péssimo. O depto está jogado na lama. Ela falou na reunião que o depto está sendo investigado pelo MP".

Gilberto respondeu:

> Amigo, esta colega está cada vez mais surfando na maionese. Acho que ela está fora da casinha e o tempo vai mostrar sua incoerência. O problema é saber se o CAD aguenta até todos terem esta consciência. Volto a repetir, faz-se necessário urgência constituição do grupo para assumir a coordenação dos aspectos políticos do Depto. [...] em março vou ajudar os amigos a tentar estruturar este importante grupo para o CAD. Vamos lá.

Na troca de mensagens entre o dono da AJC Turismo e a funcionária que contratava automóveis alugados, a PF encontrou uma, de 3 de maio de 2013, em que Aurélio Justino Cordeiro pede dados da conta bancária de Maria Bernadete. Logo depois, informa que o valor foi creditado e a funcionária replica dizendo que mandaria mais coisas particulares.

Na locação de veículos e contratação de serviços gráficos, a CGU identificou 160 despesas de locação sem orçamentos e 127 com orçamentos. Sete das oitenta contratações de serviços gráficos não tinham sido licitadas, mas contratadas diretamente. O relatório repetia as acusações contra as empresas de turismo e identificava que a maioria das ordens de contratação tinha partido de Maria Bernadete dos Santos Miguez — eram 172 autorizações que somavam 148 134,63 reais, do total de 293 364,22 reais com a assinatura da funcionária. Pelo menos vinte das 46 ordens de compra de locação de veículos exibiam indícios de que a cotação de preços fora simulada pelo departamento de compras da Fapeu, para favorecer a AJC. Mais da metade das ordens de compra, 66,1%, teve a S.A. Tour como única proposta de preço.

Há também documentos que indicariam a contratação da empresa gráfica R&A Serviços Gráficos, aberta em nome de Andreza de Moraes, companheira de Roberto da Nova, e a subcontratação de outra empresa por esta, que gerou uma "sobra", classificada pela CGU como prejuízo para a administração pública.

No HD do computador de Roberto da Nova, a CGU localizou planilha de pagamento de meias bolsas, comprovantes de depósitos a partir da conta de Andreza de Moraes, companheira de Roberto, para os bolsistas e uma lista de bolsistas pagos por terceiros.

Outro interesse da CGU foi sobre uma troca de mensagens entre Maurício Rissi e Roberto da Nova, em julho de 2008, em que discutem o que fazer diante das novas bolsas e quem seriam os beneficiários. O primeiro fala em "penca de coordenadores" e, adiante, acrescenta: "Isso vai dar rolo pois temos que justificar o uso das bolsas [...] as bolsas são: formador e conteudistas. [...] não sei ao certo quais as implicações de pagar bolsa para quem não participa do PROJETO".[16]

A conversa seria reproduzida insistentemente no relatório final do inquérito e a tal "penca de coordenadores" é mencionada na conclusão do Ministério Público Federal como a demonstração cabal de que havia uma organização criminosa operando na Educação a Distância da UFSC.

Para os analistas, a conversa indicaria que, já em 2008, Moritz pedia a inclusão de nomes de bolsistas, que o saldo de bolsas era controlado por Roberto da Nova e que a tal "penca de coordenadores" funcionava como uma espécie de quadrilha.

A CGU localizou e reproduziu mensagens de 18 de junho de 2016, de Taisa Dias para Márcio Santos, em que ela também utiliza a lógica da "fila" ou "linha do tempo".

No computador da Fapeu, os investigadores encontraram um relatório de entrega das cestas de Natal de 2013, no valor de 375 reais cada, cujo pagamento fora inscrito sob uma rubrica genérica, com a indicação de nomes de oito beneficiários — celetistas da fundação. Em ofício de 16 de novembro de 2016, Nunes pede a concessão de vales-alimentação de quinhentos reais a catorze celetistas da Fapeu. Os gastos deveriam ser custeados pelo projeto 178/2014. Isso era permitido pelo acordo coletivo de trabalho, reconhece a CGU, mas apenas quando a situação financeira fosse favorável — e, na ocasião, os gestores alegavam problemas financeiros.

Em diálogos entre Denise Bunn e seu companheiro, Leandro Silva Coelho, a CGU destacou frases que demonstrariam que ela teria pedido a ele para receber recursos em seu nome. Denise recebia vale-refeição e vale-alimentação em quatro contratos.

A Controladoria-Geral da União em Santa Catarina também focou almoços e jantares em restaurantes conceituados e de renome, com valores altos por pessoa, entre setenta e 214 reais. Em parte dessas despesas, além de o valor ser alto, os gastos haviam sido realizados a título de "reunião de trabalho".

Em 26 de março de 2018, a CGU concluiu que o controle do uso dos recursos públicos pela Capes era deficiente, por aprovar os planos de trabalho sem um acompanhamento efetivo da execução:

Dito de outra forma, com esta lacuna de controle, verbas previstas em rubricas aprovadas em plano de trabalho podem ser dirigidas para pessoas físicas e/ou jurídicas a critério de interesse do coordenador do projeto, por exemplo. Flexibilizações e falhas de controle dessa natureza permitem que recursos descentralizados pela Capes sejam executados de forma irregular e/ou contrária ao interesse público.

A CGU também apontou semelhança de forma e conteúdo entre o parecer técnico da Capes datado de maio de 2017 com os anteriores. Ou seja: mais que um raio X da ação da tal "quadrilha", a Controladoria-Geral da União identificou falhas nos sistemas de controle da Capes e das fundações de apoio, além de irregularidades administrativas de vários gêneros.

Em 15 de fevereiro de 2018, a PF recebeu outro relatório sobre a EaD da UFSC, agora do Tribunal de Contas da União, com outra lista de problemas bem semelhantes: a universidade teria pago bolsas a pessoas não vinculadas à execução do objeto pactuado, algumas em valor superior ao limite. Além disso, superfaturara a locação de veículos, deixara de fiscalizar os contratos e de lhes dar publicidade.

A estimativa de ressarcimento de pagamentos indevidos de bolsas era de 3 337 980 reais. O valor era a soma de 2027 bolsas de professor pesquisador/formador e tutoria à distância a 224 pessoas que não tinham comprovação de terem acessado os sistemas de controle de atividade e mais 958 bolsas para cursos não realizados e não vinculados ao programa Universidade Aberta do Brasil. Quarenta pessoas teriam acumulado irregularmente bolsas pagas diretamente pela Capes. Segundo o TCU, a cada cinco beneficiados com bolsas, um não tinha registro acadêmico como professor ou não tinha acessado o sistema de educação a distância no período do curso.

Na conclusão, o TCU propunha ouvir em audiência quatro coordenadores do Núcleo UAB, além da professora Roseli Zen Cerny, fiscal do contrato da Fapeu, em cujas ações tinham visto supostas irregularidades. Nenhum reitor foi mencionado no documento. Em noventa dias, a UFSC deveria implementar medidas tendentes a solucionar os problemas.

Em fevereiro de 2018, Marcelo Mosele deixou a superintendência da Polícia Federal. Na mesma época, Érika Marena assumiu a superintendência da PF em Sergipe. Ela tinha sido indicada em dezembro de 2017, mas precisou aguardar o desfecho da sindicância da Corregedoria da PF — fruto da iniciativa da família de Cancellier junto ao ministro da Justiça, que concluiu que não houvera irregularidade nos procedimentos adotados.

O repórter Wálter Nunes publicou na *Folha de S.Paulo* que o delegado Luiz Carlos Korff, autor do parecer que recomendou o arquivamento, era também o responsável por assessorar Érika Marena e os outros delegados de Santa Catarina no contato com a imprensa. Diretor de comunicação da PF, Korff acumulava o cargo de chefe do núcleo de correição. Korff não foi o único a inocentar a delegada: seu ponto de vista foi confirmado por outro corregedor e pelo novo superintendente regional da PF, Germano Di Ciero Miranda.

O inquérito da Ouvidos Moucos, que Marena não concluíra, passou a ser tocado pelo delegado Nelson Luiz Confortin Napp, que tinha sido chefe da PF em Criciúma. Entre os primeiros intimados pelo novo chefe da investigação estava o filho de Cancellier.

No dia 28 de março de 2018, Mikhail disse que não tivera qualquer atividade no EaD da UFSC. Ele, no entanto, tinha recebido uma bolsa de 5,2 mil reais da Fepese como professor/

pesquisador de junho a dezembro de 2017, e fora bolsista Capes no doutorado, no valor de 2,2 mil reais, aproximadamente.

Diante de comprovantes de que Moritz depositara o total de 7102 reais na sua conta, em 3 de setembro, 3 de outubro e 8 de novembro de 2013, que a PF atribuía ao projeto Esp. Gestão Organizacional e Adm. em RH, coordenado por Cancellier, Mikhail disse não saber de nada. Afirmou que conhecia Moritz, mas não tinha relações comerciais com ele.

Em junho, Laurent Pimentel, da CGU, voltou à carga[17] e recomendou ao novo reitor Ubaldo Cesar Balthazar[18] que apurasse responsabilidades administrativas dos servidores e das empresas envolvidas em supostos ilícitos. Ubaldo passou a tarefa para a Corregedoria da UFSC, agora sob o comando de Ronaldo David Viana Barbosa, outro da lista tríplice original e que saíra logo nos primeiros meses da gestão de Hickel do Prado.

No dia 25 de abril de 2018, num relatório de 817 páginas, o delegado Nelson Luiz Confortin Napp indiciou 23 pessoas, como resultado da Ouvidos Moucos. No essencial, valeu-se das acusações apresentadas pela CGU e confirmadas pelo TCU — parte delas ligada ao curso de física, responsável pelas contratações de veículos locados e outras irregularidades. Mas avançou também na direção do curso de administração EaD e do LabGestão, na divisão de bolsas e na concentração de recebimentos em meia dúzia de professores, alcançando a gestão de Cancellier. Embora o suicídio tivesse extinguido sua punibilidade, o sucessor de Érika Marena fez questão de mencioná-lo expressamente.

Na apresentação geral do inquérito, Cau aparece como o grande arquiteto da quadrilha. Sua principal ação nesse sentido teria sido a recriação da Secretaria de Educação a Distância e a designação de Marcos Dalmau, Rogério Nunes e Alexandre Marino Costa, que teriam garantido a manutenção do grupo no comando do EaD.

Napp afirma que o reitor sabia de tudo e nada fizera, sustentando e respaldando politicamente os investigados, mesmo depois de alertado pelo corregedor e por Taisa. Diante da reação da Capes, seguira o caminho oposto ao previsível:

> Numa sequência de ações, articulou-se, juntamente com os investigados, para parar a ação da corregedoria e obstaculizar as investigações internas sobre as irregularidades na gestão de recursos do EaD ao mesmo tempo em que tentava garantir a continuidade do fluxo de recursos, para o grupo, sem antes tomar nenhuma providência de sorte a impedir que os desvios que vinham sendo informados continuassem.

Mais adiante, o reitor reaparece em mais 52 páginas. O delegado reproduziu e grifou boa parte de sua oitiva ao delegado no dia da prisão, e voltou a definir a recriação da Secretaria de Educação a Distância como uma manobra intencional.

Baseado nas mensagens mencionadas aqui, onde Cau discute com sua equipe a troca de Dalmau e Nunes, Napp conclui:

> Os diálogos acima demonstram que, de fato, o reitor fazia parte da organização criminosa e estava dando proteção à mesma e seus atos não devem ser considerados apenas de um gestor preocupado com o funcionamento da universidade, pois sua atuação foi precisa para defender os interesses do grupo e arquiteta, com os demais integrantes desta ORCRIM, como visto no decorrer deste relatório, e ainda serão informadas várias circunstâncias que ratificam esta afirmação. Não custa repetir que o que se constou da saída de Marcos Baptista Lopez Dalmau do Sead é que esta foi orquestrada pelo então reitor, o único com poder para tanto, com a participação de outros membros do grupo, com a intenção de minimizar as

denúncias de irregularidades no Ensino a Distância, com a devida compensação de Dalmau por meio de um grande projeto de Educação Ambiental [...].

A lista de malfeitos do reitor, segundo Napp, incluía a proximidade com Denise Bunn e a reação à notícia recebida de Alvaro Prata. Cau teria tramado a substituição de Taisa na coordenação e avocado o inquérito para livrar a pele do grupo que lhe dera participação em projetos de Educação a Distância e apoio político. No interrogatório, teria sido evasivo, e haveria um sentido oculto na tentativa de liberar recursos junto à Capes:

> À primeira vista parece que a decisão do então reitor era nobre, ou seja, de defender a UFSC e manter os recursos. Esse, no entanto, não era o objetivo real. Os meios também não foram adequados. Perceba-se: a reitoria não poderia alijar a corregedoria de seu mister finalístico. Em havendo suspeita de graves irregularidades, como era o caso, o procedimento de apuração não poderia ser obstaculizado. Veja-se, no entanto, que isso não ocorreu. Pelo contrário, Cancellier requereu a avocação do processo de investigação relativo ao EaD/UFSC e então em curso na corregedoria.

A certa altura, o delegado reconhece: "No entanto, seria injusto afirmar que Cancellier foi o inaugurador da Orcrim e mandante do estado de coisas no sistema EaD. Seu papel era de garantidor da hegemonia do grupo no poder e em troca recebia apoio político".

Os depósitos de Moritz na conta de Mikhail ganharam outra dimensão — a de uma triangulação financeira para beneficiar a família Cancellier. A fonte de informação quanto à origem desses recursos não é identificada:

Comenta-se que os recursos transferidos para Gilberto Moritz foram oriundos do projeto Especialização Gestão Organizacional e Administração em RH (TJ), coordenado por Luiz Carlos Cancellier, sendo este o ordenador de despesa do referido projeto. Após o recebimento dos recursos, Gilberto Moritz transferiu para Mikhail Vieira de Lorenzi Cancellier (filho do ex-reitor Cancellier) o valor de R$ 7.102,00.

A imprecisão não o impediu de ser taxativo mais adiante:

Ganha robustez a tese de que houve uma manobra escusa para desviar recursos públicos, a ausência de manifestação por parte de Mikhail Vieira de Lorenzi Cancellier quando inquirido sobre a origem dos recursos que havia recebido de Gilberto de Oliveira Moritz em 2013.

A hipótese de que se tratasse do repasse para o filho, que morava longe, de valores obtidos por Cancellier pela manobra irregular de repasse via outros colegas, usualmente empregada, como demonstram vários depoimentos, sequer é apresentada. O capítulo dedicado ao ex-reitor encerra com esta frase: "Considerando o óbito de Luiz Carlos Cancellier de Olivo, desnecessária qualquer tipificação para as condutas acima".

Ao definir o papel de grupos e instituições envolvidos, o delegado atirou para todo lado: viu professores articulados para proteger e manter o funcionamento do esquema, empresários em conluio, fundações de apoio interessadas apenas em conquistar novos projetos. Universidade sem controle nenhum da execução dos recursos, Capes omissa.

Da montanha de depoimentos, Napp destacou apenas os de Taisa Dias, Rodolfo Hickel do Prado, Martin de la Martinière

Petroll, Cibele Barsalini Martins e Elder Semprebon. Resume o delegado: "Relendo as declarações da professora Taisa Dias tem-se claro que tudo que declarou se encaixa na hipótese criminal encontrada nesta investigação".

Os denunciados foram organizados em grupos. O primeiro tinha seis professores que, entre 2008 e 2016, teriam auferido 6128427,20 reais, equivalentes a 43% do montante total recebido via fundações de apoio e Capes por todos os sessenta professores do curso de administração entre 2008 e 2016. Eram Gilberto Moritz, Marcos Dalmau, Alexandre Marino, Maurício Fernandes, Eduardo Lobo e Rogério Nunes.

Há membros do grupo que, além da renda obtida através do cargo ocupado na UFSC (professor universitário com Dedicação Exclusiva), chegaram a receber, entre 2008 e 2016, mais de 1 milhão de reais em bolsas/serviços pagos via fundações de apoio à UFSC e/ou via Capes (UAB).

As irregularidades teriam sido cometidas para manter o fluxo de dinheiro para esse grupo, e a existência da "fila" ou "linha do tempo" não atenuava os crimes, na visão de Napp.

O segundo grupo seria a turma que operava o LabGestão, como se fosse uma empresa privada: Denise Bunn, Roberto da Nova e os parceiros de ambos, Leandro Silva Coelho e Andreza de Moraes, também denunciados.

A terceira organização criminosa reuniria o pessoal relacionado com a locação de veículos — Murilo da Costa Silva, dono da S.A. Tour, Aurélio Justino Cordeiro, proprietário da AJC Turismo, Maria Bernadete dos Santos Miguez, funcionária da Fapeu, Lúcia Beatriz Fernandes, da Secretaria de EaD do curso de física, Márcio Santos e Sonia Maria Silva Corrêa de Souza Cruz, professores da UFSC.

Foram ainda indiciados os professores Gabriela Gonçalves Silveira Fiates e André Luis da Silva Leite, por terem simulado o recebimento de bolsas para comprar computadores para o LabGestão, e Mikhail Cancellier, por não ter explicado a origem dos 7102 reais depositados por Gilberto Moritz em sua conta, o que o enquadraria no artigo 312 do Código Penal:

> Apropriar-se o funcionário público de dinheiro, valor ou qualquer outro bem móvel, público ou particular, de que tem a posse em razão do cargo, ou desviá-lo, em proveito próprio ou alheio: Pena — reclusão de dois a doze anos e multa.

Napp indicou as operações Research e PhD como precedentes, com o mesmo modus operandi criminoso, reproduziu partes do relatório do TCU e da CGU e em seguida identificou as responsabilidades individuais dos denunciados.

Moritz mereceu 93 páginas do relatório; Nunes, 57: Da Nova, 66;[19] Denise Bunn ficou com 49 páginas; Marino, com 50; Dalmau figurou em 76; Lobo mereceu 64; Maurício Fernandes, 35.

Os empresários das três empresas de turismo foram acusados de associação criminosa e de falsificação de documentos. Lúcia Beatriz Fernandes, da Secretaria de EaD do curso de física, e Maria Bernadete dos Santos Miguez, do departamento de compras da Fapeu, por terem combinado orçamentos e direcionado contratações das empresas de turismo.

Foram também indiciados — e tiveram suas ações detalhadas — o professor Erves Ducati, Eleonora Milano, ex-secretária de Educação a Distância, e Roseli Cerny, por peculato culposo — não teriam cumprido as funções de fiscalização de contratos.

No dia 19 de março de 2018, depois de vinte reuniões semanais, uma comissão constituída por seis conselheiros do Conselho Universitário (dois para cada grupo, professores, alunos e servidores) apresentou ao reitor Ubaldo Balthazar um outro relatório sobre a Ouvidos Moucos. O grupo tinha examinado os documentos disponíveis (muita coisa ficou de fora pelo caráter sigiloso), entrevistado vários professores, funcionários e gestores e feito um balanço histórico do Ensino a Distância, antes de chegar às suas conclusões.

Como seria de esperar, o documento toma partido da universidade e procura minimizar ou ao menos enquadrar as principais acusações. Na avaliação do Conselho Universitário, a maior parte dos problemas encontrados na operação da PF tinha a ver com as mudanças estabelecidas pela Capes em 2015, a partir de uma redução orçamentária radical, de quase 50%. Ao acabar com o pagamento do custeio por vagas ofertadas, eliminar a distinção entre tutores presenciais e tutores à distância e aumentar o parâmetro de relação entre estudantes e tutoria, reduzindo o número de tutores, Brasília teria provocado um terremoto no sistema.

A comissão defendeu o pagamento de bolsas a professores com dedicação exclusiva; atribuiu boa parte dos problemas à dificuldade de Taisa Dias em entender o cenário; registrou as mancadas apontadas por sua sucessora, Marilda Todescat; tentou justificar pagamentos de professores e tutores que a Capes queria glosar; validou as compras feitas pela Fibratur; justificou os contratos de Denise Bunn pelo fato de a funcionária ter diversas atribuições; e desmontou o raciocínio de que a Fapeu teria feito melhor se comprasse os carros em vez de alugá-los — os recursos da Capes não contemplavam a rubrica "capital", só custeio e bolsas, e não seria possível comprar nada, quanto mais veículos, com aqueles recursos. Acrescentava que o valor das locações incluía, além do aluguel do automóvel, combustível, diárias do motorista, seguro-viagem e pedágio, quando necessário. Tudo apontado no plano de trabalho. As locações em datas similares foram reconhecidas e justificadas, porque os horários das atividades nem sempre eram coincidentes, diferiam em número de carga horária.

A comissão confirmou que a lista de tutores dos cursos UAB/UFSC tinha realmente pessoas que exercem as mais diversas atividades profissionais, inclusive carteiro e operadores de marketing, mas deixou claro: a atividade de tutoria à distância podia ser exercida em qualquer dia e horário, e não havia vinculação com atividade profissional, mas sim com a formação. O processo seletivo dos tutores seguia as normativas da Capes, com edital público, e o que se conferia eram os documentos de comprovação da formação acadêmica dos candidatos. Carteiro e operador de telemarketing, no caso específico, tinham a formação exigida para ser tutores.

Num ponto, a comissão deu o braço a torcer:

> Há também notícia de pagamentos indevidos a professores que funcionariam como "laranjas" e que eram recolhidos por coordenadores de curso UAB. Esse aspecto foi mencionado pelo professor Rogério Cid Bastos, que à época da Operação estava no exercício da reitoria. Segundo ele essa informação lhe foi passada pela Polícia Federal e investigada pela reitoria. Ele afirma que de fato foi identificada essa irregularidade na conduta de alguns cursos e que no período de 2006 a 2017 o valor de tal conduta está estimado em R$ 12.000,00. Segundo a investigação, tal prática se deu para o pagamento de atividades realizadas por professores que estavam impedidos de receber recursos pelos entraves e parâmetros estabelecidos nas normativas do Sistema UAB, já listadas anteriormente.

Um dos pontos finais do relatório refazia os principais lances da avocação do inquérito pelo reitor e procurava mostrar que não se tratava de obstrução de justiça.

Nas considerações finais, a comissão reconheceu que, apesar do empenho, não conseguira ter acesso a todos os dados, já que muitos continuavam protegidos pelo sigilo. Mas esperava que o relato auxiliasse no esclarecimento dos fatos.

Marcos Dalmau voltou à UFSC apoiado numa liminar do TRF-4, concedida em 14 de setembro de 2018. Cinco dias depois, foi a vez de Eduardo Lobo retornar pelo mesmo caminho. Os dois participaram da missa que marcou um ano da morte de Cancellier no templo ecumênico do campus na condição de professores em exercício. Nove dias mais tarde, a 1ª Vara Federal de Florianópolis liberou o retorno dos outros três professores que continuavam afastados — Gilberto Moritz, Rogério Nunes e Márcio Santos.[20] A mesma decisão judicial autorizou Luciano de Castro a ser reconduzido ao comando da Secretaria de Educação a Distância. Os três foram recepcionados no dia 15 de outubro, Dia do Professor.

Não há registro de quantas denúncias e representações Rodolfo Hickel do Prado recebeu como corregedor. Sabe-se apenas que foram instaurados 24 procedimentos, dos quais dezesseis foram sindicâncias, seis procedimentos administrativos e dois ritos sumários. Vinte foram arquivados. A consolidação de informações, feita em outubro de 2019, indicava que nenhum processo resultara em penalidade. Havia ainda três procedimentos em andamento, esperando julgamento, e um fora encaminhado para a CGU a pedido de Hickel do Prado. Para comparação, seu sucessor instaurou 49 processos em 2018, 35 em 2019, e aplicou seis penalidades.

Em 13 de fevereiro de 2019, o sucessor de Hickel do Prado, Ronaldo Barbosa, concluiu enfim o relatório sobre as denúncias de Taisa Dias. Como epígrafe, reproduziu o poema "José", de

Carlos Drummond de Andrade.[21] Depois de segurar a papelada por um ano, a CGU devolvera tudo, com a recomendação de que as eventuais irregularidades fossem apuradas "sem nada comentar sobre a razão do envio — avaliação se Cancellier exorbitara ao avocar a investigação de Hickel do Prado". Também assinalou que o professor Luiz Felipe Ferreira, instado a avaliar a lista de bolsistas que Hickel do Prado anexara ao inquérito, como suspeita, disse que não identificara ali qualquer ilícito ou irregularidade.

O novo corregedor concluiu que era chegado o momento de fazer o serviço que Hickel do Prado não completara: a apuração na esfera administrativa, onde as atividades não se submetiam à doutrina penal. Para o corregedor, não havia ilícito na mera contratação de fundações de apoio pela universidade ou no recebimento de bolsas em razão de atividades prestadas e em conformidade com determinado projeto:

> Suponho que em alguns setores há uma espécie de demonização de que toda e qualquer atividade que as Instituições Federais de Ensino Superior realizem com suas Fundações de Apoio, em certa medida em razão de irregularidades graves encontradas em um passado recente, e em outra medida como resultado do desconhecimento da matéria. Não me interessa, aqui, se num passado, recente ou não, a figura de uma Fundação de Apoio fora utilizada para fins não republicanos. Importa, agora, saber se há amparo legal para as atividades aqui questionadas, e se gozam de licitude.

Barbosa assegurou que havia amparo legal para contratos e convênios com as fundações e que estas seriam responsáveis pela aplicação regular dos recursos. O ordenador de despesas e o fiscal do contrato tinham sua parcela de responsabilidade nesse cenário, bem como o conselho de curadores.

As irregularidades apontadas nos relatórios da CGU e do TCU, que tinham sustentado o inquérito da PF, mereciam ser apuradas, e para isso ele recomendou a abertura de um processo sindicante na UFSC. Também propôs a abertura de processos disciplinares contra os servidores da UFSC arrolados entre os 23 acusados pela PF: "Não há melhor ambiente para demonstrar sua inocência do que em um processo no qual sejam assegurados o contraditório e a ampla defesa".

O novo corregedor relacionava as supostas irregularidades apontadas aos acusados. No caso de Mikhail, assinalou:

Em relação ao hoje servidor docente Mikhail Cancellier, impõe-se o arquivamento da acusação na seara disciplinar, vez que, s.m.j, a imputação a ele aduzida (recebimento de determinado valor em sua conta) não encontra aparente tipicidade administrativa, bem como, ainda que implicasse irregularidade administrativa, a conduta é de período anterior ao seu ingresso no serviço público.

No caso de Denise Bunn, sugeria que as fundações fossem incluídas na sindicância, já que a maior parte das irregularidades estava ligada aos contratos entre ela e as instituições. Erves Ducati e Roseli Cerny tinham suas imputações ligadas a uma suposta ineficiência, que merecia apuração.

O corregedor defendeu ainda sindicância para apurar se a acusação unilateral da CGU sobre a necessidade de devolver 1238229,14 reais de despesas glosadas pela Capes se sustentava, e, nesse caso, de quem seria a responsabilidade. Barbosa relacionava os procedimentos a serem adotados pelas comissões, para garantir a ampla defesa de todos, e determinava a instauração de processo administrativo disciplinar contra treze integrantes da UFSC.

No dia 5 de abril, uma portaria da CGU[22] afastou Ronaldo Barbosa por sessenta dias para que não interferisse na apuração do processo administrativo disciplinar. A portaria foi condenada pelo Conselho Universitário e seus efeitos acabaram suspensos onze dias mais tarde, por decisão da 4ª Vara Federal de Florianópolis.

André Stefani Bertuol, do Ministério Público Federal, demorou mais de um ano para analisar as acusações e encaminhar a denúncia à juíza Janaína Cassol. Justificou a demora pela complexidade do caso e pelo excesso de trabalho, mas, no dia 21 de junho de 2019, apresentou, finalmente, suas conclusões. As quase oitocentas páginas do delegado Napp, cheias de repetições e duplicidades, tinham sido reduzidas a cem. Em síntese, não havia grandes diferenças de entendimento da história.

Mais uma vez, o fulcro das acusações estava na ação do TCU e da CGU. Bertuol separou o caso em dois. Na primeira leva, em julho de 2019, denunciou treze pessoas — seis dos sete presos, mais Marilda Todescat, Denise Bunn, Leandro Silva Coelho, Maurício Fernandes Pereira, Gabriela Fiates, André Luis da Silva Leite, Alexandre Marino Costa e Mikhail Cancellier, e separou os crimes em doze grupos:

- pagamento de bolsas da Capes;
- pagamento de bolsas pelas fundações de apoio;
- acumulação irregular de bolsas no Sistema UAB;
- bolsas acima do valor máximo permitido;
- a "penca de coordenadores";
- as meias bolsas, classificadas como concussão;
- contratos com jornadas fictícias (Denise Bunn e Roberto da Nova);
- constituição da empresa R&A Serviços Gráficos (peculato);

- simulação de bolsas para suposta compra de equipamentos (os computadores adquiridos com dinheiro de bolsas);
- inserção de dados falsos no sistema de gerenciamento de bolsas;
- lavagem ou ocultação de bens, direitos e valores;
- lavagem de dinheiro.

Cau aparece como beneficiário de 28 058,59 reais em bolsas pagas pela Funjab, na condição de integrante da tal "penca de coordenadores" e por ter sido o ordenador de despesas do projeto do qual teria saído o dinheiro depositado na conta de Mikhail por Moritz. Bertuol evita o "comenta-se" de Napp. Limita-se a apresentar os valores recebidos por Moritz num projeto coordenado por Cau e as transferências para Mikhail — 7119 reais recebidos; 7102 reais repassados — depósitos feitos entre agosto e outubro de 2013. Na conclusão do promotor,

> em conluio com o denunciado Gilberto de Oliveira Moritz, valendo-se das facilidades proporcionadas pela fragilidade das rotinas de controle e transparência da UFSC e Fundações de Apoio, desviou em proveito próprio e alheio valores recebidos da Funjab, ao receber uma bolsa simulada que seu pai, Cancellier, concedeu ao também denunciado Gilberto de Oliveira Moritz.

Bertuol pediu que a documentação encaminhada pela Capes fosse juntada aos autos, que se mantivessem os réus cautelarmente afastados de atividades relacionadas ao programa Universidade Aberta do Brasil e à gestão das bolsas, e que eles perdessem seus cargos e pagassem pelo dano, em montante a ser determinado pelo TCU ou pela Capes.

O pessoal ligado à contratação de veículos ficou para depois. Os sete, entre empresários, professores e funcionários, foram denunciados em novembro de 2019.

A delegada Érika Marena foi à Justiça várias vezes. Primeiro, em três ações contra o jornalista Marcelo Auler. A primeira tentava colar a acusação de calúnia e difamação em matéria publicada pelo blog do jornalista, em que Auler afirmou que ela tinha liderado a oposição a Eugênio Aragão, que a presidente Dilma Rousseff indicara para o Ministério da Justiça, em 2016, porque o escolhido era contra o uso de vazamentos para a mídia. A delegada ganhou na primeira instância, mas a 1ª Turma Recursal dos Juizados Especiais de Curitiba reformou a decisão inicial e entendeu que Auler fizera um relato jornalístico com base em dados. Na segunda, o alvo foi a reportagem "As marcas da Lava Jato", publicada na *CartaCapital* em 17 de fevereiro de 2016.

Em 30 de março de 2018, o juiz Nei Roberto de Barros Guimarães, do 8º Juizado Especial Cível do Paraná, determinou a censura a textos do blog, mas Auler recorreu ao Supremo Tribunal Federal e, com apoio da Federação Nacional dos Jornalistas e do Instituto Vladimir Herzog, conseguiu reverter a decisão junto à 1ª Turma do STF.

O terceiro processo, por conta da mesma reportagem na *CartaCapital*, ainda tramitava na Justiça Cível de Curitiba quando este livro foi concluído. Nele, Érika cobra 100 mil reais de indenização por danos morais e à sua imagem.

Nenhum dos processos tinha a Operação Ouvidos Moucos como origem. Mas as matérias de Auler mostravam que Marena estivera por trás de muitos vazamentos que pretendiam blindar a Lava Jato:

Ao se tornar públicos detalhes da investigação, cria-se constrangimento ao governo e evitam-se assim pressões políticas e/ou administrativas. Nesse depoimento[23] explicaram que a delegada Érika foi uma das que importou esta estratégia do trabalho na Operação Satiagraha. Mas a tática do vazamento, como lembra o subprocurador Aragão, também foi usada na Operação do Banestado em que ela teve papel importante, tanto que assinou com o chefe a representação contra o então procurador da República. Também consta do depoimento o relacionamento próximo dela com o repórter Mario Sérgio de Carvalho, da *Folha de S.Paulo*. Uma relação profissional iniciada na Operação Satiagraha, em São Paulo. Com frequência, ele foi visto e chegou a ser filmado saindo da sala da delegada, no início da Lava Jato, segundo relataram à delegada Tânia.[24]

Na reportagem para a revista *CartaCapital*, Auler afirma que, para Marena, o vazamento de informações era uma arma contra corruptos e corruptores, e, por isso, ela costumava compartilhar as operações de vulto com os jornalistas.

Em outra ação, a delegada acusou Ubaldo Balthazar e Áureo Moraes de calúnia e difamação, usando como justificativa os discursos de ambos na cerimônia dos 57 anos da UFSC, tendo como moldura a faixa com a foto dela e de outras autoridades, apontadas como responsáveis pela morte do reitor. Perdeu na primeira instância (1ª Vara Federal de Florianópolis) pela decisão da juíza Simone Barbisan Fortes, citada anteriormente, e no TRF-4, em 22 de novembro de 2018, quando o juiz João Batista Lazzari rejeitou a denúncia.

Com a ida de Sergio Moro para o Ministério da Justiça, Érika Marena trocou a superintendência da Polícia Federal em Sergipe pelo comando do Departamento de Recuperação de Ativos e Cooperação Jurídica Internacional, em Brasília, que o ex-juiz da

Lava Jato pretendia turbinar com a integração do Conselho de Controle de Atividades Financeiras, Coaf,[25] até então vinculado ao Ministério da Economia.

Em junho de 2019, a delegada voltou a Florianópolis sem grande alarde, para conduzir a Operação Alcatraz. Com a saída de Moro do Ministério, acabou destituída do Departamento de Recuperação de Ativos.

Em fevereiro de 2021, a defesa do ex-presidente Luiz Inácio Lula da Silva encaminhou ao ministro Ricardo Lewandowski, do Supremo Tribunal Federal, mais um arrazoado que procurava demonstrar a articulação dos procuradores da Lava Jato no sentido de conduzir as investigações e influenciar as decisões judiciais de Sergio Moro. O documento se apoia nas conversas entre os procuradores obtidas na Operação Spoofing, analisadas pelo perito assistente Cláudio Wagner. A troca de mensagens entre Deltan Dallagnol e Orlando Martello Júnior refere-se a uma certa Érika, que teria forjado um depoimento. O depoimento inicialmente referido no diálogo dos procuradores diz respeito ao delator Fernando Moura. Mais adiante, eles afirmam que a mesma situação já teria ocorrido com o "Padilha", em uma possível referência ao delator Hamylton Padilha. A conversa aconteceu no dia 25 de janeiro de 2016, antes, portanto, que a delegada Érika Marena assumisse o posto na Polícia Federal de Florianópolis. Textualmente:

25 JAN 16

22:56:04 Deltan Como expõe a Érika: ela entendeu que era pedido nosso e lavrou termo de depoimento como se tivesse ouvido o cara, com escrivão e tudo, quando não ouviu nada... dá no mínimo uma falsidade... DPFs são facilmente expostos a problemas administrativos.ok

23:18:20 Orlando SP Não acho. Ela pode ouvir conosco. Se deixarmos barato, vai banalizar. Podemos combinar com ela de ela nos provocar diante das notícias do jornal para reinquiri-lo ou algo parecido. Podemos conversar com ela e ver qual estratégia ela prefere. Talvez até, diante da notícia, reinquiri-lo de tudo. Se não fizermos algo, cairemos em descrédito. O mesmo ocorreu com padilha e outros. Temos q chamar esse pessoal aqui e reinquiri-los. Já disse, a culpa maior é nossa. Fomos displicentes!!! Todos nós, onde me incluo. Era uma coisa óbvia q não vimos. Confiamos nos advs e nos colaboradores. Erramos mesmo!

23:20:04 Se os colaboradores virem uma reação imediata, vão recuar. O Moura quer ficar bem com JD e demais, ao mesmo tempo em q se da de bobo e nada acontece com ele. À prova, igualmente, fica prejudicada.

23:23:16 Deltan Concordo, mas se o colaborador e a defesa revelarem como foi o procedimento, a Érika pode sair muito queimada nessa... pode dar falsidade contra ela... isso que me preocupa.

23:23:24 De resto, concordo com tudo.

Em outro diálogo, no dia 21 de julho de 2017, pelo Telegram, Marena busca saber se o procurador Deltan pode ser mencionado como referência no formulário de inscrição para um curso no FBI:

9:14:24 Erika Deltan!

19:14:31 Erika A razão de lhe incomodar é que o FBI me convidou para um curso de dois meses ano que vem na academia deles nos EUA, eu estou preenchendo todas as fichas necessárias, e eles pedem três referências. Queria saber se posso dar seu nome.

19:14:42 Erika Acho que eles não vão ligar nem nada, pois sequer pedem telefone.

19:14:53 Erika Só pedem para indicar o nome, endereço residencial e endereço profissional.

O episódio foi relembrado, pouco depois, em 9 de março de 2021, no início do julgamento da suspeição do juiz Sergio Moro pela 2ª Turma do STF, pelo ministro Gilmar Mendes, como exemplo do tipo de leviandade cometida durante a Lava Jato:

> No caso das delações se faz menção a uma pessoa que fez, mas estava com Alzheimer. Não precisa dizer mais nada. Ou aquele episódio daquela delegada Marena, que veio para aqui, para a DRCI. Aquela que prendeu arbitrariamente o reitor da Universidade de Santa Catarina, imputando a ele um desvio de 80 milhões de reais, quando o projeto era de 80 milhões. Mas esta senhora aparece agora fazendo um depoimento falso e os procuradores dizem: "Olha, há uma falsidade, mas nós temos que proteger a Marena". É, de fato, altamente constrangedor.

A Ouvidos Moucos não colocou um ponto-final nas ações da Polícia Federal envolvendo as universidades públicas. No dia 6 de dezembro de 2017, a Operação Esperança Equilibrista envolveu 84 policiais, quinze auditores da Controladoria-Geral da União e dois do Tribunal de Contas da União.

Os agentes cumpriram oito mandados judiciais de condução coercitiva e onze de busca e apreensão. O alvo era uma obra que seria feita a partir da reforma do Coleginho, localizado no bairro de Santo Antônio, em Belo Horizonte. Nele seria instalada uma exposição de longa duração, com obras e materiais históricos.

Estava prevista também a construção de dois prédios anexos e de uma praça de convivência. O reitor Jaime Arturo Ramírez, a vice-reitora, Sandra Regina Goulart Almeida, e o presidente da Fundação de Desenvolvimento e Pesquisa (Fundep), Alfredo Gontijo de Oliveira, foram conduzidos coercitivamente para depor.

O nome da operação chegou a ser visto como sendo referência a um dos cartazes exibidos na homenagem a Cancellier, nos 57 anos da UFSC, que reproduzia um verso dessa canção, o que acabou provocando uma reclamação pública do compositor João Bosco.

A Procuradoria Federal dos Direitos do Cidadão (PFDC), órgão do Ministério Público Federal, saiu em defesa do Memorial da Anistia Política do Brasil e pediu cautela no uso de medidas coercitivas em ambiente universitário, mas a Corregedoria-Geral da Polícia Federal não encontrou indício que justificasse uma apuração interna sobre a operação.

Em 12 de setembro de 2019, a PF indiciou onze investigados. No total, as penas previstas para os crimes atribuídos a eles chegavam a 32 anos de reclusão. Estudantes e pesquisadores teriam sido obrigados a repassar parte das bolsas recebidas.

Em janeiro de 2020, um processo administrativo disciplinar da CGU decidiu punir o reitor Ubaldo Balthazar por ter mantido Ronaldo David Viana na Corregedoria — primeiro com uma suspensão e depois com uma multa de 5 mil reais. Em fevereiro, a 2ª Vara Federal de Florianópolis determinou que a Advocacia-Geral da União suspendesse a multa e advertência dadas à vice-reitora, Alacoque Lorenzini Erdmann, até o julgamento final da ação.

Em agosto de 2020, o pleno do Tribunal de Contas da União aprovou um acórdão que incorporou as conclusões da investigação desenvolvida sobre a execução do programa Universidade Aberta do Brasil, pela Secretaria de Controle Externo da Educação de Minas Gerais, em seis universidades e oito fundações (entre elas, a UFSC e a Fapeu), a partir do relatório feito pelo ministro Walton Alencar Rodrigues.

O acórdão determinou que a Capes examinasse e corrigisse as seguintes irregularidades:

- Pagamento de 2195 bolsas de professor/pesquisador/formador e tutor à distância para pessoas que não tinham registro nos sistemas internos da UFSC, no total de 2 320 050 reais;
- Pagamento de 127 bolsas a quarenta pessoas em duplicata, já que tinham outros contratos com recursos da Capes (140 670 reais);
- Pagamento de bolsas com recursos de custeio (sem valor definido);
- Pagamento de bolsas em valores acima dos limites estabelecidos a quatro pessoas.

A UFSC deveria disciplinar a fiscalização de seus projetos de pesquisa e extensão, para garantir o acompanhamento de sua execução; dar ampla publicidade aos contratos firmados com as fundações de apoio; divulgar as despesas que envolvem mais de um centro de custos; apurar o eventual superfaturamento na contratação de veículos com as firmas citadas pela CGU e PF.

Entre as bolsas pagas pela Capes, o TCU considerou irregulares as que estavam vinculadas a cursos não realizados ou não ligados ao Sistema UAB, as endereçadas a pessoas não cadastradas no sistema ou a pessoas que nunca acessaram o sistema Moodle, de controle.

Em nenhum momento o tribunal afirma que as atividades correspondentes a esses pagamentos não tenham sido realizadas

— ou seja, não foram identificados recebimentos por "fantasmas" ou "laranjas". A irregularidade afirmada pelo TCU diz respeito à gestão documental; não se afirma que as atividades não foram efetuadas, mas apenas que não há documentos que as comprovem, e o tribunal transfere para a Capes a missão de apurar se tais pagamentos irregulares são ou não devidos.

Embora, na prática, as duas situações impliquem irregularidades administrativas, a primeira situação significa pagamento fraudulento, peculato e multas maiores. Nem todas as atividades ficam registradas no Moodle.

Foi apontada a provável culpabilidade dos responsáveis pelo Núcleo UAB, mas o TCU enfatizou mais especificamente a responsabilidade da Capes, que teria sido falha na fiscalização dos contratos.

Como já dito, a única referência a Cancellier é a transcrição de trecho de seu depoimento à PF admitindo que, quando assumiu a UFSC, não havia um site onde fossem publicados de modo centralizado e transparente os gastos com EaD, que ele mandara fazer isso, mas, até pouco antes da prisão, não tinham cumprido sua ordem.

A juíza Janaína Cassol Machado acatou a denúncia para os treze nomes arrolados pelo Ministério Público Federal no dia 17 de novembro de 2020. Ela só tratou dos professores e funcionários, deixando para adiante a análise das acusações relacionadas à locação de veículos. De modo geral, acompanhou o entendimento do Ministério Público — e, por tabela, da PF — e reproduziu a maior parte das denúncias feitas por Taisa Dias ao corregedor e à PF.

Além de compartilhar as informações e documentos colhidos na Operação Torre de Marfim com os da Ouvidos Moucos e vice-versa, o despacho reproduz vários trechos dos relatórios da CGU e do TCU, notadamente sobre falta de comprovação de despesas, seleção de bolsistas, descumprimento de critérios para escolha de tutores, locação de veículos, gastos com pessoas estranhas ao projeto. Ao apresentar o contexto do caso, a juíza destacou que a seleção dos bolsistas pela universidade deveria atender aos princípios de publicidade e impessoalidade.

A juíza deixou para analisar mais tarde, após o prazo de resposta e defesa, a manutenção da medida cautelar de afastamento dos réus de atividades relacionadas ao programa Universidade Aberta do Brasil, bem como eventuais cobranças de ressarcimento do dano ou perda dos cargos.

A relação de Cancellier com os ilícitos reproduz o que o delegado Napp afirmara: o reitor era culpado por ter dirigido a Funjab, ter criado a Sead para ficar acima do Núcleo UAB, pela nomeação dos envolvidos, pela pressão exercida sobre Taisa e pela tentativa de obstaculizar as investigações, interferindo diretamente na atividade do corregedor.

Janaína Cassol não examinou os argumentos apresentados previamente pelos acusados antes de proferir essa decisão — afirmou que faria isso depois de analisar os fatos imputados a eles: "Explico e justifico aparente inversão, pelo fato de que analisar as defesas antes de entrar no mérito da denúncia tumultuaria e evitaria a compreensão adequada do que consta da denúncia".

A juíza não estabeleceu com exatidão os valores envolvidos na história. Afirmou, contudo, que, como o levantamento foi feito por amostragem, haveria indícios de que seria maior que o apurado até aquele momento.

Aceitou o entendimento de que o grupo era uma organização criminosa para cometer desvio de dinheiro (peculato) e concussão de recursos do sistema EaD/UAB da UFSC, e que os valores "eram predominantemente repartidos entre os membros da organização criminosa ou destinados a terceiros, sob a forma de bolsas, muitas delas por prestação de serviços fictícios ou desviadas para outras finalidades não autorizadas por lei".

O despacho se esparrama ao explicitar como a lei define e identifica as organizações criminosas, aceitando o que o Ministério Público afirmou sobre o grupo. Cassol esclarece que recebeu a denúncia sobre esse ponto com base nos ilícitos criminais praticados, em tese, no pagamento de bolsas e custeio do curso de administração EaD. E identifica o grupo: Moritz, Dalmau, Maurício Fernandes Pereira, Marino, Nunes, Lobo, Marilda Todescat, Roberto da Nova e Denise Bunn. Entre eles, os seis professores, que teriam recebido 43% do total pago pelo Sistema UAB entre 2008 e 2016.

As conversas via WhatsApp entre o reitor e Alexandre Marino são citadas como prova de que Cau teria tentado inibir a atuação de Taisa Dias.

A juíza admite que houve pagamento de meias bolsas, ressaltando que isso era expressamente vedado pela Capes. Destaca os recebimentos de Marilda Todescat, que teriam sido triangulados por Eduardo Lobo, e de que a professora dissera não se lembrar no interrogatório. Também valida o entendimento do MPF, segundo o qual havia um objetivo oculto no descumprimento e na flexibilização das normas do sistema de Ensino a Distância: "Preservar o fluxo contínuo de recursos dirigidos ao EaD/UFSC e, com isso, garantir o recebimento contínuo de bolsas por parte do grupo investigado e conservar/ampliar o poder político desse grupo dentro da universidade".

Na atribuição de responsabilidades, a juíza estabeleceu alguma variação, de acordo com a denúncia. Detalhou os doze fatos apontados pelo delegado e a cada um atribuiu responsabilidades. No fato 1, organização criminosa, nove pessoas foram denunciadas: Moritz, Dalmau, Maurício Fernandes, Marino, Nunes, Lobo, Todescat, Bunn e Da Nova.

Os mesmos nove foram acusados em relação ao fato 2, peculato. A acusação é de que teriam pago bolsas da Capes a pessoas não vinculadas à execução do objeto pactuado no valor total de 3 197 310 reais. Esse valor teria sido recebido por 298 pessoas, segundo planilha do TCU. Tratava-se, segundo o relatório do Tribunal de Contas, de bolsas destinadas a cursos não realizados ou a cursos para os quais não há comprovação do exercício das funções contratadas, na base de dados dos sistemas internos da UFSC (o tal sistema Moodle e os controles acadêmicos).

No fato 3, peculato ocorrido na distribuição de bolsas via fundações de apoio, num total de 1183 bolsas ou 1 111 911,07 reais, a juíza repetiu o que estava na denúncia — haveria a tal triangulação financeira, e acrescentou o nome de Mikhail Cancellier aos outros nove das acusações anteriores. No fato 4, que trata da acumulação indevida de bolsas, oito são os denunciados — Marilda Todescat ficou de fora. Seis nomes foram arrolados no fato 5 — Moritz, Dalmau, Maurício, Marino, Lobo e Nunes. No fato 6, voltam a ser oito os acusados de integrar a "penca de coordenadores" que teria concedido bolsas para si próprios, sem contrapartida. No fato 7, o delito de concussão (cobrança de metade do valor das bolsas) foi atribuído a Moritz, Nunes e Da Nova, apenas. A denúncia aponta seis casos comprovados — Martin de la Martinière Petroll, Elder Semprebon, Cibele Barsalini Martins, Rene Birochi, Fábio Beylouni Lavratti e Juliana Tatiane Vital, no valor de 650 reais cada.

O fato 8, peculato, pela apropriação de verbas públicas por meio de contratos de trabalho fictícios, relaciona cinco responsáveis: Moritz, Dalmau, Nunes, além de Denise Bunn e seu companheiro, Leandro Silva Coelho. Os nove denunciados em outros itens ressurgem no fato 9, peculato pela criação da empresa R&A Serviços Gráficos, que teria sido criada para desviar verbas do EaD. No fato 10, que trata do uso de bolsas para comprar computadores para o LabGestão, são quatro os denunciados: Moritz, Lobo, André Luis e Gabriela Fiates. Já no fato 11, inserção de dados falsos em sistemas de informação, aparecem três nomes: Nunes, Marino e Da Nova.

A juíza desconsiderou a acusação arrolada como fato 12 — lavagem de dinheiro. O MPF tinha denunciado nove nomes, com Leandro Silva Coelho em vez de Marilda Todescat, mas Janaína Cassol considerou inepta a acusação, porque a denúncia só fez mera referência ao delito em relação a um ou outro acusado.

A juíza rejeitou quase todos os pedidos dos defensores — o que indica que leu as defesas prévias, embora tenha deixado de considerá-las em sua totalidade.[26] Janaína Cassol só acatou o ponto de vista dos advogados dos acusados quanto ao crime de lavagem de dinheiro e, no caso do pagamento de bolsas acima do limite, em relação a Dalmau, Maurício, Marino, Nunes e Bunn. Sobre a penca de coordenadores, isentou Bunn, e, na constituição da empresa R&A, fez o mesmo em relação a Maurício, Marino, Lobo e Todescat.

O despacho diz haver lastro probatório mínimo para comprovar as imputações e indícios de prova da materialidade e autoria. Quanto à organização criminosa, rejeita a tese de que o delito não existia na ordem jurídica antes de 2008 e, para isso, menciona a súmula 711 do STF, que diz que a lei de pena mais grave se aplica ao crime continuado ou permanente.

Janaína Cassol intimou os acusados a apresentarem resposta às acusações em dez dias e manteve o afastamento de Roberto da Nova das atividades que gerassem percepção ou pagamento de bolsas, de Eduardo Lobo, Marcos Dalmau e Gilberto Moritz, especificamente para não receber ou pagar bolsas relacionadas ao Ensino a Distância. Notificou o reitor para que tomasse ciência e mantivesse as providências em relação às atividades dos investigados e retirou o sigilo dos autos.

Pouco depois, no dia 2 de dezembro de 2020, o promotor André Stefani Bertuol, do Ministério Público Federal, voltou à carga e pediu que a juíza reconsiderasse a decisão quanto à lavagem de dinheiro. Na justificativa, repetiu o raciocínio:

> [A Polícia Federal] instaurou o Inquérito Policial n. 5018469-32.2016.4.04.7200 para investigação inicial do crime de peculato e outros. As investigações se expandiram e revelaram um esquema criminoso muito mais amplo e arraigado na UFSC, uma vez que as vulnerabilidades nos controles de verbas do EaD eram aproveitadas por outros cursos além do de licenciatura em Física, notadamente o de Ciências da Administração, que concentrava o maior volume de recursos disponíveis para o Programa.

Em 24 páginas, Bertuol repisou os argumentos apresentados anteriormente e arrematou:

> Em cada um dos tópicos acima acerca de cada crime foram narrados os modos pelos quais o dinheiro foi colocado, ocultado e integrado, caracterizando, sem sobra de dúvidas, o crime de lavagem de capitais. As três etapas foram narradas na descrição das condutas criminosas, ocasião em que foram detalhados os trâmites referentes aos recursos públicos desviados. Entendeu-se desnecessário, por ocasião da elaboração da denúncia, esclarecer que tais procedimentos eram também manifestamente coincidentes com as ações típicas que caracterizam as condutas de lavagem de dinheiro.

No dia 18 de março de 2021, a juíza Janaína Cassol aceitou a denúncia do Ministério Público Federal contra outros sete acusados — o grupo supostamente envolvido com irregularidades na locação de veículos: os professores Márcio Santos e Sonia Maria Silva Corrêa Souza Cruz, Lúcia Beatriz Fernandes, secretária de EaD do curso de física, Maria Bernadete dos Santos Miguez, funcionária da Fapeu, e os empresários Murilo da Costa Silva, sócio administrador da S.A. Tour, Aurélio Justino Cordeiro, dono da AJC Agência de Viagens e Turismo, e Luciano Acácio Bento, proprietário da Arroba Turismo. As compras apontadas como sendo irregulares aconteceram antes da gestão de Cancellier.[27]

No dia 13 de julho de 2021, o ministro Wagner de Campos Rosário, da Controladoria-Geral da União, aplicou uma pena de suspensão de quarenta dias a Gilberto Moritz, que não será cumprida em razão de sua aposentadoria. Na mesma data, o mesmo ministro determinou a demissão sumária de Erves Ducati, que não fora preso nem denunciado pelo Ministério Público, mas conduzido coercitivamente no dia da Ouvidos Moucos. Ducati atuou como fiscal de projetos nas fundações e foi coordenador de curso e de projeto no Departamento de Ciências Contábeis. Nessa condição é acusado de ter pagado mais de uma bolsa à mesma pessoa e a si próprio, no mesmo mês (o que Taisa Dias também fez), e como fiscal de projetos teria permitido essa prática em seu departamento.

Na visão de outros denunciados, a CGU teria entendido afinal que as irregularidades ocorriam no Departamento de Ciências Contábeis, e não no de Ciências da Administração, o que poderia mudar o rumo do processo.

8. Últimas palavras

Parentes, amigos e conhecidos têm várias interpretações sobre o suicídio de Luiz Carlos Cancellier de Olivo. Nelson Wedekin lembra do amigo sereno, quase conformado, no último encontro. Depois concluiu que era um blefe: "Quando ele se suicidou ficou claro para mim que ele estava simulando uma calma. Isso é sempre uma suposição, não é? Às vezes, a pessoa tem impulso suicida, mas, no caso dele, acho que ele foi construindo. Tanto é verdade que no dia em que ele se suicidou ele escapou do irmão visivelmente, ele fugiu do irmão".

Quando Cancellier saiu da casa de Cristiane Derani, depois do almoço de sábado, 30 de setembro, Rossano, o marido dela, comentou: "O Cau é um homem morto".

Cristiane lembrou que ele estava com os dois irmãos e Rossano falou que eles não deveriam desgrudar de Cancellier, e ainda mencionou o pedido para que ela cuidasse de Mikhail. Merecia atenção — era a declaração de um suicida, avaliou. Naquele domingo, Rossano daria uma palestra sobre o assunto para o grupo dos Narcóticos Anônimos. O arqueólogo enfrentava depressões desde os doze anos de idade, era alcoólatra e sabia exatamente há quantos anos, meses e dias estava sem beber. Trabalhara seis anos em um hospital como voluntário com vítimas de alcoolismo e outras drogas.

Isabela Giuliano lembra que, num dos últimos telefonemas, antes da despedida, Cau pediu para que ela deixasse de visitá-lo: "Disse, por telefone, 'não precisava cuidar de mim desse jeito'. Não falou babá, mas ele falou assim, 'não precisa cuidar de mim desse jeito, eu já tô ótimo, não precisa se preocupar comigo', na última semana. O que é, depois, retrospectivamente, um comportamento bem comum de quem tá pensando em se suicidar, ele vai desapegando das pessoas mais próximas".

Acioli acha que até quinta-feira, 28 de setembro, Cau não estava determinado: "A pergunta que eu faço é a seguinte: ele estava deprimido? Estava. Ele estava reticente? Estava. Mas ele não pensava em se suicidar. Senão não teria pago a primeira parcela dos honorários dos advogados. Porque ele não devia nada ainda. Os caras não tinham feito defesa alguma".

O ex-prefeito de Tubarão, Miguel Ximenes, acha que Cau morreu de vergonha: "Ele ficou muito envergonhado. Não cabia nele aquilo. Um cara que não tinha nenhuma ambição financeira, nada, nada, nada. O Cau tinha vida de pobre, a vida toda, nunca... Foi uma das injustiças mais cruéis que eu vi cometer contra uma pessoa que não tinha nenhum ganho patrimonial, nem nas roupas, tudo igual...".

Para o procurador João dos Passos, a prisão levou o Cau que ele conhecia para outro lugar: "Eu não aceito que seja uma atitude racional inspirada num motivo heroico pra marcar alguma posição. Acho que ele tinha sofrido um abalo psicológico muito grande e não estava bem, estava um pouco fora de si. Claro, esse abalo é o que levou ele a esse ato extremo. Naquele momento, aquele cara que a gente pensava que era sempre o calculista, o racional, o que enfrentava todos os problemas sem levantar a voz, porque sabia que ali na frente ia fazer uma articulação, ia resolver, que as coisas iam dar certo, pela persuasão, pelo diálogo, esse cara não estava mais aí, ele não estava presente".

Rogério Teixeira, colega de infância e companheiro de militância, não entendeu o motivo: "Talvez ele tenha achado que não teria mais volta, que o nome dele ficaria sujo, mas não, o direito existe para isso, para se defender. Então eu acho que faltou um acompanhamento melhor".

Álvaro Lezana, colega de maçonaria e membro da equipe de gestão, vê no desfecho o oposto do que seria previsível: "O temperamento dele não fazia supor essa possibilidade. Ele deveria estar muito desesperado. Ele era um bom político e sempre falava do episódio com Roselane, do Levante do Bosque. E ele morria de medo de ter o próprio bosque. Um episódio desses acaba com qualquer governante. E deu isso, né, eu acho que talvez esse tipo de sentimento levou à morte, porque acabaram arranjando um bosque pra ele".

A secretária Katia Moreira estranhou o chefe e amigo nos últimos dias: "Ele não era a mesma pessoa, parecia que tinha perdido a vontade de viver, estava muito triste, uma tristeza muito grande, acho que ele tinha um vazio dentro dele, sabe?".

O irmão Júlio lembra que, fazendo hora para a segunda consulta à psiquiatra, dentro do carro, Cancellier lhe pediu um cigarro. O irmão recusou e Cau insistiu, num tom de desânimo: "É o único prazer que eu tenho...".

Júlio comentou a frase com a dra. Armanda Rufino e acha que essa foi uma das poucas sinalizações mais diretas do estado de ânimo do irmão que ele presenciou. A outra foi dita quando Júlio constatou que Cau tinha deletado seu perfil no Facebook. Cau comentou: "Fiz um suicídio virtual".

À *Folha*, Mikhail afirmou não ter dúvida sobre o motivo do ato:

O meu pai vivia pela vida pública dele. Ele negligenciava em diversos aspectos a vida pessoal. A vida do meu pai era a universidade. Então, eu acho que duas coisas ele não suportaria: se tirassem a universidade dele ou se alguma coisa acontecesse comigo. E uma das duas coisas aconteceu.

Mikhail também julga que a morte do pai serviu para jogar luz no processo, que ele considera violento e injusto:

Se por um lado ele fazer o que fez era um pensamento de resolução dele com essas questões, ao mesmo tempo [era] de uma mensagem e de algum tipo de efeito público, sem dúvida nenhuma. Por causa da forma como foi feito, inclusive. Num local extremamente público, de uma forma extremamente violenta. Isso causa muito impacto, isso chama muita atenção, mais atenção ainda para o caso em si. Foi tudo muito violento. A prisão foi violenta, foi um mês de muita violência. Ele buscou uma morte violenta também. Ele responde violentamente a uma violência que ele sofreu.

Cristiana, a ex-mulher, diz que, em outros momentos críticos, Cau teria flertado com a ideia de tirar a própria vida. Na primeira vez, quando deixou de trabalhar com Wedekin, chegou a mencionar diante dela a possibilidade. Fez algo semelhante quando se separaram. Na última foto tirada por Acioli, em Santo Antônio de Lisboa, notou o mesmo olhar vago, perdido, que o marido ostentara em duas outras ocasiões: "Eu só vi essa foto depois que ele já tinha morrido. Eu tinha muito medo de que ele fizesse isso, porque ele acreditava no exemplo, no exemplo que a gente deixava no caminho que a gente traçava. O Cau não acreditava em nada além da vida. A história dele era o aqui agora. E quando ele via esse objetivo dele, no qual ele apostava, desmoronar, ele caía, ele tinha pouca resistência. Ele era um homem muito forte, mas, quando saía desse traçado, desse controle que ele tinha, ele tinha muita dificuldade em retomar. [...] O foco, a questão do Cau era o foco. Acho que isso tinha a ver também com a decisão do suicídio".

Numa terceira ocasião, no carnaval de 1999, num apartamento em Balneário Camboriú, Cris teve a mesma impressão de que ele estava prestes a desistir — repetia a mesma frase: "Não tem mais nada, não tem mais nada o que fazer, não tem mais nada o que pensar".

Na manhã seguinte, quando ela acordou, Cau estava em pé no quarto, chorando, e perguntou o que tinha acontecido. Não se lembrava de nada e perguntou: "O que foi que aconteceu ontem? Eu fiz alguma coisa ruim, né?".

Parece evidente que, se não tivesse sido preso arbitrariamente e sem motivo real, num momento em que as prisões temporárias eram aplicadas a torto e a direito, submetido às humilhações reservadas aos detentos e, principalmente, proibido de entrar no território de sua vida, a UFSC, Luiz Carlos Cancellier de Olivo estaria, no momento em que este livro se conclui, cumprindo seu mandato de reitor e tentando responder a eventuais procedimentos administrativos relacionados à Educação a Distância.

A preparação minuciosa do seu gesto — afastamento dos irmãos, escolha do local e horário, a camiseta da UFSC, os bilhetes para a família e para um membro da equipe, a mensagem colocada no bolso da calça — deve ser entendida como mensagem e resolução de quem concluiu, certamente sob uma pressão insuportável e em um momento de fragilidade psicológica, ser impossível reverter o estrago causado à sua vida pessoal e acadêmica.

No livro em que interpreta a obra *Memórias póstumas de Brás Cubas*, de Machado de Assis, Cancellier assinalou:

> A sede de nomeada, a glória pública, as luzes, todos os ingredientes do caso apresentados nas *Memórias* são entorpecentes, que nublam e distorcem a visão e enfraquecem o homem para enfrentar a opinião pública, esta sim adversária eficaz, mais do que as regras de direito privado e de direito público. Regras não ditas por um ente sem rosto, a sociedade civil de hoje, os *moralistas do mundo* de ontem.

Entorpecido, visão nublada e distorcida, Cau enfrentou essas regras não ditas, esse ente sem rosto — ou a eles se rendeu —, com um gesto sem volta.

Agradecimentos

Agradeço aos que cooperaram com este livro. São muitos. Começando pela equipe responsável pela pesquisa e produção das muitas entrevistas realizadas com parentes, amigos e colegas de Luiz Carlos Cancellier de Olivo: Marcus Vinicius dos Santos e Raissa Cancellier. A dedicação de ambos foi essencial nessa missão. Otávio Sendtko levantou a produção jornalística de Cancellier, e Thássia Barbosa de Menezes transcreveu os depoimentos.

Auxiliaram ainda os seguintes estudantes da UFSC: Andrey Frasson, Artur Búrigo, Bianca Anacleto, Eduardo Iarek, Fabio Tarnapolsky, Guilherme Longo, João Balestrin, João Paulo Mallmann, Kaiky Goede Gayer, Lucas de Amorim, Luiza Monteiro e Mariana Corrêa Passuello.

A gratidão se estende ainda a Victor Gaspodini, que conseguiu ouvir Rodolfo Hickel do Prado e cedeu parte da entrevista para esta obra. E, claro, a todos os que deram depoimentos: Acioli Cancellier de Olivo, Alacoque Lorenzini Erdmann, Alessandro Pickcius, Alexandre Moraes, Álvaro Rojas Lezana, Amarilis Laurenti, Anderlize Abreu, Angela Albino, Athena de Oliveira, Áureo Mafra de Moraes, Carlos Damião, Cláudio Prisco Paraíso,

Cristiana Vieira, Cristiane Derani, Eduardo Lobo, Fabrício Pinheiro Guimarães, Gelson Luiz de Albuquerque, Giulia Fiori, Hélio Brasil, Isaac Kofi Medeiros, Isabela Back, Jailson Lima, Jamil Schneider, Janaína Cassol Machado, João Batista Félix Guedes, João dos Passos, José de Andrade, Juliano Scherner Rossi, Júlio César Cancellier de Olivo, Katia Denise Moreira, Laudelino José Sardá, Leo Rosa, Leonardo Bruno Moraes, Luciano de Castro, Luiz Henrique Urquhart Cademartori, Mara Lúcia Antunes, Marco Antonio Martins, Marcos Dalmau, Marcus Vinicius dos Santos, Margaret Grando, Maria Borges, Miguel Ximenes, Moacir Pereira, Nelson Rolim de Moura, Nelson Wedekin, Nestor Manoel Habkost, Nívea Cademartori, Paulo Garcia, Ricardo Baratieri, Ricardo Machado Kalil, Roberto Salum, Roberto Teixeira, Rogério Cid Bastos, Rogério Junkes, Rogério Teixeira, Ronaldo Barbosa, Rosangela Alves, Rosângela Koerich de Souza, Rossano Lopes Bastos, Ruy Mambrini Ribas, Sérgio de Freitas, Teresinha de Aguiar Francio, Thais Lippel, Tomaz Albuquerque, Ubaldo Cesar Balthazar e Valter Schmitz.

Registre-se também a cooperação de Ernesto Rodrigues, que inclusive chamou minha atenção para a hipótese de contar essa história e ainda leu uma primeira versão dos originais. Também se dispuseram a essa tarefa nada gratificante Carlos Vogt, Manoel Canabarro, Sandra Schamas e Tatiana Cobbett, que igualmente contribuíram para várias mudanças.

O trabalho dos editores da Companhia das Letras Marcelo Ferroni e Daniela Duarte foi decisivo no sentido de tentar tornar mais compreensível uma novela cheia de idas, vindas e detalhes. Ao contrário do que mostram filmes e relatos, livros só melhoram com as sugestões de editores competentes e empenhados, como a dupla.

Eventuais erros, omissões e imprecisões cabem ao autor, evidentemente. Conclusões e julgamentos cabem aos leitores.

Notas

PRÓLOGO: CADÊ OS 80 MILHÕES? [pp. 9-17]

1. Eram Eduardo Lobo, de Rio Grande (RS), 46 anos, professor na UFSC desde 2010; Gilberto de Oliveira Moritz, de Florianópolis (SC), 69 anos, professor desde 1974; Luiz Carlos Cancellier de Olivo, de Tubarão (SC), 59 anos, o reitor, professor desde 2005; Marcio Santos, de Ituporanga (SC), 48 anos, professor desde 1998; Marcos Baptista Lopez Dalmau, do Rio de Janeiro (RJ), 42 anos, professor desde 2002, Roberto Moritz da Nova, de Florianópolis (SC), 46 anos, auxiliar de ensino desde 2014, e Rogério da Silva Nunes, 56 anos, de Porto Alegre (RS), professor na UFSC desde 2006.
2. Desde criança, Luiz Carlos era chamado de Cau pela família, amigos e colegas de trabalho.
3. A Coordenação de Aperfeiçoamento de Pessoal de Nível Superior (Capes), fundação vinculada ao Ministério da Educação (MEC) do Brasil, atua na expansão e consolidação da pós-graduação stricto sensu (mestrado e doutorado). Desde 2007, encampou o financiamento de cursos de EaD.
4. Localizado na rua Paschoal Apóstolo Pítsica, 4744, mais conhecida como avenida Beira-Mar Norte, no bairro da Agronômica, o prédio de 6258 metros quadrados e cinco andares, inaugurado em 2002, tem parte da fachada revestida de mármore cinza. Ali trabalham 250 pessoas, entre agentes, delegados, escrivães e funcionários administrativos.
5. Duas semanas mais tarde, quando o exagero da cifra passou a ser apontado publicamente, o post foi substituído por outro, anódino, que não mencionava valor nenhum.

6. Roberto da Nova foi demitido da Fapeu.

7. Wálter Nunes, "'A prisão foi violenta, e ele buscou uma morte violenta também', diz filho de reitor da UFSC", *Folha de S.Paulo*, 2 out. 2019.

8. Inciso LVII do artigo 5º da Constituição Federal de 1988.

1. JORNALISTA, ADVOGADO, ATIVISTA: A JORNADA DE UM FUTURO REITOR [pp. 19-56]

1. Em 1989, conheci Luiz Carlos Cancellier de Olivo no palácio do governo de Santa Catarina, onde ele trabalhava como assessor do govenador Pedro Ivo Campos. Por essa época, tivemos dois ou três contatos, que a má memória quase dissolveu, mas que a então mulher de Cau, Cristiana Vieira, ainda recorda.

2. Hoje município de Erto e Casso, na região de Friuli Venezia Giulia.

3. No censo de 1960, o município registrou 62 459 habitantes.

4. O "Luiz" de Cancellier foi grafado primeiro com "s" e depois com "z". O nome de Prestes aparece com "s" na certidão de nascimento, mas ele próprio preferia grafar com "z".

5. Criado em 1947, para atender aos filhos dos engenheiros do lavador de Capivari, chama-se originalmente Colégio Sagrado Coração de Jesus. Passou a ser Colégio Dehon quando foi aprovada a inclusão do ensino médio, em 1957, homenageando o fundador da Congregação dos Padres do Sagrado Coração de Jesus, padre Leão João Dehon.

6. Catarinense de Tubarão, foi por 35 anos professor do curso de direito da UFSC. Em 1982, aos 23 anos, tornou-se o juiz mais jovem do Brasil. Iniciou os trabalhos lotado na comarca de Araranguá. Também trabalhou em Chapecó, Tangará, Ibirama, Campos Novos, Tijucas, Criciúma e Tubarão. Depois da morte de Cancellier, aposentou-se, filiou-se ao PT e foi candidato a senador. Morreu em 29 de janeiro de 2019, em Florianópolis.

7. Grupo político de esquerda que surgiu a partir da experiência da Liga Operária, criada em 1973, na Argentina, por exilados brasileiros. A Convergência inspirou a criação do jornal *Versus* e atraiu independentes de esquerda de vários matizes.

8. Guedes guardou os jornais até recentemente e doou a coleção para a Unisul, onde as publicações não foram localizadas.

9. Agenor Brighenti é atualmente professor de teologia no Instituto Teológico de Santa Catarina e na Universidade Pontifícia do México, além de presidente do Instituto Nacional de Pastoral da CNBB, membro do Comitê Executivo Latino-Americano da Ameríndia e do Comitê Organizador do Fórum Mundial de Teologia

e Libertação. Foi perito do Conselho Episcopal Latino-Americano na Conferência de Santo Domingo e da CNBB em Aparecida do Norte.

10. Acioli foi para Florianópolis em 1970, fez vestibular para medicina na UFSC e cursou três semestres. Em seguida, prestou exame para matemática, graduando-se em 1975. Uma bolsa da Capes lhe permitiu fazer o mestrado no Instituto Tecnológico da Aeronáutica, em São José dos Campos, para onde ele se mudou e onde continua a residir.

11. Na casa, viveram Rogério Teixeira, de Tubarão, que também estudara no Colégio Dehon e cursava sociologia, Milton Ostetto, aluno de engenharia que vinha de Nova Veneza, na fronteira com o Rio Grande do Sul, e Lourdes Fernandes, com quem Rogério Teixeira teria um filho.

12. Iniciativa do PCB, tinha na equipe Valdir Alves, Nelson Wedekin, Sérgio Uliano, Cirineu Cardoso e Aécio Verzola, entre outros.

13. Catarinense de Mondaí, no oeste catarinense, tinha sido eleito vereador em 1968 em Joaçaba. Processado com base na Lei de Segurança Nacional, foi absolvido por falta de provas, mas teve o mandato cassado. Formou-se em direito em Mogi das Cruzes e em jornalismo na USP, em 1974. No ano seguinte, foi para o Rio de Janeiro como diretor da Aplub (Associação dos Profissionais Liberais Universitários do Brasil). Ficou pouco tempo e mudou para Florianópolis, onde abriu um escritório de advocacia junto com Roberto Motta, que tinha sido preso em outubro de 1975, na Operação Barriga Verde.

14. Entre os signatários estavam Celso Martins, Celso Vicenzi, Dinah Lopes, Rosane Porto, Tarcisio Mattos e o próprio Cancellier.

15. Mais tarde economista e professor da Fundação Armando Alvares Penteado.

16. Catarinense de Tubarão, Leo Rosa foi fundador do grupo estudantil Luta Democrática. Atualmente é professor da Universidade do Sul de Santa Catarina.

17. Adolfo Luís Dias e Lígia Giovanella, presidente e vice do DCE, Amilton Alexandre, o Mosquito, Geraldo Barbosa Marize Lippel, Newton Vasconcelos e Rosângela Koerich de Souza, a Lelê.

18. Lédio Rosa de Andrade, *Abaixo as ditaduras: História do movimento estudantil, 1974-1981*.

19. Fundado em 1934, o jornal era ligado à UDN antes de 1964 e acabou vendido para José Matusalém Comelli, genro do ex-governador, Aderbal Ramos da Silva, um dos próceres do PSD no estado. A informação sobre o primeiro emprego consta da orelha do livro de Cancellier, *A estratégia de marketing de um senador*.

20. Fundado em 1915, *O Estado*, também dirigido por Comelli, tinha oito sucursais e só enfrentava concorrência importante em Blumenau e Joinville. A chegada do grupo gaúcho RBS, em 1986, abalou sua hegemonia, graças à sinergia entre o

novo jornal impresso, *Diário Catarinense*, e a RBS TV, afiliada da Rede Globo. Em 2000, Comelli foi preso por apropriação indébita — devia 10,2 milhões de reais ao INSS. Em 2007, o jornal deixou de ser impresso, e o título desapareceu em 2009.

21. Sardá já era um veterano: começara nos Diários Associados em 1968 e estava em *O Estado* desde 1972, de onde sairia em 1985, depois da morte de Tancredo Neves.

22. A ficha foi localizada no Arquivo Público do Estado de São Paulo por Mateus Bandeira Vargas, estudante de jornalismo da UFSC, em seu trabalho de conclusão de curso sobre os impactos da ditadura militar na universidade, publicado em forma de livro sob o título *Dossiê UFSC: As ações da ditadura na Universidade Federal de Santa Catarina*, e republicado por Raquel Wandelli no site Jornalistas Livres em outubro de 2017.

23. Cancellier foi um dos dois catarinenses que firmaram o manifesto, junto com o mais antigo militante do PC no Estado, Amadeu Hercílio da Luz. Neto do ex-governador Hercílio Luz, Amadeu era filiado desde 1948 e tinha sido candidato a vereador e prefeito de Criciúma.

24. Mais tarde, Tomaz fundou o primeiro jornal diário da cidade, o *Diário do Sul*, que seguia circulando quando ele deu seu depoimento para este livro.

25. Cristiana acabaria trocando o curso pelo de letras, depois de um período afastada da universidade, mantendo-se nessa disciplina até o pós-doutorado na Université de Strasbourg, na França.

26. Luiz Carlos Cancellier de Olivo, *A estratégia de marketing de um senador: Depoimentos e comentários sobre a campanha de Nelson Wedekin (PMDB-SC)*, p. 129.

27. Criado em 1951, com o objetivo de assegurar assistência e amparo financeiro às cooperativas, foi extinto pelo Plano Collor em 1990.

28. A Frente Popular juntava PDT, PT, PCB e PCdoB. O PFL de Jorge Bornhausen e o PDS de Esperidião Amin se alinharam outra vez, refazendo a aliança vitoriosa em 1982 em torno de Vilson Kleinübing. O PMDB somou-se a PTR, PSD, PST e PV com o nome de Paulo Afonso Vieira.

29. Paulo Afonso teve 742 643 votos, ou 27,1%. Jorge Bornhausen, 240 783, ou 8,8%.

30. Organização fraterna que surgiu a partir do século XIV, reunindo inicialmente os pedreiros. Seus graus replicam três graus das guildas de artesanato medieval, "aprendiz", "companheiro" e "mestre". Não admite mulheres e preserva o sigilo de suas práticas e rituais. Só podem participar os "bons e verdadeiros homens, nascidos livres e de idade madura e discretos, nenhum escravo, nenhuma mulher, nenhum homem imoral ou escandaloso, mas de boa reputação".

31. Catarinense de Lages, filho de juiz, cursou jornalismo e direito e, depois de uma passagem de seis anos pelos jornais locais O Estado e Diário Catarinense, voltou para o direito e prestou concurso para a UFSC, assumindo a cadeira de direito privado, e para a Procuradoria do estado.

32. Realizada no curso de pós-graduação lato sensu em direito tributário, da Faculdade de Ciências Sociais de Florianópolis, mantida pelo Complexo de Ensino Superior de Santa Catarina, sob a orientação da professora Márcia Aguiar Arend.

33. Luiz Carlos Cancellier de Olivo, *Reglobalização do Estado e da sociedade em rede na era do acesso*.

34. A lista de referências teóricas inclui Hannah Arendt, Norberto Bobbio, Fritjof Capra, Manuel Castells, Marilena Chaui, Domenico de Masi, Jacques Derrida, Peter Drucker, Umberto Eco, Luigi Ferrajoli, Michel Foucault, Francis Fukuyama, Anthony Giddens, Jürgen Habermas, Kurt Hübner, Octavio Ianni, Fredric Jameson, Krishan Kumar, Pierre Lévy, Edgar Morin, Nicholas Negroponte, Karl Popper, Jeremy Rifkin, Richard Rosecrance, Boaventura de Sousa Santos, Alvin Toffler e Norbert Wiener, entre outros.

35. Luiz Carlos Cancellier de Olivo, *Reglobalização do Estado e da sociedade em rede na era do acesso*, pp. 140-1.

36. O movimento que busca as conexões entre direito e literatura começou na década de 1970, com nomes como James Boyd White, Richard Weisberg e Robert Weisberg. Uma das ideias preliminares é que, ao entender melhor as obras literárias centradas em conflitos jurídicos, advogados e juízes poderiam ter uma visão da "natureza da lei" que não aparece no estudo da retórica legal.

37. Luiz Carlos Cancellier de Olivo (Org.), *Dostoiévski e a filosofia do direito: O discurso jurídico dos irmãos Karamázov*.

38. Também participavam Rafael Peteffi da Silva, Horácio Wanderlei Rodrigues e Eduardo Lamy, segundo João dos Passos.

39. A regra não escrita foi abandonada pelo presidente Jair Bolsonaro, que, em 2019, só escolheu o primeiro colocado em oito das catorze nomeações. Nas outras seis (43%), optou por candidatos menos votados, chegando a nomear um postulante que teve seiscentos votos contra mais de 7 mil do primeiro colocado. Também tentou emplacar uma medida provisória que lhe dava o direito a indicar quem bem entendesse e que o parlamento rejeitou.

40. Diomário de Queiroz (1992-6), Rodolfo Pinto da Luz (1996-2004), Lúcio Botelho (2004-8) e Alvaro Prata (2008-12) se reuniram e, embora não escondessem o encontro dos jornalistas, num primeiro momento, negaram articulações em apoio a uma ou outra candidatura, dizendo apenas que não estavam contra a gestão atual, "mas a favor do futuro da UFSC". Alguns dias mais tarde, os quatro participaram

de um encontro com professores no auditório do CCJ. Diomário, Rodolfo e Lúcio abriram seus votos e pediram apoio, mas Prata limitou-se a elogiar Cancellier. Mais tarde, numa sala de aula, Prata anunciou seu voto em Cancellier.

41. As outras quatro eram "Confiança na UFSC" (Cláudio José Amante e Rogério Cid Bastos); "A UFSC é o nosso compromisso" (Roselane Necklel e Lúcia Helena Martins Pacheco); "UFSC +" (Edson Roberto De Pieri e Carlos Alberto Marques) e "Somos Tod@s UFSC" (Irineu Manoel de Souza e Mônica Aparecida Aguiar dos Santos).

42. Pela manhã, a rede da internet do campus de Joinville chegou a ser hackeada e foi rebatizada de Rede 84, numa alusão à chapa de Edson De Pieri. Descobriram que a origem fora um celular. Como a rede de rádio da UFSC não tinha sido invadida, não se configurava desvio das regras eleitorais. À tarde, o único contratempo foi a substituição de uma urna eletrônica CCE. No início da noite, dois alunos reclamaram que, quando foram votar, seus nomes já haviam sido assinados por outras pessoas. No entanto, não houve nenhuma denúncia formal para a Comissão Eleitoral sobre o acontecido.

43. Participaram 13 595 eleitores, com uma abstenção total de 65% (25 248 eleitores deixaram de votar). Cancellier ficou em primeiro, com 4530 votos, ou 29,54%, seguido por Edson De Pieri, com 3420 votos, ou 22,40%. Em terceiro lugar ficou Irineu de Souza, com 22,07%, e em quarto, a reitora Roselane Necklel, que recebeu 12,85% dos votos. Cláudio Amante, em quinto, teve 11,27%.

44. O índice de votação da chapa em cada segmento foi obtido mediante a aplicação da seguinte fórmula: (número de votos válidos do segmento na chapa dividido pelo total de eleitores do segmento que votaram na consulta, vezes um terço).

45. A UFSC tinha um programa de assistência estudantil para os alunos que não tinham como se instalar em Florianópolis — e que a política de cotas multiplicara.

46. As vestes talares reitorais são uma tradição que vem do século XIII. Beca preta, murça ou samarra brancas, capelo na cor branca, colar reitoral e bastão. A cor branca é exclusiva do reitor.

47. Ele já fizera uma reforma administrativa: montara um Conselho de Gestão, composto por pró-reitores, secretários e diretores dos onze centros de ensino, além dos diretores dos campi de Joinville, Araranguá, Curitibanos e Blumenau, transformara a Secretaria de Gestão de Pessoas em pró-reitoria, rebaixara a Pró-Reitoria de Planejamento e Orçamento para secretaria e criara as secretarias de Segurança Física e Patrimonial, de Obras, Manutenção e Meio Ambiente, de Inovação, de Esportes, de Ações Afirmativas e Diversidades e a de Ensino a Distância, que lhe traria problemas.

2. DA LAVA JATO ÀS UNIVERSIDADES:
A EXPANSÃO DAS AÇÕES DA POLÍCIA FEDERAL [pp. 57-75]

1. Filho de professores, teve formação católica no conceituado Colégio Santa Cruz, da congregação carmelita, e fez todo o curso de direito na Universidade Estadual de Maringá, onde nasceu. Depois de estagiar num escritório especializado em direito tributário, prestou concurso para juiz e passou. Tinha 24 anos. Em Cascavel e Joinville, acabou se interessando pela área criminal. Entre seus ídolos estão o juiz italiano Giovanni Falcone, assassinado pela máfia, e o norte-americano George Robert Blakey, que idealizou a legislação de combate ao crime organizado.

2. O promotor Carlos Fernando dos Santos Lima é filho do deputado estadual Osvaldo dos Santos Lima, da Arena, também promotor, vice-prefeito de Apucarana e presidente da Assembleia Legislativa do Paraná em 1973. Considerado o estrategista da Lava Jato, Carlos Fernando estudou no Colégio Marista Santa Maria. O promotor Deltan Dallagnol nasceu em Pato Branco, no interior do Paraná, em 1980, filho de um procurador de Justiça que era membro da Igreja batista. A delegada Érika Marena, como já foi dito, nasceu em Apucarana, filha de um pastor protestante.

3. Érica Anita Baptista, em *Corrupção e opinião pública: O escândalo da Lava Jato no governo Dilma Rousseff*, comprova que a percepção de corrupção medida pelo Latinobarómetro ao longo do tempo variou de 4% no governo FHC para 20% com o chamado Mensalão, no governo Lula, mas voltou a cair para 3% em 2010. Aumentou para 15%, na esteira dos grandes protestos de rua de 2013. Em 2015 e 2016, chegou a 20% e 22%, respectivamente, assumindo a ponta na lista de preocupações dos brasileiros.

4. A proposta foi modificada na Câmara e ficou quase três anos parada no Senado. Aprovada, voltou à Câmara e aguardava tramitação nas comissões quando este livro foi concluído.

5. Os responsáveis pela série afirmaram que sua produção se apoiara em 105 entrevistas, pesquisa em mais de 3,2 mil páginas de documentos e quatro meses de trabalho de uma grande equipe. Para promover a iniciativa, produziram até um vídeo de quatro minutos sobre os bastidores da empreitada.

6. Os professores eram Leonardo Azevedo, Cláudia Capelli, Fernanda Araújo, Flávia Santoro e Renata Mendes. A docente, Kate Ferreira.

7. Mineiro, Hêider se formou em Recife, foi médico de família em Aracaju, diretor de Atenção Básica e diretor da Fundação Estatal Saúde da Família na Bahia, e trabalhava no Ministério da Saúde, onde gerenciava o Programa Mais Médicos.

8. "'Jornalismo marrom' da RBS ataca ex-coordenador do Mais Médicos, denuncia advogado; ele é crítico do desmanche na Saúde promovido por Temer", 19

jan. 2017. Disponível em: <www.viomundo.com.br/denuncias/coordenador-do-programa-mais-medicos-do-governo-dilma-e-vitima-de-materia-irresponsavel-ver-se-injustamente-nisso-e-de-moer-o-peito.html>. Acesso em: 9 jun. 2021.

9. Paraense de Belém, nascido em 1950, cresceu no Nordeste, mas formou-se em engenharia mecânica na Universidade Federal Fluminense, tendo sido presidente do diretório de engenharia da UFF. Também estudou na USP e foi diretor da União Estadual de Estudantes. Fez mestrado e doutorado em engenharia de produção na UFRJ. Presidiu a Faperj no governo de Leonel Brizola e Anthony Garotinho. No governo Rosinha Garotinho, foi secretário de Ciência, Tecnologia e Inovação. Em 2010, foi candidato a governador pela coligação PR/PTdoB, ficando em terceiro lugar. Também se candidatou a vereador em 2012 e a deputado federal em 2014, pelo Partido da República. Atua na Coppe/UFRJ. Exerce atualmente a função de vice-presidente do Conselho Nacional das Fundações de Apoio às Instituições de Ensino Superior e de Pesquisa Científica e Tecnológica (Confies) e é diretor executivo da Fundação Coppetec.

10. Em depoimento ao autor.

11. A Plataforma Lattes é um sistema de currículos virtual criado e mantido pelo Conselho Nacional de Desenvolvimento Científico e Tecnológico (CNPq), que integra bases de dados curriculares, grupos de pesquisa e instituições em um único sistema de informações.

12. Suas suspeitas a levaram a fazer dois cursos da Associação Brasileira de Jornalismo Investigativo (Abraji) e outros dois da Ordem dos Advogados do Brasil (OAB), além de uma oficina com os Jornalistas Livres.

3. INTRIGAS E CARTAS ANÔNIMAS: O ESTOPIM DAS INVESTIGAÇÕES EM SANTA CATARINA [pp. 76-87]

1. A notícia de fato é uma atividade extrajudicial que pode ser provocada por uma demanda encaminhada ao Ministério Público ou iniciada de ofício pelos promotores, podendo ser formulada presencialmente ou não. Muitas vezes, começa no atendimento ao cidadão ou a partir de notícias, reportagens ou correspondências. Tem prazo de trinta dias para ser respondida e gerar um Procedimento Administrativo, Preparatório, Inquérito Civil ou Procedimento Investigatório Criminal. A que deu início a toda a investigação levou o número 1.33.000.000626/2014-23 e foi encaminhada à 5ª Câmara de Coordenação e Revisão, de combate à corrupção, que atua nos casos de improbidade administrativa, de crimes contra a administração em geral e de crimes de responsabilidade de prefeitos e de vereadores.

2. Formado pela Universidade Federal do Rio Grande do Sul, Fernando da Cunha Wagner concluiu o mestrado na UFSC em 1990. Sua aposentadoria aconteceu em 5 de maio de 2016 pela portaria n. 332, publicada na p. 36 do *Diário Oficial da União* de 9 de maio de 2016.

3. Darcy Ribeiro, *Confissões*.

4. Joseany Rodrigues Cruz e Daniela da Costa Britto Pereira Lima, "Trajetória da educação a distância no Brasil: Políticas, programas e ações nos últimos 40 anos".

5. A Fapeu cuidava dos cursos EaD de física, matemática, ciências biológicas, letras/inglês e das especializações em gestão de bibliotecas e formação de professores em matemática. A Fepese operava outros quatro: bacharelado em ciências contábeis, ciências econômicas e especializações em controle de gestão pública e gestão pública municipal.

6. Levantamento concluído em 9 de maio de 2017.

7. O mesmo fragmento de CPF aparece, ao lado da identificação, na lista de indiciados pelo inquérito da Polícia Federal.

8. Parágrafo 1º do artigo 11 do decreto n. 7423 de 31 de dezembro de 2010.

9. O Conselho de Curadores, instituído em 1982, é composto de um professor eleito em cada unidade universitária (CSE e CCJ têm dois), um representante da reitoria e um dos funcionários celetistas, um do MEC, dois representantes do corpo discente, indicados pelas entidades estudantis de graduação e pós-graduação, e dois representantes dos servidores técnico-administrativos.

4. "TODAS AS DIFICULDADES QUE A HUMANIDADE PROPORCIONA": O PROCURADOR E A DENUNCIANTE [pp. 88-120]

1. Doutor em direito público, estava na UFSC desde 2006. Em 2010, foi um dos 63 juristas signatários de um documento em favor de Lula, que defendia o então presidente das acusações de "autoritário" e de "passar por cima da Constituição e das leis".

2. Áureo Mafra de Moraes, coordenador do curso de jornalismo, sem sucesso, tentou reiniciar o processo sob o argumento de que havia um vício processual — a pré-seleção de candidatos não era, a princípio, objeto do grupo de trabalho. Perdeu: no dia 12 de novembro de 2015, um dia após o segundo turno das eleições para reitor, o Conselho Universitário não só rejeitou o parecer de Áureo, como aprovou os três nomes selecionados e os encaminhou novamente à reitoria.

3. Catarinense de Florianópolis assistente em administração concursado da UFSC desde 1995, naquele momento lotado no Hospital Universitário.

4. Na estrutura de funções da UFSC existem quatro níveis de cargos de direção — os CDS. O reitor — e apenas ele — recebe o CD 1; o vice-reitor, o CD 2. Os valores aproximados são 7 mil reais (CD 1); 6 mil reais (CD 2); 5 mil reais (CD 3) e 4 mil reais (CD 4). O auditor chefe e o procurador chefe eram CD 4, por exemplo.
5. Filho de um veterinário catarinense com uma paranaense, nascido em Curitiba, vivia em Florianópolis desde os cinco anos. Formado em engenharia mecânica e depois em direito, chegou a trabalhar em Itajaí.
6. Sobrinho de Gilberto Moritz, nascido em Florianópolis em 1971, ingressara na Fepese em 2007, como auxiliar de escritório. No ano seguinte foi contratado pela Fapeu, como assistente administrativo.
7. Professor e coordenador do Laboratório de Produção de Recursos Didáticos para Formação de Gestores (LabGestão). Entre 2010 e 2012, foi chefe do Departamento de Ciências da Administração. Presidiu a Fundação de Estudos e Pesquisas Socioeconômicos (Fepese) nas gestões 2002-3 e 2004-5.
8. Memorandos n. 96, 97 e 100/CAD/CSE/2016, de 20 de outubro de 2016, e ofício n. 29/CAD/CSE/2016 de 25 de outubro de 2016. No primeiro, a dupla reclamava o pagamento de 6042,24 reais de reembolsos a professores e de 127 mil reais referentes a 98 bolsas da "linha do tempo" — entre eles, 24 professores, incluindo o próprio Lobo, e Marcos Dalmau e Rolf Hermann Erdmann, de quem se falará mais adiante, a serem pagas via Fapeu. O segundo memorando pedia explicações para o que eles definiam como "equívoco" — dezenove bolsas da Capes que não tinham sido destinadas ao curso de administração EaD nos meses de agosto e setembro, no valor total de 18 815 reais. O terceiro ia mais fundo e cobrava 200 mil reais que deveriam ser destinados ao curso de administração EaD pelo Núcleo UAB, do valor a ser recebido pelo curso de ciências contábeis, conforme combinado entre os coordenadores no primeiro semestre de 2016. Os ofícios, destinados a Claiton Key Varela, gestor de projetos da Fapeu, também pediam informações sobre a situação financeira do projeto 219/2010, em seu encerramento, e demandavam o custo mensal do curso de administração.
9. Memorando n. 18/2017/CAD/CSE de 6 de março de 2017, assinado por Eduardo Lobo e André Luis da Silva Leite, subchefe do Departamento de Administração. Folha 358 do nono volume do inquérito policial.
10. Também foram copiados Irineu Manoel de Souza, André Leite, Alexandre Marino, Gabriela Fiates, Tereza Cristina Rozone e Márcio Santos.
11. Páginas 102 e 103 do inquérito preliminar.
12. Paulistano, 67 anos, doutor em ciência política pela Westfälische Wilhelms, da Universidade de Münster, na Alemanha, tinha sido professor e pró-reitor de Pesquisa e de Pós-Graduação da UFRGS e comandara por duas vezes a Fundação

de Amparo à Pesquisa do Estado do Rio Grande do Sul (Fapergs), de 1987 a 1989 e de 2015 a 2016. Também presidira a Capes no governo FHC, entre 1995 e 2003.
13. Memorando n. 82/2017/GR.
14. Ofícios 191/2017 do gabinete do presidente da Capes, Abílio A. Baeta Neves, de 18 de maio de 2017, e n. 7/2017, do coordenador geral de Supervisão e Fomento da Capes, Aloisio Nonato, de 17 de maio, encaminhando os dados solicitados por Hickel do Prado. O curso de administração tinha 423 alunos cursando, 1700 cadastrados e 239 formados. Os cinquenta cursos à distância possuíam 1165 alunos cursando, 3450 formados e 12192 cadastrados.
15. Ofício n. 10/2017, para o presidente da Capes, em 4 de maio de 2017, pedindo informações sobre bolsas e custeio; ofício n. 7 CGFO/DED/Capes, de 17 de maio de 2017, com dados sobre custeio, bolsas, relação com fundações vinculadas à UFSC; ofício n. 191/2017-GAB/PR/CAPES, resposta da Capes, em 18 de maio, com dados gerais; notícia da UFSC sobre recursos para o EaD em 25 de maio — 1770919 reais; ofício 17/2017, para o presidente da Capes, em 12 de junho de 2017, dizendo que informações não estavam de acordo com o pedido; e-mail da visita técnica da Capes de 9 de junho de 2017 ao reitor.
16. Memorando n. 1408/2017 — IPL 419/2016 — SR/PF/SC.
17. Os documentos não especificam qual agência.
18. Professor concursado da UFSC desde setembro de 1997, vinculado ao Departamento de Ciências da Administração. Foi coordenador de Extensão, presidente do colegiado do curso de administração, chefe do Departamento de Ciências da Administração e diretor do Centro Socioeconômico. Ocupou o cargo de diretor-presidente da Fundação de Ensino e Engenharia de Santa Catarina (Feesc). Cedido para a prefeitura de Florianópolis, onde ocupou o cargo de secretário municipal de Educação. Antes, também cedido pela UFSC, foi diretor da Imprensa Oficial do estado de Santa Catarina.
19. A lista encaminhada em 12 de junho de 2017 incluía Gilberto Moritz, seu genro Roberto da Nova, sua filha Mariana Oliveira Moritz, as irmãs Juliana Tatiane Vital e Luciane Paula Vital, Juliana Salvador Alves e Fernanda Salvador Alves, Rodrigo Rosso Marques e Janine Soares Oliveira, companheiros, Rogério João Lunkes e Fabricia Silva da Rosa, companheiros, Juan Carlos Coto Flores e Gabriela Cordioli Coto, Claudia Grijó Vilarouca e Otávio Guimarães Tavares, companheiros, Patricia Fonseca Ferreira Arienti e Wagner Leal Arienti, que possuíam o mesmo endereço, Cledison Ambrozio Marques e Adriana Helena Pfeifer, companheiros, Christian Jean Abes e Gilles Jean Abes, irmãos, Gilmar da Silva e Michele Duarte da Silva Schlemper, irmãos, Jade Geovana Silva Moia, Edilena da Silva Frazão e Marcos Luiz dos Santos Brabo, empregados da Razão Consultoria e Gestão Contábil Ltda.,

Sergio Souto Rocha e Rodrigo Pereira Rocha, irmãos, Carolina Silva e Breno de Souza Ottani, ex-empregados da Arquivo Contabilidade S/S, Sérgio Machado Wolf, Francisco Eduardo Gonçalves Silveira, Ariane Girondi, Fellipe Netto Cancellier, Jadir Ademar das Chagas, Márcia Regina Pereira Sagaz, Rosângela Terezinha Emerim Moreira, Taís Gomes Prates, Carla Margarete Buchele, Gabriel Moraes Herling, Roberto Carlos Alves, Vanderli Vandresen e Fernanda Matsukura Lindemeyer, que não preencheriam os critérios para receber bolsas, segundo pesquisa na Relação Anual de Informações Sociais, RAIS.

20. Nota técnica n. 670/2017/NAE/SC/Regional/SC.

21. O relatório é assinado por Frederico Ozanam Brandão de Oliveira e Marcelo Campos da Silva, da AFFV CGU R/SC, e tem o "de acordo" de Orlando Vieira de Castro Junior.

22. Hickel do Prado ouviu René Birochi, Eloise Helena Livramento Dellagnelo, Luiz Felipe Ferreira, Rebeca de Moraes Ribeiro e Marcelo Menezes Reis.

23. Em 1º de novembro de 2017, portanto depois do desfecho trágico da história, Rodolfo Hickel do Prado pediu que fosse instaurada uma comissão de sindicância para apurar o suposto assédio moral a Taisa Dias. Designou a professora Suzana da Rosa Tolfo, do Departamento de Psicologia, e Paulo Marcos Borges Rizzo, do Departamento de Arquitetura e Urbanismo, para constituir a comissão e deu trinta dias para que os trabalhos fossem concluídos. Eduardo Lobo pediu vista e cópia dos autos. Em 16 de fevereiro de 2018, depois da saída de Hickel do Prado da corregedoria, Ronaldo David Viana Barbosa, o novo corregedor, recompôs a comissão, agora com o professor de direito Eduardo Antonio Temponi Lebre e Ricardo Lara, do Serviço Social (Rizzo continuou), e deu mais trinta dias para trabalharem. Em outubro de 2018, Eduardo Lobo apresentou seus argumentos em longo documento ao corregedor, apontando o que definia como lapsos e confusões de Taisa Dias. Mas a segunda comissão tampouco iniciou os trabalhos.

24. Existem seis níveis de sigilo na Polícia federal. No nível 2, os dados e documentos são acessíveis por qualquer usuário da Justiça, MPF ou procuradorias públicas, salvo assistentes ou estagiários. Os advogados precisam de permissão expressa. No portal e na consulta pública do e-proc, esta informação é omitida. Os processos identificados como de nível 2 não são exibidos na capa do principal para usuários que não tenham acesso.

25. Gaúcho de Bento Gonçalves, o advogado André Stefani Bertuol trabalhou no Tribunal Regional Federal da 4ª Região em Porto Alegre e como auditor fiscal da Receita Federal, antes de ingressar no Ministério Público Federal, em dezembro de 1999. Lotado em Santos, foi transferido para Florianópolis em 2004.

26. O relatório reproduz a relação de fornecedores do projeto n. 105/2013, "Desenvolvimento de modelo de governança aplicado a redes de políticas públicas de promoção de igualdade social", coordenado por Marcos Dalmau, em que Alexandre Moraes Ramos (diretor de Inovação da UFSC), o próprio Dalmau, Lobo, Áureo, Gerson Rizzatti Junior, Marilda Todescat e Rogério Nunes tinham sido remunerados, bem como a empresa Metropolitana Turismo. No contrato n. 046/2015, denominado "Aperfeiçoamento em promoção da saúde", sob a responsabilidade de Lobo, a lista de fornecedores apresentada no relatório da delegada tem o próprio Lobo, Alexandre Moraes Ramos, Moritz, Dalmau, Áureo e as empresas Metropolitana Turismo e Gráfica Copiart.

27. Os crimes apontados estavam previstos no artigo 89 da lei n. 8666/93 ("Dispensar ou inexigir licitação fora das hipóteses previstas em lei, ou deixar de observar as formalidades pertinentes à dispensa ou à inexigibilidade: Pena — detenção, de 3 [três] a 5 [cinco] anos, e multa") e nos artigos 312 e 315 do Código Penal ("Apropriar-se o funcionário público de dinheiro, valor ou qualquer outro bem móvel, público ou particular, de que tem a posse em razão do cargo, ou desviá--lo, em proveito próprio ou alheio: Pena — reclusão, de 2 [dois] a 12 [doze] anos, e multa" e "Dar às verbas ou rendas públicas aplicação diversa da estabelecida em lei: Pena — detenção, de um a três meses, ou multa"). Para a delegada, o grupo poderia "interferir na coleta das provas, combinar versões e mais do que já fizeram, intimidar os docentes vitimados pelo grupo criminoso".

28. A portaria foi baseada no artigo 3º da Resolução Normativa n. 42 do Conselho Universitário de 2014, que permitia ao corregedor instaurar sindicâncias, realizar investigações preliminares e processos administrativos, mas enfatizava que sua competência concorria com a do chefe de gabinete — não tinha autonomia funcional ou independência, nem competências exclusivas em matéria disciplinar. Pelo estatuto, era o reitor quem tinha esse poder. Cancellier podia, desse modo, "instaurar procedimentos disciplinares no âmbito das IFES, não conferindo independência ou autonomia funcional, tampouco competências exclusivas em matéria disciplinar aos chefes das unidades seccionais". O artigo 11 da lei n. 9784/99 definia a competência como "irrenunciável", embora admitisse a avocação temporária de competência atribuída a órgão hierarquicamente inferior.

29. Parecer n. 17/2017/NADM/PFUSC/PGF/AGU. Aprovado pelo despacho n. 478/GAB/NADM/PFUSC/PGF/AGU.

30. Eram três celetistas de março a setembro de 2013 (Maria Aparecida Silva Alves, Mileide Marlete Ferreira Leal Sabino, Stephanie Bueno Zanichelli). De outubro a dezembro de 2013, Jordana Maria Ramos Cardoso também recebeu bolsa como celetista, além das outras três funcionárias dos meses anteriores. Em junho

e julho de 2014, só Patrícia Regina Aguiar aparece na lista. Em dezembro de 2014 foram quatro (Juliana Tatiane Vital, Patrícia Regina Aguiar, Patrícia Regina da Costa e Stephany Kaori Yoshida); quatro de janeiro a maio de 2015 (Juliana Tatiane Vital, Patrícia Regina Aguiar, Patricia Regina da Costa e Stephany Kaori Yoshida). Cinco de junho a dezembro de 2015 (Juliana Tatiane Vital, Márcio Rosa Barbosa, Patrícia Regina Aguiar, Patrícia Regina da Costa e Stephany Kaori Yoshida). De janeiro a abril de 2016 foram quatro celetistas (Juliana Tatiane Vital, Márcio Rosa Barbosa, Patrícia Regina da Costa e Stephany Kaori Yoshida). Em maio, três (Márcio Rosa Barbosa, Patrícia Regina da Costa e Stephany Kaori Yoshida). Em junho de 2016, somente Stephany Kaori Yoshida. Em julho e agosto, dois, Stephany Yoshida e Stephanie Bueno Zanichelli. Em setembro de 2016, só Yoshida. Em outubro e novembro, só Márcio Rosa Barbosa. A partir de dezembro de 2016 não há mais celetistas com bolsas na lista.

31. Entrevista ao autor em 10 de janeiro de 2020.

5. BUSCA E APREENSÃO: AS OPERAÇÕES DA POLÍCIA FEDERAL DE SETEMBRO DE 2017 [pp. 121-46]

1. Em todas as varas há dois juízes atuando, e a distribuição dos processos é por sorteio: um é o juiz titular, o outro, o substituto. O titular exerce a gestão administrativa da unidade. Ambos recebem o mesmo número de processos, selecionados por sorteio. Quando o juiz titular sobe para o tribunal, o substituto pode se candidatar. Janaína poderia ter se candidatado em 2005, mas não quis.

2. Neste parágrafo e anteriores, em depoimento ao autor.

3. Foi fazer uma palestra na abertura do VII Encontro Internacional do Conselho Nacional de Pesquisa e Pós-Graduação em Direito (Conpedi), realizado na cidade de Braga, nos dias 7 e 8 de setembro. Também esteve com António Magalhães Cunha, na época reitor da Universidade do Minho, e com o presidente da Câmara Municipal de Braga, Ricardo Rio.

4. Gaúcha de Veranópolis, Katia Denise Moreira foi para Florianópolis para cursar secretariado na UFSC e, em 2008, logo após se formar, foi aprovada no concurso para secretária e acabou designada para atuar junto ao Conselho Universitário.

5. O artigo 7º, inciso V, do Estatuto da Advocacia e da OAB (lei n. 8906/1994) diz que é direito do advogado "não ser recolhido preso, antes de sentença transitada em julgado, senão em sala de Estado Maior, com instalações e comodidades condignas, e, na sua falta, em prisão domiciliar". Anos depois da promulgação da lei, o STF riscou a expressão "assim reconhecidas pela OAB", que constava na primeira

versão, o que permitiria que Cancellier fosse alojado em outro local, que não uma cela da penitenciária.

6. A PF apontou os nomes de Gerson Renzetti Ouriques, Luis Orlando de Quadro Peduzzi, José Ricardo Marinelli e Flavio Renato Ramos de Lima como os beneficiários.

7. Gaúcho de Erechim, ingressou na PF como delegado em 1996, na cidade de Santo Ângelo. Dois anos depois, foi para a PF de Joinville, onde assumiu a chefia em 2003. Em 2006, foi para a Florianópolis, onde comandou a Delegacia de Crimes contra o Patrimônio e a Delegacia de Repressão a Entorpecentes. No ano seguinte assumiu a superintendência da Polícia Federal no Rio Grande do Norte. Desde 2014, era adido da PF na França.

8. Curitibano, chegou a Florianópolis em 1978 para fazer mestrado em desenvolvimento urbano. Obteve o doutorado em engenharia de produção, tornando-se professor titular de inteligência artificial no Departamento de Computação.

9. O Primeiro Comando da Capital (PCC) atua principalmente em São Paulo, mas também está presente em 22 dos 27 estados brasileiros, além de países próximos, como Bolívia, Paraguai e Colômbia. Possui cerca de 30 mil membros.

10. Também presente no Paraná, Mato Grosso e Mato Grosso do Sul.

6. UM MAL SEM CURA: OS ÚLTIMOS DIAS DE CANCELLIER [pp. 147-82]

1. Em 2018, a ex-companheira de Roberto Caldas, Michella Marys Santana Pereira, acusou-o de agressões que teriam ocorrido durante uma década. Em sua defesa, Caldas disse estar sendo chantageado — se não dividisse seu patrimônio ao meio e desse mais 12 milhões de reais, seria processado. Em novembro de 2018, a juíza Jorgina de Oliveira C. e Silva Rosa decidiu a favor de Michella, sob o argumento de que, em dúvida, a Justiça deveria pender para os mais fracos. O advogado afastou-se da CIDH, vendeu todas as cotas do seu escritório de advocacia, mas acabou por derrubar todas as ações, provando que jamais batera na mulher como ela dizia.

2. Médica psiquiatra há dezessete anos, formada pela USP de Ribeirão Preto, ela estava na UFSC desde 2004.

3. Foram ouvidos Bernardo Meyer, Giselly Rizzatti, Marilda Todescat, André da Silva Leite, Alexandre Marino Costa, Mileide Ferreira Leal Sabino, Sérgio Machado Wolf, Luciane Paula Vital, Maurício Rissi, Fábio Bianchini Mattos, Gerson Rizzatti Junior, Luís Moretto Neto, Rogério Tadeu de Oliveira Lacerda, Carla Margarete Buchele, Maria Aparecida Silva Alves, Fábio Beylouni Lavratti, Gusta-

vo Tomaz Buchele, Antonio Lídio Niles Filho, Alessandra de Linhares Jacobsen, Gabriela Gonçalves Silveira Fiates, Gabriel Moraes Herling, Francisco Eduardo Gonçalves Silveira, Fernando Machado Wolf, Daniel Francisco Miranda, Mariana Pereira Torquato, Joana Stelzer, Rafaela Carvalho de Oliveira, Marcus Vinicius Andrade de Lima, Taís Gomes Prates, Silvio Machado Sobrinho, Maurício Fernandes Pereira, Simone Machado Moretto Cesconetto, Márcio Rosa Barbosa, Mário de Souza Almeida, Everton das Neves Gonçalves, Daniele Weidle, Morgana Zardo von Mecheln, Giórgio de Jesus da Paixão, Márcia Regina Pereira Sagaz e Rudimar Antunes da Rocha.

4. Autor de vários livros, Weder de Oliveira é professor da graduação e da pós-graduação em direito e do programa de mestrado em administração pública do Instituto Brasiliense de Direito Público (IDP).

5. O despacho é datado das 15h33 daquele sábado, mas Hélio Brasil lembra-se de ter informado Cancellier na sexta-feira à tarde.

6. Entrevista ao autor em 10 de janeiro de 2020.

7. Em 1989, a Stasi empregava 90 mil agentes e mantinha 175 mil informantes para monitorar 17 milhões de habitantes. Ou seja, havia um espião para cada 63 habitantes. Empregava métodos secretos e manipulação psicológica.

8. O tíquete foi encontrado na carteira dele, pela polícia, na segunda-feira.

9. A programação da sala tinha o filme brasileiro às 18h40 e o americano às 21h.

10. "Oh! quão bom e suave é que os irmãos vivam em união. É como o óleo precioso sobre a cabeça que desce sobre a barba, a barba de Aarão, e que desce à orla de suas vestes, é como o orvalho de Hermon que desce sobre os montes de Sião; porque ali o Senhor ordena a bênção e a vida para sempre." A leitura do salmo foi usada pela primeira vez, em meados do século XVIII, por algumas lojas de Yorkshire, na Inglaterra, quando ainda nem havia um rito plenamente organizado. Abandonada por muitas lojas, a prática acabou retomada nos Estados Unidos.

7. O QUE SE SABE DEPOIS [pp. 183-248]

1. Levaram o caixão Áureo Mafra de Moraes, o servidor Edwilson Ribeiro, Valmor Isauro Vidal, da segurança, e Marco Antonio Martins, o Marquinho. Do outro lado estavam Pompilio Fidelis, o cerimonialista da UFSC, Júlio Cancellier, Marcus Vinicius, estagiário da reitoria, e Acioli de Olivo.

2. No dia 7 de abril, Cancellier e o padre Vilson Groh tinham assinado um convênio para aproximar a UFSC do Instituto comandado por ele no morro da Cruz. O padre celebrou a missa de sétimo dia na igreja de São Sebastião, em Florianópolis.

3. Vanderli Vandresen, Juliana Vaccari de Abreu da Rosa, Cledison Ambrozio Marques, Stephany Kaori Yoshida, Juan Carlos Coto Flores, Andressa Sasaki Vasques Pacheco, Ariane Girondi, Edineia Cristiani Pedrotti, Roberto Carlos Alves, Isadora de Souza Bernardini, Rosangela Terezinha Emerim Moreira, Renan Batista dos Santos Ribeiro,; Ernani Ros da Luz e Gustavo Costa Ribeiro. Alguns alegaram que cumpriam horários além do expediente, outros que receberam bolsas quando isso ainda era permitido. Mas há depoimentos que confirmam aquilo que os gestores da Educação a Distância tinham reconhecido — a prática de complementar o salário de celetistas com as bolsas.

4. Ettore de Assis Albuquerque, ex-funcionário da Fapeu, em 16 de junho de 2017; Felipe Neto Cancilier (sem parentesco com o reitor), que recebera bolsas da UFSC regularmente, em 27 de setembro; Isabel de Lima Cardoso Magagnin, ex-tutora, em 28 de setembro; Elizandra Karine dos Santos Rapouso e Daniela Dimeira dos Santos.

5. Carlos Araújo Leonetti, professor de direito, presidiria a comissão, integrada ainda pelo professor de engenharia civil Glicério Trichês e pelo professor de engenharia mecânica Rolf Bertrand Schroeter.

6. O levantamento de Raquel Wandelli menciona Álvaro Lezana, diretor geral do gabinete; Gelson Albuquerque, assessor institucional; Pedro Manique, pró-reitor de Assuntos Estudantis; Jair Napoleão, pró-reitor de Administração; Rogério Cid Bastos, pró-reitor de Extensão; Sérgio de Freitas, pró-reitor de Pós--Graduação; Vladimir Fey, secretário de Planejamento; Cláudio Amante, secretário de Inovação; Carla Búrigo, pró-reitora de Gestão de Pessoas; Alexandre Marino, pró-reitor de Graduação; Luiz Henrique Cademartori, secretário de Aperfeiçoamento Institucional; Gregório Varvakis, secretário de Educação a Distância; Edison Souza, secretário de Esportes; Paulo Pinto da Luz, secretário de Obras; e Lincoln Fernandes, secretário de Assuntos Internacionais.

7. Denise entrou na UFSC em 2003, como tutora de cursos à distância de capacitação em defesa civil, quando ainda era aluna de graduação em geografia. Três anos depois, foi contratada pelo projeto-piloto do curso à distância de graduação em administração, sendo demitida em 2007, quando a produção de livros didáticos passou para o Departamento de Ciências da Administração. Naquele momento, trocou a Feesc pela Fepese. Ficou dois anos e passou para a Fapeu.

8. Ingressou na UFSC como aluno em 1970. Foi professor do Colégio de Aplicação e pró-reitor de Assuntos Estudantis e Comunitários de 1988 a 1992. Estava na Fapeu desde 2010, primeiro como superintendente-adjunto e, desde 2012, no comando da fundação.

9. Processo n. 082.10.004574-1 — Juizados Especiais Criminais da Capital.

10. Processo 00000959-56.2012.8.24.0082.
11. Processo n. 0004770-92.2010.8.24.0082 – 2ª Vara Cível da Capital.
12. Inquérito Policial Militar n. 776 IPM/PMSC/2017, de 11 de dezembro de 2017.
13. Ofício n. 446/2017-GAB/PR/Capes. O relatório da Procuradoria da Capes, que acompanhava o ofício, também foi encaminhado.
14. Memorando DED (SEI 0539131); relatório final da comissão (SEI 0531232); relação de bolsistas regulares (SEI 0541217); tabelas de cursos, alunos e polos (SEI 0540442); memorando da auditoria (SEI 0537178); petição (SEI 0545079); diligência DED/Capes (SEI 0572782); tabela dos valores recebidos (SEI 0572911).
15. Bolsas pagas em duplicidade somavam 182 635 reais; bolsas pagas com recursos de custeio apenas, outros 189 408,28 reais – sendo 179 791,09 reais para professores e 9617,19 reais para tutores.
16. Processo n. 5018469-32.2016.4.04.7200/SC, evento 102, INF25, p. 21.
17. Ofício n. 11586/2018/CSE/CORAS/CRG-CGU.
18. Depois de cumprir o mandato-tampão, Balthazar venceu o segundo turno realizado em 11 de abril de 2018, derrotando o candidato Irineu Manoel de Souza com 54,7% dos votos. Edson De Pieri ficou em terceiro no primeiro turno.
19. O delegado não indiciou a companheira dele, Andreza, porque concluiu que ela só emprestara seu nome para abrir a empresa.
20. Roberto Moritz da Nova foi demitido da Fapeu após a operação.
21. "E agora, José?/ A festa acabou,/ a luz apagou,/ o povo sumiu,/ a noite esfriou,/ e agora, José?" (Carlos Drummond de Andrade, *José*. São Paulo: Companhia das Letras, 2012, p. 37).
22. A portaria n. 1322, assinada pelo corregedor-geral da União, Gilberto Waller Junior, resolveu "afastar preventivamente sem prejuízo de sua remuneração pelo prazo de 60 (sessenta) dias o servidor Ronaldo David Viana Barbosa, do exercício do cargo (sic) de Direção de Corregedor Geral da Universidade Federal de Santa Catarina e do cargo de Assistente em Administração a fim de evitar influência na apuração relativa ao processo administrativo disciplinar [...]; fica proibido o acesso do mencionado servidor às repartições internas da Universidade Federal de Santa Catarina, bem como acesso a sistemas eletrônicos, posse de equipamentos e de documentos durante a vigência desta portaria".
23. Concedido ante a delegada Tânia Fogaça, da Corregedoria-Geral do DPF em Brasília, no inquérito policial 737/2015.
24. Disponível em: <stf.jusbrasil.com.br/jurisprudencia/768159230/agregna-reclamacao-agr-rcl-28747-pr-parana-0012217-9320171000000/inteiro-teor-768159240>. Acesso em: 21 fev. 2021.

25. Entre as tarefas do Coaf estão "coordenar e propor mecanismos de cooperação e de troca de informações que viabilizem ações rápidas e eficientes no combate à ocultação ou dissimulação de bens, direitos e valores", bem como "requerer aos órgãos da Administração Pública as informações cadastrais bancárias e financeiras de pessoas envolvidas em atividades suspeitas". A mudança de posição não se realizou.

26. Advogados consultados pelo autor dizem que a juíza deveria ter analisado as defesas, sob pena de omissão, e que os acusados podem interpor embargos de declaração por esse motivo, antes da sentença final, e até alegar a nulidade do procedimento.

27. Ver <ndmais.com.br/justica-sc/juiza-recebe-segunda-denuncia-referente-operacao-ouvidos-moucos>. Acesso em: 15 jun. 2021.

Referências bibliográficas

ALVES, João Roberto Moreira. "A história da Educação a Distância no Brasil", *Carta Mensal Educacional*, Instituto de Pesquisas Avançadas em Educação, Rio de Janeiro, ano 16, n. 82, jun. 2007. Disponível em: <www.ipae.com.br/pub/pt/cme/cme_82/index.htm>. Acesso em: 10 jun. 2021.

ALVES, Marcio Moreira; BAPTISTA, Artur. "As eleições de 1978 no Brasil", *Revista Crítica de Ciências Sociais*, Coimbra, n. 3, pp. 29-52, dez. 1979.

ANDRADE, Lédio Rosa de. *Abaixo as ditaduras: História do movimento estudantil, 1974-1981*. Florianópolis: Conceito Editorial, 2010.

ARRAES, Lianna Carolina et al. "Caso Cancellier: Da espetacularização à tragédia", *Anais do XX Congresso de Ciências da Comunicação na Região Nordeste*, Intercom — Sociedade Brasileira de Estudos Interdisciplinares da Comunicação, Juazeiro, BA, 5 a 7 de julho de 2018.

BRISTOT, Lidia Schneider. "Um outro olhar sobre a Novembrada", *Revista Santa Catarina em História*, Florianópolis/UFSC, v. 6, n. 1, pp. 50-60, 2012.

CAMPOS, Patrícia Toledo de. "Comentários à lei n. 12.846/2013 — Lei Anticorrupção", *Revista Digital de Direito Administrativo*, São Paulo, v. 2, n. 1, pp. 160-85, 2015.

CANCELLIER, Olivo de Lorenzi; MAZZURANA, Valdemar Muraro. *Rio Maior: Traços culturais e transformações de um grupo de imigrantes italianos do sul de Santa Catarina*. Tubarão: Elo, 1989.

CRUZ, Joseany Rodrigues; LIMA, Daniela da Costa Britto Pereira. "Trajetória da educação a distância no Brasil: Políticas, programas e ações nos últimos 40 anos", *Jornal de Políticas Educacionais*, Curitiba, v. 13, n. 13, abr. 2019.

FARIA, Adriano Antonio; SALVADORI, Angela. "A Educação a Distância e seu movimento histórico no Brasil", *Revista das Faculdades Santa Cruz*, v. 8, n. 1, jan.-jun. 2010.

KERCHE, Fábio. "Ministério Público, Lava Jato e Mãos Limpas: Uma abordagem institucional", *Lua Nova*, São Paulo, n. 105, pp. 255-86, 2018.

MÂNFIO, Antônio João. *Centro Intercolegial Integrado de Tubarão: A teoria na prática*. Rio de Janeiro: Departamento de Administração de Sistemas Educacionais do Instituto de Estudos Avançados em Educação da Fundação Getulio Vargas, 1981. Dissertação (Mestrado em Educação).

MARTINS, Celso. *Os quatro cantos do sol: Operação Barriga Verde*. Florianópolis: Editora da UFSC/Fundação José Arthur Boiteux, 2006.

MARX, César Augusto. *A CGU e a dualidade do papel do controle interno no Brasil*. São Paulo: Escola de Administração de Empresas da Fundação Getulio Vargas, 2015. Dissertação (Mestrado em Gestão e Políticas Públicas).

MICHEREF JUNIOR, Vilmar. *Eleições nas universidades federais: Um estudo de caso na UFSC*. Florianópolis: Universidade Federal de Santa Catarina, 2017. Dissertação (Mestrado em Administração).

MOORE, Michael G.; KEARSLEY, Greg. *Educação a distância: uma visão integrada*. Trad. de Roberto Galman. São Paulo: Thomson Learning, 2007.

MORÉ, Rafael et al. "Universidade Corporativa do Banco do Brasil: o caso do projeto-piloto da Universidade Aberta do Brasil", *Revista FGV Online*, Rio de Janeiro, v. 1, n. 2, pp. 27-39, 2011.

OLIVEIRA, Ricardo Costa de et al. "Prosopografia familiar da Operação 'Lava-Jato' e do ministério Temer", *Revista Núcleo de Estudos Paranaenses*, Curitiba, v. 3, n. 3, pp. 1-28, ago. 2017.

OLIVO, Luiz Carlos Cancellier de. *A estratégia de marketing de um senador: Depoimentos e comentários sobre a campanha de Nelson Wedekin (PMDB-SC)*. Florianópolis: Editora da UFSC, 1987.

_____. *Desafios do direito administrativo diante do Estado em rede*. Florianópolis: Editora da UFSC/Fepese, 2001.

_____. *Direito e internet: Regulamentação do ciberespaço*. Florianópolis: Editora da UFSC/Ciasc, 1998.

_____. *O estudo do direito através da literatura*. Tubarão: Editorial Studium, 2005.

_____. *Por uma compreensão jurídica de Machado de Assis*. Florianópolis: Fundação José Arthur Boiteux/Editora da UFSC, 2011. (Direito e Literatura, 5).

_____. *Processo digital civil e penal sob a ótica da lei 9.800/99*. Tubarão: Editorial Studium, 2005.

OLIVO, Luiz Carlos Cancellier de. *Reglobalização do Estado e da sociedade em rede na era do acesso.* Florianópolis: Fundação José Arthur Boiteux, 2004.

OLIVO, Luiz Carlos Cancellier de (Org.). *Dostoiévski e a filosofia do direito: O discurso jurídico dos irmãos Karamázov.* Florianópolis: Editora da UFSC/Fundação José Arthur Boiteux, 2012.

RIBEIRO, Darcy. *Confissões.* São Paulo: Companhia das Letras, 2012.

_____. *O Brasil como problema: A formação e o sentido do Brasil.* São Paulo: Companhia das Letras, 1995.

SEGENREICH, Stella Cecilia Duarte; BUSTAMANTE, Silvia Branco Vidal (Orgs.). *Políticas e práticas da Educação a Distância (EaD) no Brasil: Entrelaçando pesquisas.* Rio de Janeiro: Letra Capital, 2013.

SILVA, Andreza Regina Lopes da; SPANHOL, Fernando José. *Design instrucional e construção do conhecimento na EaD.* Jundiaí: Paco Editorial, 2014.

SILVA, Fábio de Sá e. "From Car Wash to Bolsonaro: Law and Lawyers in Brazil's Illiberal Turn (2014-2018)". *Journal of Law and Society*, Peshawar, v. 47, n. S1, suplemento especial "Wars on Law, Wars through Law? Law and Lawyers in Times of Crisis", pp. S90-S110, out. 2020.

SILVA, Jailson Lima da; ANDRADE, Lédio Rosa de; GRAZIANO, Sergio (Orgs.). *Em nome da inocência: Justiça.* Florianópolis: Insular, 2017.

Índice remissivo

A UFSC Pode Mais (movimento), 51
Abreu Mendonça, Conceição Abadia de, 73-4
Advocacia-Geral da União (AGU), 61, 104, 240
Agência Brasil, 12
AJC Turismo, 132, 217-8, 226
Akel Sobrinho, Zaki, 71
Albuquerque, Gelson Luiz de, 123-4
Albuquerque, Tomaz, 30
Alemanha Oriental, 174
Alves, Rodrigo, 149
Alves, Valdir, 41-2
Alves Ribeiro, Max Eduardo, 125, 127
Amin, Angela, 42
Andrade, José de, 152
Andrade de Lima, Marcus Vinicius, 171, 217; acusado de assédio moral por Taisa Dias, 98; depoimento a Hickel do Prado, 111
Ângelo, Gilberto Vieira, 86, 194
Antunes, Paulo de Bessa, 69
Antunes, Renan, 178, 179

Antunes da Rocha, Rudimar, 97-8, 101, 102, 189; citado no relatório de Érika Marena, 113
Aragão, Eugênio, 235
Araújo, Marcelo de, 208
Arroba Turismo, 132, 189
Assis Albuquerque, Ettore de, 190
Associação Nacional dos Delegados da PF (ADPF), 57, 64
Associação Nacional dos Dirigentes das Instituições Federais de Ensino Superior, 185
Auler, Marcelo, 235-6
Azambuja, César Obregão, 90

Baeta Neves, Abílio Afonso, 103-5, 116, 123; lista das irregularidades na Capes, 215; relato à PF do encontro com Hickel do Prado e Cancellier, 142
Balthazar, Ubaldo, 48, 172, 193, 208, 211, 213, 222, 228, 236, 240
Banco do Brasil, 78

Banco Nacional de Crédito Cooperativo, 38
Banco Regional de Desenvolvimento do Extremo Sul, 42
Banestado, caso de corrupção, 57
Baratieri, Ricardo, 160
Barbosa, Márcio, depoimento à Corregedoria da UFSC, 97
Barbosa, Ronaldo, 89-90, 230-2
Barreiros, Bruno Costa, 189
Barreto, Jaison, 24
Barreto, Pedro Luiz Manique, 54
Barros Camargo, Maria Lucia de, 49
Barros Guimarães, Nei Roberto de, 235
Barsalini, Cibele, 160, 193, 226
Barth, Christian Luz, 87
Bastos, Rogério Cid, 134-5, 137, 139, 172, 181, 185, 229; questiona na PF o valor do desvio, 136-7; visita Cancellier na prisão, 137
Bayer, Ernani, 185
Bento, Luciano Acácio, 248
Bertuol, André, 77, 84, 87, 111, 119, 191, 208, 233-4, 247
Birochi, René, 158, 245; depoimento à PF, 153-4
Bom Dia Brasil, 148
Bom Dia Santa Catarina, 162
Borges, Cláudia, 181
Bornhausen, Jorge, 42
Botelho, Lúcio José, 47, 49
Brasil, Hélio, 128, 141, 150-1, 161, 171, 211-2
Brasiliano, Roberto, 59
Bretas, Marcelo, 65
Brighenti, Agenor, 22
Brizola, Leonel, 22
Bunn, Denise, 192, 219, 224, 226, 228, 232-3, 245-6; denunciada por acumulação indevida de bolsas, 245; denunciada por organização criminosa e peculato, 244-5; responsabilizada no relatório de Nelson Napp, 227
Burigo, Carla, 91

Cademartori, Luiz Henrique, 128, 135
Cademartori, Nívea, 128, 137, 141-2, 146, 149-1, 167, 209, 211
Caldas, Roberto, 150
Campos, Pedro Ivo, 37
Campos da Silva, Marcelo, 107
Cancellier, Lei, 212
Cancellier, Mikhail Vieira de Lorenzi, 15-6, 40, 152-3, 160, 167, 170-1, 176, 178-81, 221, 224-5, 227, 232-3, 249; denunciado por peculato, 245; explicações para o suicídio de Cancellier, 252
Cancellier, Raissa, 179, 211
Cancellier de Olivo, Acioli, 20-1, 147-9, 151-3, 167-8, 170-1, 174-80, 188, 208, 211-2; explicações para o suicídio de Cancellier, 250; última foto de Cancellier, 252
Cancellier de Olivo, Júlio, 20, 30, 42-3, 47, 51, 147-9, 151-4, 160, 167, 170-1, 174, 176, 179-80, 191, 208; explicações para o suicídio de Cancellier, 251
Cancellier de Olivo, Luiz Carlos, 9-1, 14-6, 57, 84, 86, 175-6, 255; acusação contra Rolf Erdmann, 175; acusado de tentativa de obstrução de justiça, 123; acusado no relatório de Érika

Marena, 117; acusado pelo TCU, 165; adolescência, 21-3; artigo para *O Globo*, 168; autorizado a entrar na UFSC após a prisão, 173; candidato a reitor, 49-52; características pessoais, 19; carreira de jornalista, 29-31; carreira na política estudantil, 24-7; carta de desagravo dos professores da UFSC a, 172; citado no relatório de Érika Marena, 113-6; citado por Nelson Napp no inquérito da PF, 222, 224-5, 242-3; comentário sobre *Memórias póstumas de Brás Cubas*, 254; como braço direito do senador Wedekin, 38-9, 41; como chefe do Centro de Ciências Jurídicas da UFSC, 47; como professor universitário, 46; como reitor da UFSC, 52-3, 55-6, 87-8, 91-2, 94; conflitos entre Taisa Dias e outros funcionários da UFSC e, 99; contenção de danos, 116, 123; conversa com Cristiane Derani, 174; conversa com Evelize Welzel, 159-60; conversa com João dos Passos, 170; críticas a Hinckel do Prado, 119; curso de direito na UFSC, 43; depoimento à PF, 96, 129-31, 133; despedidas antes do suicídio, 177-8; diagnóstico de estresse pós-traumático, 155; divórcio de Cristiana, 46; emprego no Banco Regional de Desenvolvimento do Extremo Sul, 42; encontro com John Coatsworth, 123; encontro com Nelson Martins, 167; encontro com Taisa Dias, 96; entrevistas após a saída da prisão, 161-2, 164; explicações para o suicídio de, 249-54; fichado no SNI, 29; inconformado com proibição de voltar à UFSC, 174; infância, 21; interesse no cristianismo, 169; investigação no celular e tablet de, 216; isolado após a prisão, 156; maçonaria e, 43; medidas cautelares contra, 166; missa após um ano da morte de, 230; na prisão, 145-6, 149; namoro com Cristiana Vieira, 32-7; nascimento do filho, 40; participação em evento do banco Santander, 216; pede acesso aos processos de Hinkel do Prado, 105; pede o afastamento de Hinckel do Prado, 124; pede para assumir as investigações, 118; pedido de prisão temporária de, 123; pedido de reversão do afastamento da UFSC, 172; prisão de, 125, 127-9, 141-3; problemas de saúde, 54; processo de escolha do corregedor, 90; produção de textos sobre direito, 44-5; recebe Rogério Bastos na prisão, 137; reunião com o presidente da Capes, 105; saída da prisão, 151-2; sessão solene no Congresso em homenagem a, 211; sugere a saída de Taisa Dias da coordenação, 110; suicídio de, 14, 179, 180; TCC de Victor Gaspodini sobre, 210; tentativa de resolver os conflitos, 100-1; tratamento da mídia após o suicídio, 198; últimos dias de, 147-82; valores recebidos em bolsas, 107; velório e enterro, 183-8; viagem a Portugal, 123-4

Cancellier de Olivo, Vitório Lorenzi, 19-21, 47

Candido, Antonio, 29

Capes (Coordenação de Aperfeiçoamento de Pessoal de Nível Superior),

11, 13-4, 74, 79, 81, 86, 94, 96-7, 101-8, 111, 115-7, 131, 133, 136, 138, 140, 142, 153, 158, 164-6, 189, 192-3, 195, 197, 215, 219-20, 222-4, 228-9, 232, 234, 241, 244-5
Capriglione, Laura, 200-1
Cardoso, Fernando Henrique, 23
Cardoso, Lúcia Helena, 205
Cardoso Filho, Marcos, 29, 53
Cardozo, José Eduardo, 83
Carneiro, Edike, 207
CartaCapital, 235-6
Carvalho, Edward, 16
Carvalho, Israel de, 134, 140
Carvalho, Mario Sérgio de, 236
Carvalho, Lucius Paulo de, 209
Cassol Machado, Janaína, 15, 119, 121-3, 167, 172, 192, 208, 233, 242-3, 246, 248; autoriza entrada de Cancellier na UFSC após a prisão, 173; julgamento do caso da UFSC, 122; sobre a sentença, 188; suicídio de Cancellier e, 181
Castilhos, Clair, 29
Castoldi, Felipe, 97
Castro, Luciano de, volta à UFSC após a prisão, 230
Castro, Matheus Felipe de, 171-2
Catapan, Tânia Márcia, 73-4
CBN (rádio), 138
Centro Intercolegial Integrado de Tubarão, 21
Cerny, Roseli Zen, 221, 232; responsabilizada no relatório de Nelson Napp, 227
Cesarino, Paula, 199
Chater, Carlos Habib, 59
Chinaglia, Arlindo, 211

CNPq, 190
Coatsworth, John, 123
Código Penal, artigo 260 do, 64
Colégio Dehon, 21
Comissão Sucupira, 130
complexo da Agronômica (prisão), 9
Conceição, Eduardo Luis da, 208
Conselho Nacional das Fundações de Apoio às Instituições de Ensino Superior e de Pesquisa Científica e Tecnológica, 71-2
Conselho Universitário da UFSC, 192, 233; relatório paralelo ao da PF, 227-9
Contas Abertas (ONG), 68
Contestado (jornal), 23
Controladoria-Geral da União, 16, 44, 68, 70-2, 239, 242; assume as investigações, 118; Auditoria das Áreas de Educação Superior e Profissionalizante, 84; investigação na UFSC, 84-7, 92, 100, 106-7, 109, 111-5; Relatório de Demandas Externas da (2014), 140
Convergência Socialista, 22
Cordeiro, Aurélio Justino, 117, 217, 226, 248; acusado no relatório de Érika Marena, 117; depoimento à PF, 132
Corrêa de Abreu, Rosi, 185
Corregedoria da UFSC *ver* UFSC, Corregedoria da
Corregedoria-Geral da Polícia Federal, 221, 240
Corte Interamericana de Direitos Humanos, 150
Costa, Luiz Cláudio, 71
Costa, Paulo Roberto, 60

Costa Silva, Murilo da, 117, 132, 226, 248; acusado no relatório de Érika Marena, 117; depoimento à PF, 132
Cozzatti, Flávio, 201-3
Cristóvam, José, 172
Cruzeiro, O, 20
Czeresnia, Iara, 155

Dallagnol, Deltan, 63, 65, 237
Dalmau, Marcos, 10-1, 15, 94-6, 99-100, 110, 129, 159-60, 216, 222-3, 226, 245-6, 255; acusado de assédio moral por Taisa Dias, 98; acusado no relatório de Érika Marena, 116; acusado pelo TCU, 165; citado no relatório de Érika Marena, 114-5; conflito com Taisa Dias, 104, 109, 154; deixa a Secretaria de EaD, 102; denunciado por acumulação indevida de bolsas, 245; denunciado por organização criminosa e peculato, 244, 245; depoimento a Hickel do Prado, 110; depoimento à PF, 133; incluído na organização criminosa, 244; investigação no computador de, 216; na prisão, 141-2, 145; prisão de, 125-6; relatório sobre os problemas do EaD na UFSC, 101, 106, 108; responsabilizado no relatório de Nelson Napp, 227; volta à UFSC após a prisão, 230
Damião, Carlos, 161, 198
de Luca, Ada, 149
De Pieri, Edson, 49, 51-2
Debatin Neto, Arnoldo, 185
Delegacia de Combate à Corrupção e Lavagem de Dinheiro *ver* Polícia Federal

Delegacia de Repressão a Crimes Financeiros e Desvio de Verbas Públicas (Delefin) *ver* Polícia Federal
Derani, Cristiane, 148, 169, 171-2, 174-5, 249
"Dez medidas contra a corrupção", 63
Diário Catarinense, 70-1, 138, 161, 167
Dias, Adolfo Luís, 26, 28, 53
Dias, Taisa, 16, 93-117, 130, 134, 154, 159, 175, 193, 195-6, 206, 215-7, 223-5, 228, 230, 242, 244; acareação com Luiz Felipe Ferreira, 189; acusação contra Lobo por assédio, 108, 143; ameaçada por funcionários, 165; como heroína solitária, 101; conflito com a equipe da UFSC, 154; conflito com Eduardo Lobo, 98, 110; conflito com Marcos Dalmau, 104; depoimento à Corregedoria da UFSC, 96; depoimento à PF, 104; encontro com Cancellier, 96; Evelize pede proteção para, 160; "fila" de professores e, 219; suspeita de aliança com Hickel do Prado, 205
DNIT (Departamento Nacional de Infraestrutura de Transportes), 68, 71
Dostoiévski, Fiódor, 45
DRCI (Departamento de Recuperação de Ativos e Cooperação Jurídica Internacional), 14
Ducati, Erves, 84, 117, 198, 232; acusado no relatório de Érika Marena, 116, 117; citado no relatório de Érika Marena, 113, 114; depoimento à PF, 132; responsabilizado no relatório de Nelson Napp, 227
Duialibi, Julia, 63
Dutra Júnior, Kelly, 190

Educação a Distância (EaD), 11, 46, 75, 1293, 195, 197; crescimento entre 2002 e 2012, 78; desmonte no governo Dilma, 80; investigação na UFSC, 88-120; na UFSC, 80-1
Em nome da inocência: justiça (documentário), 207
Erdmann, Alacoque, 50-1, 135, 172, 183, 191, 211, 240; demissão coletiva da equipe, 192
Erdmann, Rolf Hermann, 102; citado no relatório de Érika Marena, 113
Esperança Equilibrista, operação policial, 239
Estado de S. Paulo, O, 24, 29, 31, 60, 66, 71, 170, 207, 214
"estudo do direito através da literatura, O" (Cancellier), 45

Federação Nacional dos Jornalistas, 235
Feesc (Fundação de Ensino e Engenharia de Santa Catarina), 107, 193
Feito na América (filme), 176
Fernandes, Fernando Augusto, 58
Fernandes, Lúcia Beatriz, 226, 248; responsabilizada no relatório de Nelson Napp, 227
Fernandes Pereira, Maurício, 107, 226, 233, 245-6, 248; denunciado por acumulação indevida de bolsas, 245; denunciado por organização criminosa e peculato, 244-5; responsabilizado no relatório de Nelson Napp, 227
Ferreira, Luiz Felipe, 95, 99-101, 108, 231; acareação com Taisa Dias, 189; depoimento à PF, 153-4
Ferreira Franco, Rosalvo, 59

Fey, Vladimir, 100, 102
Fiates, Gabriela, 227, 233, 246
Figueiredo, João, 26
Figueiredo, Roberto, 127
Fistarol, Carlos Eduardo, 103
Flávia Alessandra, 65
Folha de S.Paulo, 16, 42, 60, 75, 150, 152, 199, 200, 214, 221, 236
Fontoura, Ary, 65
Fortes, Simone Barbisan, 236
Francio, Teresinha de Aguiar, 21
Freiberger, Marjôrie, 150-1, 173
Freitas, Isabela de, 154-5, 177
Freitas, Sérgio de, 48, 50, 54, 154, 177
Frizzo, Rita, 147
Fukuyama, Francis, 44
Fundação de Desenvolvimento e Pesquisa (Fundep), 240
Funjab (Fundação José Arthur Boiteux), 113, 193, 234
Furlan, Madalena, 19, 20, 47

Gaspari, Elio, 199
Gaspodini, Victor, 210
Gazeta, A, 29
Gazeta do Povo, 71, 73, 75
Geopolítica da intervenção (Fernandes), 58
GGN (jornal), 206
Giron, Sérgio, 207
Giuliano, Isabela, 54; explicações para o suicídio de Cancellier, 250
Giuliano, Luiz Carlos, 54
Globo, O, 60, 67, 69, 71, 168
Globo Rural, 200
Góis, Adolfo, 58
Gomes, Ciro, 25, 26

Gontijo de Oliveira, Alfredo, 240
Goulart Almeida, Sandra Regina, 240
Grando, Sérgio, 46
Groh, Vilson, 183
Grossi, Miriam Pillar, 123
Guedes, João, 22, 30, 42, 51
Guerra, Fernando, 104
Guimarães, Fabrício Pinheiro, 91
Guimarães, Ricardo, 31

Hangai, Luis Antonio, 70-1
Heiderscheidt, Iôni, 204
Herzog, Vladimir, 77
Hickel do Prado, Rodolfo, 16, 90-120, 129, 135, 142, 161, 163-4, 198, 206-7, 210, 223, 225; acusado de coação por Gerson Rizzatti, 124, 216-7; afastado do cargo, 191; ameaçado por funcionários, 165; comentários de Cancellier sobre, 159, 169; condenação anterior de, 203; denúncias recebidas por, 230; depoimento à PF, 106, 116; encaminha processos à PF, 103; entrevista a Victor Gaspodini, 210; envia os autos à CGU, 119; licenciado, 213; passado violento de, 200-5; pedido de afastamento por Cancellier, 124; queixa-crime contra Raquel Wandelly, 209-10; reação à matéria do Jornalistas Livres, 208; reunião com o presidente da Capes, 103; reunião no Departamento de Odontologia, 124; suspeita de aliança com Taisa Dias, 205
Hous, Débora Sögur, 73-5

Igor, Renato, 162
Ilha dos Açores Turismo, 117, 131-2

Instituto Tecnológico de Transportes e Infraestrutura (Universidade Federal do Paraná), 68
Instituto Vladimir Herzog, 235
Irion, Adriana, 69-70
irmãos Karamázov, Os (Dostoiévski), 45

Janene, José, 59
Janot, Rodrigo, 62
Jardim, Torquato Lorena, 212
Jesus da Paixão, Gregório de, 189
Jornal do Almoço, 163
Jornal do Brasil, 77
Jornalistas Livres, 200, 202, 204, 208; dossiê sobre Hickel do Prado publicado no, 201-6
José Arthur Boiteux, Fundação *ver* Funjab
Junkes, Rogério, 32
Juruna, cacique Mário, 29
Justo da Silva, Carlos Alberto, 47

Kleinübing, Vilson, 41
Korff, Luiz Carlos, 221

Lava Jato, operação policial, 58-62, 64, 236
Lava Jato: o juiz Sergio Moro e os bastidores da operação que abalou o Brasil (Netto), 59
lavagem de dinheiro, 60
Lavratti, Fábio Beylouni, 158, 245
Lazzari, João Batista, 236
Lei de Responsabilidade Fiscal, 44
Leite, André, 95; acusado de assédio moral por Taisa Dias, 98
Lemes, Conceição, 70

Lenuzza, Carlos, 207
Levandowski, Ricardo, 237
Levante do Bosque, 48, 251
Lezana, Álvaro, 48, 105, 179, 189; explicações para o suicídio de Cancellier, 251
Lima da Silva, Jailson, 207
Lobo, Eduardo, 94-6, 98, 100-1, 110-1, 129, 158, 160, 193, 197, 226, 245-6; acusação contra Taisa Dias por assédio, 108; acusado de assédio moral por Taisa Dias, 98; acusado no relatório de Érika Marena, 116; acusado pelo TCU, 166; citado no relatório de Érika Marena, 114; conflito com Taisa Dias, 98, 110, 154; denunciado por acumulação indevida de bolsas, 245; denunciado por organização criminosa e peculato, 244-5; depoimento à PF, 133, 195; na prisão, 141, 143-6; prisão de, 126-7; responsabilizado no relatório de Nelson Napp, 227; segundo depoimento à PF, 189; volta à UFSC após a prisão, 230
Loth, Luara Wandelli, 82, 200
Loth, Moacir, 27, 200
Lula da Silva, Luiz Inácio, 29, 44, 65, 79, 237
Luta Democrática, 28

Macedo, Fausto, 66
Machado, Ricardo Guimarães, 23
Machado de Assis, Joaquim Maria, 45, 254
maçonaria, 43, 47, 49
Magalhães Pinto, 30
Mais de uma luz (Oz), 170
Mais Médicos, programa, 67

Maklouf de Carvalho, Luis, 207
Malina, Salomão, 29
Maquiavel, 44
"marcas da Lava Jato, As" (reportagem), 235
Marckiori dos Santos, Carlos Alberto, depoimento à PF, 132
Marena, Érika Mialik, 11, 14, 16, 57-65, 72-5, 87-8, 93, 104, 106-7, 120, 128, 138-9, 151, 158, 192, 208, 215; acareação entre Taisa Dias e Luiz Felipe Ferreira, 154; ações na justiça contra supostos caluniadores, 235; acusada pelo vazamento da operação, 212; assume na PF de Sergipe, 221; citada nas conversas entre os procuradores da Lava Jato, 237-9; deixa o processo da UFSC, 189; depoimento de Hickel do Prado a, 106; encaminha o processo para o Ministério Público Federal, 111; entrevista coletiva após as prisões, 134; hesita em soltar Cancellier, 129, 142; inocentada da acusação de vazamento, 221; mudança para Brasília, 236; prorrogação do inquérito, 119; questionada sobre o valor do desvio, 136; recebe relatório da CGU sobre beneficiários de bolsas, 109; relatório da investigação preliminar, 112-7; uso de vazamentos de operações por, 236
Marinelli, José Ricardo, 86
Marino Costa, Alexandre, 99, 100, 102, 107, 129, 159, 160, 222, 226, 233, 244-6; citado no relatório de Érika Marena, 114; denunciado por acumulação indevida de bolsas, 245;

denunciado por inserção de dados falsos em sistemas de informação, 246; denunciado por organização criminosa e peculato, 244-5; responsabilizado no relatório de Nelson Napp, 227
Marques, Carlos Alberto, 50
Martello Júnior, Orlando, 237
Martins, Cibele, 95, 98, 110, 245; citada no relatório de Érika Marena, 113; depoimento à PF, 111
Martins, Eliseu, 30
Martins, Marco Antonio, 183
Martins, Nelson, 167, 171
Martins Dias, Claudelino, 97, 110
Mattos, Tarcísio, 31, 170
Medaglia, Mário, 31
Médicos Sem Fronteiras, 155
Melo, Rafael, 179
Memorial da Anistia Política do Brasil, 240
Memórias póstumas de Brás Cubas (Machado de Assis), 254
Mendes, Gilmar, 198, 239
Mercadante, Aloizio, 52, 80
Miguel, Salim, 53
Miguez, Maria Bernadete dos Santos, 217, 226, 248; responsabilizada no relatório de Nelson Napp, 227
Milano, Eleonora, responsabilizada no relatório de Nelson Napp, 227
Ministério da Saúde, 68
Ministério Público Estadual (SC), 71
Ministério Público Federal, 68, 71, 76, 248
Miranda, Germano Di Ciero, 221
Moraes, Andreza de, 218, 226

Moraes, Áureo, 100, 105, 124, 135, 168, 181, 186, 189, 190, 211, 236; demissão de, 192
Moraes, Leonardo, 184
Moreira, Katia, 128, 155, 180; explicações para o suicídio de Cancellier, 251
Moritz, Gilberto de Oliveira, 9-11, 15, 80, 94-5, 102, 110, 159-60, 217, 222, 224, 226-7, 234, 245-6, 255; acusado no relatório de Érika Marena, 116; acusado pelo TCU, 165; citado no relatório de Érika Marena, 114; conflito com Taisa Dias, 154; denunciado por acumulação indevida de bolsas, 245; denunciado por concussão, 245; denunciado por organização criminosa e peculato, 244, 245; depoimento a Hickel do Prado, 110; depoimento à PF, 133; implicação de, 219; na prisão, 145; responsabilizado no relatório de Nelson Napp, 227; volta à UFSC após a prisão, 230
Moritz, Mariana Oliveira, 133
Moro, Sergio, 14, 59, 61, 63, 65, 169, 236, 237, 239
Mosele, Marcelo, 66, 134-5, 138-9, 221
Moto Sul (revista), 31
Moura, Fernando, 237
Movimento Democrático Brasileiro (MDB), 24
Müzell, Rodrigo, 71

Napp, Nelson Luiz Confortin, 189, 221-3, 225, 227, 233-4, 243
Nassif, Luis, 206

Neckel, Roselane, 48, 54-5, 83, 89, 154, 163, 197, 201, 251
Neovox, 51
Neto, Carlos, 31
Netto, Vladimir, 59
Neves, Marcelo, 212
Neves, Tancredo, 30
Nova, Roberto Moritz da, 93-4, 106, 110-1, 133, 154, 159, 194, 226, 246; acusado no relatório de Érika Marena, 116; denunciado por acumulação indevida de bolsas, 245; denunciado por concussão, 245; denunciado por inserção de dados falsos em sistemas de informação, 246; denunciado por organização criminosa e peculato, 244, 245; depoimento à Corregedoria da UFSC, 97, 105; depoimento à PF, 133; empresa gráfica de, 218; na prisão, 145; responsabilizado no relatório de Nelson Napp, 227
Nunes, Rogério, 11, 94-5, 107, 110, 159, 196, 216, 219, 222-3, 226, 245-6, 255; acusado de assédio moral por Taisa Dias, 98; acusado no relatório de Érika Marena, 116; acusado pelo TCU, 165; citado no relatório de Érika Marena, 113, 115; conflito com Taisa Dias, 109, 154; denunciado por acumulação indevida de bolsas, 245; denunciado por concussão, 245; denunciado por inserção de dados falsos em sistemas de informação, 246; denunciado por organização criminosa e peculato, 244, 245; depoimento a Hickel do Prado, 111; depoimento à PF, 133; na prisão, 145-6; relatório sobre os problemas do EaD na UFSC, 101, 106, 108; responsabilizado no relatório de Nelson Napp, 227; volta à UFSC após a prisão, 230
Nunes, Wálter, 16, 221

Oliveira, Alexandre Luiz de, 208
Oliveira, Weder de, 164
Ordem DeMolay, 49
Ordem dos Advogados do Brasil, 212
Ouriques, Nildo, 47
Ouvidos Moucos, operação policial, 11, 13, 65, 81, 123, 134, 158, 185, 192, 199, 212, 221, 228, 235, 239, 242; relatório de Nelson Napp, 222-7
Oz, Amós, 169

Padilha, Hamylton, 237
Parma, Nilton, 201
Partido Comunista Brasileiro (PCB), 23, 29-30
Partido Comunista do Brasil (PCdoB), 49, 206; Juventude Socialista do, 49
Partido da Social Democracia Brasileira (PSDB), 49
Partido Democrático Trabalhista (PDT), 40
Partido do Movimento Democrático Brasileiro (PMDB), 30
Partido dos Trabalhadores (PT), 28, 44
Partido Popular (PP), 30
Pasadena, Texas, compra de refinaria da Petrobras em, 60
Passos, João dos, 43, 47, 53, 167, 170, 172, 186, 188; explicações para o suicídio de Cancellier, 250
Paulino, Marcos Martins, 25
Paulo, apóstolo, 5

PEC 55 (teto de gastos públicos), 67
Peregrino, Fernando, 71
Pereira, Francisco José, 29
Pereira, Moacir, 138, 161-2, 180
Pereira Lima, Daniela, 78
Pereira Sagaz, Márcia Regina, 189
Petrobras, 68
Petroll, Martin de la Martinière, 107, 159, 225-6, 245; citado no relatório de Érika Marena, 113
PhD, operação policial, 67, 72, 75, 87, 109, 227
Picture Tel VC Systems, 79
Pilati, José Isaac, 47, 172
Pimentel, Laurent, 118, 222
Pinheiro Guimarães, Fabrício, 111
Pinho Moreira, Eduardo, 184, 186
Pinto, Hêider Aurélio, 69, 70
Pinto da Luz, Paulo, 54-5
PNAP (Programa Nacional de Formação em Administração Pública), 193
Polícia Federal, 16; Delegacia de Combate à Corrupção e Lavagem de Dinheiro, 57; Delegacia de Repressão a Crimes Financeiros e Desvio de Verbas Públicas (Delefin), 87; entrevista coletiva sobre o caso UFSC, 134-40; paralisação dos trabalhos após a morte de Cancellier, 189; prisões temporárias e interrogatórios dos suspeitos, 125-34; vazamento proposital de operações, 12, 67, 235
Polícia Federal: a lei é para todos (filme), 65
Portal da Transparência, 68-9, 73
Portal Vermelho, 206
Prado, Thiago, 155, 206
Prata, Alvaro, 47, 103-5, 216, 224

Prates, Taís, 104
Prazeres, Deivid, 150
Primeiro Comando da Capital, 144
Primeiro Grupo Catarinense, 144
Probst, Sônia Hickel, 91
Procuradoria Federal dos Direitos do Cidadão (PFDC), 240
Prumo, O (revista), 43

Quadrado, Enivaldo, 60

R&A Serviços Gráficos, 218, 246
Rados, Gregório Jean Varvakis, 185
Raf Internacional Cargo, 190
Rambo, Carlos Alberto, 70
Ramírez, Jaime Arturo, 240
Record News (TV), 138
Rede Globo, 148
"Reitor exilado" (artigo de Cancellier em *O Globo*), 168
Requião, Roberto, 211
Research, operação policial, 72-5, 109, 227
Ribeiro, Darcy, 77
Ribeiro, José Hamilton, 200
Rissi, Maurício, 218
Rizzaro, Renato, 31
Rizzatti, Gerson, 124, 216
Rocha de Lira, Luiz Alberto de, 142
Rodrigues, Bartolomeu Meneses, 30
Rodrigues, Walton Alencar, 241
Rolland, Maria Áurea, 74
Rosa, Lédio, 21, 25-6, 187, 198, 201, 207, 212
Rosa, Leo, 25-6, 176
Rosati, César, 214
Rossi, Juliano, 91, 118, 191
Roussef, Dilma, 61, 80, 235

Rover, Aires, 44
Rufino, Armanda, 155, 251

S.A. Tour Viagens e Turismo, 117, 131-2, 218, 226
Sá e Silva, Fabio de, 63
Salum, Roberto, 50, 138, 180
Salvatti, Ideli, 83
Sander, Renê, 76, 86, 117, 131; acusado no relatório de Érika Marena, 116
Santo Antônio de Lisboa, SC, 169
Santos, Heliete Rocha dos, 29
Santos, Márcio, 76, 86, 100, 117, 161, 219, 226, 248; acusado no relatório de Érika Marena, 116-7; acusado pelo TCU, 165; citado no relatório de Érika Marena, 115; depoimento à Corregedoria da UFSC, 105; depoimento à PF, 131, 133; na prisão, 141, 143, 145; volta à UFSC após a prisão, 230
Sardá, Laudelino José, 29, 31
Sarney, José, 39
Schmitz, Valter, 30
Schneider, Jamil, 149
Secretaria de Aperfeiçoamento Institucional, 198
Seelaender, Airton, 88
Segovia, Fernando, 64
Seleme, Ascânio, 168
Semprebon, Elder, 159, 226, 245; citado no relatório de Érika Marena, 113
Shakespeare, William, 45
Shell, 72
Silva, Paulo Ricardo da, 203
Silva Chaves, Luís Cláudio da, 212
Silva Coelho, Leandro, 193, 219, 226, 233, 245, 246

Silva Leite, André Luis da, 158, 227, 233, 246
Silveira, Ricardo da, 201-3
Sistema Eletrônico do Serviço de Informações ao Cidadão (E-SIC), 73
Sistema Integrado de Administração Financeira (Siafi), 107
Sistema Único de Saúde (SUS), desvios no, 214
Soares Torres, Luciano, 126
Sobral, Carlos Eduardo, 57, 66
Souza, Artemio Reinaldo de, 168
Souza, João Alberto, 211
Souza, Marcelo Aldair de, 90
Souza Cruz, Sonia Maria, 117, 154, 226, 248; acusada no relatório de Érika Marena, 117; citada no relatório de Érika Marena, 113, 115; depoimento à PF, 131, 133
Souza de Castro, Luciano Patrício, 100, 117
Stasi, 174
Supremo Tribunal Federal, 237

Teixeira, Paulo, 52
Teixeira, Rogério, explicações para o suicídio de Cancellier, 251
Temer, Michel, 64-5
Thomas, Henry, 20
Todescat, Marilda, 196, 228, 233, 244, 246; denunciada por acumulação indevida de bolsas, 245; denunciada por organização criminosa e peculato, 244-5
Torre de Marfim, operação policial, 213-4, 242
Tourinho, Emmanuel Zagury, 185
Tribuna Sulina, 30

Tribunal de Contas da União (TCU), 14, 16, 44, 75, 239, 243, 245; acusações contra Cancellier, 165; investigação sobre a EaD da UFSC, 220; pede que presos sejam afastados da UFSC, 164; relatório sobre o caso UFSC, 164
Tríplice Consultoria e Serviços, 214
Unesco, 78
União Nacional dos Estudantes (UNE), 25
Universidade Aberta do Brasil, programa, 13, 46, 78, 88-120, 142, 220, 197, 240, 243
Universidade de São Paulo (USP), esquema de desvio de verbas na, 71
Universidade Federal da Integração Latino-Americana (Unila), 153
Universidade Federal de Santa Catarina (UFSC), 10, 12, 17, 26, 29, 42, 43-56, 75, 80, 241, 255; Conselho de Curadores da, 84; Conselho Universitário, 88, 192, 227-9, 233; Corregedoria da, 13, 16, 88, 90-2, 96-9, 101, 105, 118, 124, 139, 161, 197-8, 216, 222; Departamento de Ciências da Administração (CAD), 80, 108, 111, 196, 217; depoimentos na Corregedoria, 96-7; Educação a Distância (EaD) na, 78, 80-1, 101, 104, 192, 215, 218, 220-3, 243-4; esquema de desvio de verbas na, 70, 76-87; "fila" de professores, 93-7, 104, 108-9, 159, 215, 219, 226; fiscalização da Capes na, 108; Fundação de Amparo à Pesquisa e Extensão Universitária (Fapeu), 70, 80, 84-6, 93, 95, 107-8, 113-4, 117, 130, 132, 154, 158, 165, 189-90, 193-5, 198, 215, 218-9, 221, 226, 228, 241, 248; Fundação de Estudos e Pesquisas Socioeconômicos (Fepese), 80, 95, 98, 111, 113, 132, 154, 159, 165, 189, 193, 196, 221; investigação sobre, 88-120; investigações após a morte de Cancellier, 213-30; investigada pela CGU, 84-7; irregularidades na locação de veículos, 132; Laboratório de Ensino a Distância (LED), 78; Laboratório de Produção de Recursos Didáticos para Formação de Gestores (LabGestão), 80, 94, 101-2, 108, 110, 159, 193, 222, 226, 246; Levante do Bosque (2014), 82-4; medidas para solucionar os problemas, 221; Núcleo UAB, 94-5, 97, 100-1, 104, 108, 115, 117, 154, 159, 173, 196, 221, 229, 241-3; ocupação da reitoria, 83-4; Operação torre de Marfim investiga desvios na, 213; Procuradoria Federal da, 89-90, 98, 101, 103, 154, 197; recursos da Capes para, 80, 105
Universidade Federal de Santa Maria, esquema de desvio de verbas, 68, 71
Universidade Federal do Estado do Rio de Janeiro (UniRio), esquema de desvio de verbas na, 68, 71
Universidade Federal do Paraná (UFPR), esquema de desvio de verbas na, 17, 68, 71-5, 103, 109
Universidade Federal do Rio de Janeiro (UFRJ), salários na, 72

Universidade Federal do Rio Grande do Sul (UFRGS), 17; esquema de desvio de verbas na, 66-7, 69-70, 103, 109
Universidades S.A., 72

Valente, Rubens, 214
Vargas, Getúlio, 79
Veiga, Fábio, 51
Veja, 155; matéria sobre o caso UFSC, 206-7
Veloso, Caetano, 23
Viana Barbosa, Ronaldo David, 222, 240
Vieira, Beaco, 29
Vieira, Carlos, 70
Vieira, Cristiana, 32-7, 41-6, 153, 178, 181, 211; como secretária do senador Wedekin, 38, 39; explicações para o suicídio de Cancellier, 252; nascimento do filho, 40
Vieira, Luís Alberto, 36
Vieira, Maria Batista, 36
Vieira, Paulo Afonso, 41, 42
Vieira de Castro Junior, Orlando, 118, 191, 215
Vieira Lima, Geddel, 65
VioMundo (site), 70
Visão, revista, 77
Vital, Juliana, 245

Voltaire, 185
Voz da Unidade, 30

Wagner, Cláudio, 237
Wagner, Fernando da Cunha, 77
Wandelli, Raquel, 31, 200-5, 208; responde a queixa-crime de Hickel do Prado, 209-10
Wedekin, Arlete, 160
Wedekin, Nelson, 24, 27, 37-43, 55-6, 157, 160, 187, 198, 211-2, 252, 255; defesa de Cancellier, 156-7; explicações para o suicídio de Cancellier, 249
Weinberg, Monica, 155, 206
Welzel, Evelize, 110-1; depoimento à PF, 159

Ximenes, Miguel, 30-1, 37; explicações para o suicídio de Cancellier, 250

Youssef, Alberto, 59

Zanini, José Carlos, 214
Zanotto, Carmen, 182
Zendron, Mario Vinicius, 124
Zero Hora, 67, 69
Zersetzung, 174
Zílio, Iraí, 41

ESTA OBRA FOI COMPOSTA PELA ABREU'S SYSTEM EM INES LIGHT
E IMPRESSA EM OFSETE PELA LIS GRÁFICA SOBRE PAPEL PÓLEN SOFT
DA SUZANO S.A. PARA A EDITORA SCHWARCZ EM SETEMBRO DE 2021

A marca FSC® é a garantia de que a madeira utilizada na fabricação do papel deste livro provém de florestas que foram gerenciadas de maneira ambientalmente correta, socialmente justa e economicamente viável, além de outras fontes de origem controlada.